Philippe Wampfler

Generation »Social Media«

Wie digitale Kommunikation Leben, Beziehungen und Lernen Jugendlicher verändert

Vandenhoeck & Ruprecht

I've come up with a set of rules that describe our reactions to technologies:
1. Anything that is in the world when you're born is normal and ordinary and is just a natural part of the way the world works.
2. Anything that's invented between when you're fifteen and thirty-five is new and exciting and revolutionary and you can probably get a career in it.
3. Anything invented after you're thirty-five is against the natural order of things. Apply this list to movies, rock music, word processors and mobile phones to work out how old you are.

Douglas Adams, How to Stop Worrying and Learn to Love the Internet (1999)

Der Autor freut sich über Kritik, Fragen, Anregungen oder Kommentare.
Kontakt: Philippe Wampfler, Ahornstr. 27, CH-8051 Zürich
E-Mail: wampfler@schulesocialmedia.com /
Internet: http://philippe-wampfler.ch

Mit 5 Abbildungen.

Bibliografische Information der Deutschen Nationalbibliothek

Die Deutsche Nationalbibliothek verzeichnet diese Publikation in der Deutschen Nationalbibliografie; detaillierte bibliografische Daten sind im Internet über http://dnb.d-nb.de abrufbar.

ISBN 978-3-525-70168-3

Weitere Ausgaben und Online-Angebote sind erhältlich unter: www.v-r.de

Umschlagabbildung: Fiorella Linder

© 2014, Vandenhoeck & Ruprecht GmbH & Co. KG, Göttingen /
Vandenhoeck & Ruprecht LLC, Bristol, CT, U.S.A.
www.v-r.de
Alle Rechte vorbehalten. Das Werk und seine Teile sind urheberrechtlich geschützt. Jede Verwertung in anderen als den gesetzlich zugelassenen Fällen bedarf der vorherigen schriftlichen Einwilligung des Verlages.
Printed in Germany.

Satz: SchwabScantechnik, Göttingen
Umschlag: SchwabScantechnik, Göttingen
Druck und Bindung: ⊕ Hubert & Co., Göttingen

Gedruckt auf alterungsbeständigem Papier.

Inhalt

Statt eines Vorworts: *Selfies at Funerals* 7

1. Einleitung 11
   1.1 Medienwandel in der historischen Perspektive 13
   1.2 Digitale Kommunikation und Social Media 18
   1.3 Generation »Social Media« 20
   1.4 Stolpersteine der Medienkritik 28
   1.5 Digitale Kluft 35
   1.6 Die Absicht dieses Buches 37

Intermezzo I: Eine Liebeserklärung an die Däumlinge 39

2. Körper und Geist 43
   2.1 Wie Medien auf den Menschen einwirken 45
   2.2 Wohlbefinden und Social Media 47
   2.3 Aufmerksamkeit und Ablenkung 49
   2.4 Das Versprechen der Hirnforschung 51
   2.5 Gedächtnis 54
   2.6 Beeinflussung der Schlafqualität 60
   2.7 Sexualität 61
   2.8 Körperkontakt 65
   2.9 Social-Media-Sucht 66
   2.10 Körperliche Gesundheit 68
   2.11 Essstörungen 70
   2.12 Schulische Leistungsfähigkeit 74

Intermezzo II: Wie neue Praktiken entstehen 75

3. Beziehungen ... 78
3.1 Digitale Nachbarschaft ... 80
3.2 Beziehungen Jugendlicher untersuchen ... 83
3.3 Wie Jugendliche Social Media zur Beziehungspflege nutzen ... 85
3.4 Social Media medialisieren Beziehungen ... 87
3.5 Machen Social Media einsam? ... 89
3.6 Liebesbeziehungen ... 93
3.7 Freundschaft ... 95
3.8 Privatsphäre und Datenschutz ... 103
3.9 Oberflächlichkeit und Narzissmus ... 107
3.10 Parasoziale Interaktion ... 109
3.11 Die Angst, etwas zu verpassen – *Fear of Missing Out* ... 111
3.12 Die Konsensillusion ... 113
3.13 Geschlechterrollen und Social Media ... 115

Intermezzo III: Japan als Beispiel ... 119

4. Wie aus Neuen Medien ein neues Lernen entsteht ... 121
4.1 Veränderte Arbeitsplätze und Lebenswelten ... 124
4.2 Social Media als professionelles Hilfsmittel in der Schule ... 126
4.3 Kompetenzen und Herausforderungen ... 129
4.4 Das Ende der Didaktik ... 133
4.5 Bedingungen für kollaboratives und individuelles Lernen ... 136

Intermezzo IV: Überwachung als Bedrohung und Versuchung ... 141

5. Was tun? ... 144

6. Materialien ... 147
6.1 Smartphone-Etikette für Jugendliche ... 147
6.2 Leistungsbeurteilung für Arbeiten mit Social Media ... 149
6.3 Aufbau eines Persönlichen Lernnetzwerks ... 150
6.4 Sichere Passwörter wählen ... 150
6.5 Fake-Profile erkennen auf Social Media ... 151
6.6 *Fear of Missing Out* – Diagnose ... 153

7. Literatur ... 154

Statt eines Vorworts: *Selfies at Funerals*

Eine junge Frau hat ihr eigenes Porträt aufgenommen. »Love my hair today. Hate why I'm dressed up #funeral«, schreibt sie dazu; sie möge also ihre Frisur, sei aber unglücklich darüber, weshalb sie sich aufbrezeln musste: Für eine Bestattung nämlich. Auf der Seite *selfiesatfunerals.tumblr.com* hat der Journalist Jason Feifer im Herbst 2013 eine ganze Serie solcher Selfies gesammelt. Damit sind digitale Selbstporträts gemeint, welche auf bildbasierten sozialen Netzwerken wie Instagram oder Snapchat zum Alltag Jugendlicher gehören, offenbar selbst auf Beerdigungen.

Wie Erwachsene darauf reagieren würden, dass Jugendliche sich auf Trauerfeiern selbst inszenieren, war absehbar: Empört wurde das Verhalten von Kommentierenden als zutiefst narzisstisch und pietätlos eingeschätzt. Die Verfügbarkeit von Smartphones habe dazu geführt, dass nicht einmal mehr Trauer zu einer tröstenden Verbindung von Menschen führe, sondern Jugendliche selbst in diesem Zustand in ihrer Selbstbespiegelung isoliere.

Diese vorschnelle Verurteilung der Mediennutzung Jugendlicher ist symptomatisch für das medienpädagogische Nachdenken unter Erwachsenen. Weil die digitalen Informationsströme eine vertraute Welt der Verarbeitung von Nachrichten in wenigen Jahren auf den Kopf gestellt haben, wird oft vorschnell angenommen, die Auswirkungen müssten verheerend sein. Die Unsicherheit über die Bedeutung der Veränderungen wird bei Jugendlichen besonders deutlich, weil sie einerseits gern provozieren, andererseits aber neue Chancen rascher und radikaler wahrnehmen, als Erwachsene das können und wollen.

Dieses Buch versucht eine gewisse Distanz einzunehmen, aus welcher es leichter fällt, Zusammenhänge zwischen Sachverhalten zu erkennen. Wer sich ein Urteil über Jugendliche anmaßt, sollte etablierte und akzeptierte Verhaltensweisen ebenso prüfen, die Praxis junger Menschen wirklich verstehen und auf solide wissenschaftliche Daten zurückgreifen. Dann ergeben sich aufschlussreiche Erkenntnisse, die wertvoller sind als die Beobachtungen und Urteile des Alltags.

Betrachtet man die Beerdigungsselfies aus dieser Perspektive, kann man zunächst einfach festhalten, dass Menschen einen individuellen Zugang zum

Statt eines Vorworts: *Selfies at Funerals*

Abbildung 1: Selfie

Trauern haben. Es gibt zwar gesellschaftliche Normen dafür, die jedoch oft gerade in Trauerphasen wenig Rückhalt bieten. Zudem sind diese Normen ebenso fragwürdig wie das digitale Selbstporträt: Warum ziehen sich viele schön an, wenn es doch um die Toten gehen soll? Warum schlagen sie sich den Bauch voll und trinken mittags Alkohol, wenn in Würde von einem geliebten Menschen Abschied genommen werden soll? Man könnte Webseiten mit Bildern von Trauergästen füllen, die sich bei Bestattungen betrinken oder ihre Krawatten mit Häppchensauce bekleckern. Weil Jugendliche sich nicht wie Erwachsene verhalten, sind sie kritischeren Blicken ausgesetzt.

Selfies sind, so kann man annehmen, knappe Tagebucheinträge, die sich an ein limitiertes Publikum richten. Die junge Frau könnte sagen: »Schaut mal her, mir ist was Trauriges passiert, ich muss zu einer Trauerfeier. So sehe ich aus.« Damit dokumentiert sie ihren Tag, sie kann später darauf zurückgreifen, sieht sich selbst ins Gesicht und kann Erinnerungen abrufen. Wir würden niemandem einen Vorwurf machen, der oder die einen Tagebucheintrag über ein Begräbnis schreibt, würden ihn auch nicht lesen und ihn nicht auf Blogs zitieren und verbreiten.

Hinzu kommt, dass Selfies nicht ausschließlich einzelne Menschen zeigen. Im ersten Quartal des Jahres 2014 hat eine Reihe von Prominenten begonnen, Erlebnisse mit Selfies zu dokumentieren. Darauf waren – wie auf vielen Selfies von Jugendlichen – meist mehrere Personen zu sehen. Aus dem Selbstporträt wird oft ein Gruppenbild und die Praxis rückt weit weg von einer narzisstischen Ich-Bezogenheit.

Jugendlichen werden mit der Aufgabe, eine eigene Identität zu finden und ein Beziehungsnetz zu knüpfen, oft allein gelassen. Wird zu sichtbar, welcher Methoden sie sich bedienen, müssen sie mit Spott und Ablehnung von Erwachsenen rechnen, die oft nicht einmal zu verstehen versuchen, was hier abläuft. Erst später adaptieren auch Erwachsene diese Kommunikationsmittel.

Im Projekt *Selfiecity* wurden die Selfies mehrerer Metropolen untersucht. Wesentliche Erkenntnisse waren, dass Selfies weniger häufig gemacht werden, als gemeinhin angenommen (nur 4 % aller analysierten Bilder waren Selfies), dass sie hauptsächlich von jungen Menschen und vornehmlich von Frauen stammen, die zudem auffälligere Posen einnahmen als Männer. Das Projekt verdeutlichte zudem, dass Menschen in Bangkok auf Selfies deutlich häufiger lächelten als in Moskau (Manovich, 2014).

Geht man von der quantitativen Untersuchung zur Interpretation über, so kann man in Jenna Bragers Essay *Selfie Control* nachlesen, dass Selfies wohl nicht zufällig in dem Moment populär werden, in dem Überwachung sowohl durch die Smartphones unserer Mitmenschen als auch durch Geheimdienste zu einem globalen und omnipräsenten Phänomen werden. Selfies ermöglichen in einer »lähmenden Landschaft zwischen visueller Übersättigung und Leere fatale Verhandlungen zwischen Übersichtbarkeit und Verschwinden, zwischen Selbstrepräsentation und Vereinnahmung« (Brager, 2014, übersetzt von Ph. W.). In ihnen kommen die Beobachtenden und die Beobachteten zur Deckung.

> Betrachten wir Selfies als eine Art Höhepunkt des fotografischen Einverständnisses über den verschlauften Blick (der Fotograf ist das Subjekt und Objekt), können wir rechtliche Überlegungen verabschieden und verschiedene Analysen von Einverständnis und Wahrnehmung befragen – wer darf beispielsweise kein Selfie aufnehmen und was bedeutet das für die Lebensbedingungen dieser Personen. (Brager meint Strafgefangene, denen in den USA Fotografien oft nicht gestattet sind, Anmerkung Ph. W.) (ebd.)

Social Media sind im Moment ein Sammelsurium von medialen Handlungen, für die es kaum einen Kodex oder eine klare Norm gibt. So entwickeln sich Verhaltensweisen, die auf den ersten Blick sonderbar erscheinen, letztlich aber eine bestimmte Funktion haben. Diese kann nur erkannt werden, wenn Prozesse und Daten klar erfasst und beschrieben werden können. Das vorliegende Buch hilft dabei, verfügbare Erkenntnisse zur Verwendung von Social Media und ihrer Einflüsse zu überblicken. Eine vorschnelle Ablehnung und Verurteilung von Modeströmungen unter Jugendlichen steht dabei nicht im Vordergrund, es geht vielmehr darum, Verständnis für die Perspektive der Jugendlichen zu wecken. Wie ihre erwachsenen Mitmenschen leben sie in einer schnellen Welt, die viele Erwartungen und komplexe Möglichkeiten bereithält.

1. Einleitung

> Wir haben die Tendenz, die Auswirkungen von Technologie kurzfristig zu
> überschätzen, sie aber langfristig zu unterschätzen.
> *Amaras Gesetz nach Roy Amara (1925–2007)*

Wer Jugendliche dabei beobachtet, wie sie über ihre Geräte gebeugt Nachrichten eingeben, von ihren Mitmenschen durch die Musik in ihren Kopfhörern abgeschottet, erinnert sich schnell an die Schlagzeilen, die uns in regelmäßigen Abständen in einer breiten Palette von Publikationen verkünden, Neue Medien machten uns dumm, wütend, unglücklich und einsam. Dass dies Jugendliche in besonderem Maße betrifft, fällt nicht schwer zu glauben. Ihr Rückzug in die sozialen Netzwerke, in denen ständiges Geplauder jede vertiefte Beschäftigung mit Kultur oder Wissenschaft zu verhindern scheint, gibt Anlass zu düsteren Zukunftsprognosen.

Gleichzeitig sind Social Media auch Hoffnungsträger: Sie ermöglichen es, eine Ordnung in das unüberschaubare Meer von Informationen zu bringen, in dem die Internet-User schwimmen. Wissen ist aus erster Hand abrufbar und bearbeitbar: Hier sollten gerade Jugendliche Mittel und Wege finden, sich zu bilden; abseits von etablierten Strukturen, die schwerfällig sind und an Traditionen kleben. Und auch diese Geschichten füllen die Zeitungen, die wir immer häufiger selbst mit dem Smartphone abrufen: Wir lesen von sechzehnjährigen Hochbegabten, welche die Informationen im Netz genutzt haben, um die Medizin oder die Physik voranzubringen, und betrachten Youtube-Videos, in denen kreative Jugendliche neue Ideen ohne die Hilfe Erwachsener erproben und umsetzen.

Was stimmt? Schaden digitale Medien der Generation, die damit aufwächst, oder ermöglichen sie ihr Leistungen, die bisher nicht denkbar waren? Wer Erwachsenen zuhört, die über diese Fragen sprechen, wird meist mit bedrohlichen Wahrnehmungen konfrontiert, wie die folgenden Stichworte aus einer kleinen Umfrage zeigen, welche die Konzeption dieses Buches begleitet hat:

Kopplung von Selbstwertgefühlen mit Social-Media-Präsenz; Depression – Kontrollverlust des Gefühlshaushalts durch Dauerpräsenz der Außenwelt – Wann kommt der Punkt, an dem Jugendliche lieber reale Erfahrungen machen statt virtuelle? »Willst du mit mir gehen?«, Küssen, Konflikte austragen etc. – Aufnahmefähigkeit, Fähigkeit, sich im Informationsdschungel zurecht zu finden. Konzentration. Auswirkungen auf die eigene Analysefähigkeit und Meinungsbildung – Auswirkungen im Familienleben, beim gemeinsamen Essen, Einkaufen, Film Schauen. Wie bringen sie ihre Eltern dazu, die geteilte Präsenz und Aufmerksamkeit zu akzeptieren oder so … – Wie gehen sie mit dem dauernden Druck um, nichts Falsches auf FB hochzuladen? Mit der Angst, dass Fotos oder Texte gegen einen verwendet werden könnten? – Das »Nicht-da-Sein«, sondern dort, respektive hier [auf Facebook] – Frag mich schon lange, wie Babys wohl reagieren, wenn ihre Mütter und Väter ständig ins Display gucken statt in ihre Augen. (Facebook, 14. Oktober 2013, Kommentare mit leicht angepasster Rechtschreibung)

Es gibt auch Stimmen, die darauf hinweisen, Social Media führten zu einer »Erweiterung der Ausdrucksmöglichkeiten, Verfeinerung von Annäherungsversuchen«, doch die gehen unter in einem Chor, der pessimistische Töne anschlägt.

Dieses Buch will diese Wahrnehmungen prüfen und die Frage nach den Auswirkungen von Social Media in einem nüchternen Licht betrachten. Roy Amara, ein amerikanischer Zukunftswissenschaftler, hat das Gesetz formuliert, das als Motto über diesem Abschnitt steht. Es ist als Ausgangspunkt hilfreich, um zu verdeutlichen, dass der Blick auf Technologie oft doppelt getrübt ist, dass es aber entscheidend ist, uns die Mühe zu machen, klar zu sehen. Zwei Verzerrungen werden deshalb vermieden: Einerseits die nostalgischen Vorstellungen, welche die Zeit ohne virtuelle Vernetzung als eine ruhigere, weniger oberflächliche präsentieren, in der Menschen sich in gehaltvollen Gesprächen ausgetauscht haben, andererseits die zweckoptimistische Haltung, deren technologische Versprechen oft im Marketing von Firmen begründet sind, die den Menschen jedes Jahr neue Geräte verkaufen und sie mit neuer Software ausstatten müssen. Im Mittelpunkt steht die Frage, was im Jahre 2014 über Einflüsse des digitalen Wandels auf Jugendliche bekannt ist und wo lediglich reine Befürchtungen oder allenfalls Vermutungen beginnen?

Der Blick auf die Jugend ist dabei von besonderer Bedeutung, wie ein Zitat von Matthew Diamond, einem Fernsehproduzenten, zeigt:

Gewohnheiten werden bis zum Alter von 20 Jahren geprägt. Die gesamte Generation erfährt gerade eine völlig neue Konditionierung in ihrer Mediennutzung. (zitiert nach Fichter, 2013)

Social Media stehen bei dieser Konditionierung im Mittelpunkt. Digitale Empfehlungen von Freundinnen und Freunden ersetzen immer mehr Vermittlungen durch Massenmedien oder Werbung. Welche Konsequenzen hat das?

Dieser Frage sind die Kapitel zwei und drei gewidmet: Zunächst werden wissenschaftliche Ergebnisse und Überlegungen von Expertinnen und Experten zu den Auswirkungen digitaler Kommunikation auf den Körper und den Geist von Jugendlichen zusammengefasst, dann die Frage diskutiert, wie sich das Zusammenleben der Generation »Social Media« im Vergleich mit ihren Eltern verändert.

In einem vierten Teil werden pädagogische Reaktionen auf diese Veränderungen präsentiert: Wie können Lehrpersonen und Eltern in einem neuen medialen Umfeld angemessen mit Jugendlichen zusammenarbeiten?

Ziel dieses Buches ist es, zum Dialog mit Jugendlichen einzuladen und ihre Praktiken in einem größeren Zusammenhang zu sehen. Wer sich nicht mit vereinfachten Darstellungen zufrieden gibt, wird erkennen, dass auch scheinbar sinnlose mediale Tätigkeiten für Jugendliche eine Funktion haben – und diese Funktion erst in einem zweiten Schritt bewertet werden kann. Selbstverständlich tun Jugendliche nicht nur Dinge, die ihnen guttun: Das gilt für ihren Umgang mit Medien wie für andere Bereiche ihres Lebens. Aber vor der Beurteilung sollte eine genaue Auseinandersetzung mit den Auswirkungen von Kommunikationsverhalten stehen. Dies ermöglicht die Lektüre in dem Sinne, wie sie Michèle Binswanger in der Reflexion einer Mutter auf die medialen Gewohnheiten ihrer Töchter im Teenager-Alter entworfen hat:

> Das Spiel verändert sich von Generation zu Generation, die Spieler bleiben dieselben. Auch wir waren narzisstische, fiese, wütende, verunsicherte und geile Teenager und hielten uns für den Mittelpunkt der Welt. Auch wir mussten lernen, uns in die vorhandenen Strukturen einzufügen. Und wir taten es genau gleich wie die Kids von heute: zuschauen, ausprobieren, schauen, wohin es führt. (Binswanger, 2013)

1.1 Medienwandel in der historischen Perspektive

> Wenn wir lesen, denkt ein Anderer für uns: wir wiederholen bloß seinen mentalen Proceß. Es ist damit, wie wenn beim Schreibenlernen der Schüler die vom Lehrer mit Bleistift geschriebenen Züge mit der Feder nachzieht. Demnach ist beim Lesen die Arbeit des Denkens uns zum größten Theile abgenommen. (Schopenhauer, 1851, § 291)

Schopenhauers Kritik an der Lektüre belustigt im 21. Jahrhundert: Dieselben Argumente, die gegen die Nutzung Neuer Medien angeführt werden, wurden im 19. Jahrhundert gegen das Lesen von Büchern vorgebracht. So wird deutlich, dass der Wandel von analogen Medien zu digitalen nur eine von vielen medialen Umwälzungen in der Kulturgeschichte ist. Diese Übergänge führen zu zusätzlichen und veränderten Zugängen zu Information – und damit zu Wissen. Das hat gesellschaftliche Konsequenzen: Hierarchien ergeben sich über die Teilhabe an Wissen (oder den Ausschluss davon) und über die Möglichkeit, auf bestimmte Arten zu kommunizieren. Ilana Gershon weist darauf hin, dass neue Kommunikationstechnologie stets von Behauptungen begleitet werde, soziale Beziehungen würden sich dadurch fundamental ändern (2010, S. 52 f.).

Einige Beispiele sollen verdeutlichen, wie Medienwandelprozesse, die wir aus der Distanz klarer beurteilen können, in der zeitgenössischen Diskussion wahrgenommen worden sind. Die Debatte über die Lesesucht hat Albrecht Koschorke in einer *Mediologie des 18. Jahrhunderts* ausführlich dargestellt (2003, S. 397 ff.). Das Problem definiert ein Wörterbuch von 1809 wie folgt:

> Lesesucht, die Sucht, d. h. die unmäßige, ungeregelte und auf Kosten anderer nöthiger Beschäftigungen befriedigte Begierde zu lesen, sich durch Bücherlesen zu vergnügen. (zitiert nach König, 1977)

Betroffen von der Kritik sind erstens nicht privilegierte Gruppen wie Frauen oder Jugendliche, die in der zweiten Hälfte des 18. Jahrhunderts die Möglichkeit erhalten, Bücher zu lesen. Sie befinden sich, so ein Kritiker, an einem sozialen Ort,

> [...] wo der Mensch so wenig in sich, sondern stets außer sich zu existieren gewohnt ist, wo er so wenig durch sich selbst ist und alles durch andere, durch den Gebrauch äußerlicher Werkzeuge zu werden suchen muss, wo er folglich nur selten sich selbst genug sein kann, wo er einen großen Teil seiner moralischen, ja man kann dreist behaupten, auch seiner physischen Freiheit, Preis giebt und dennoch hinter seinem, oft ganz chimärischen Ziele, weit zurückbleibt. (Bauer, zitiert nach Koschorke, 2003, S. 400)

Damit bringt die Kritik zweitens einen digitalen Dualismus ins Spiel, also die Vorstellung, es gäbe neben der physischen Welt eine imaginäre virtuelle, die zwar nicht echt ist, aber dennoch negative Auswirkungen auf das Leben in der echten Welt haben kann: Indem sie zum Beispiel moralische Haltungen angreift.

Ein dritter wesentlicher Aspekt der Lesesucht-Debatte ist ein vager und tendenziöser Suchtbegriff, mit dem veränderte mediale Gewohnheiten abgewertet und als schädlich bezeichnet werden können. Seit dem 19. Jahrhundert hat sich der Suchtbegriff stetig ausgeweitet. Er ist zu einem Kampfbegriff geworden, mit dem missliebige Praktiken pathologisiert und als schädlich markiert werden können. Davon sind besonders Randgruppen betroffen, die den Diskurs über ein gesundes Leben nicht zu prägen vermögen: also auch Jugendliche (Boyd, 2014, Pos. 1320 ff.).

Rund hundert Jahre später betrifft eine ähnliche Debatte den Umgang mit dem Kino. Zur Frage, ob Film ein sinnvolles Medium für den Unterricht sei, äußert sich Robert Gaupp wie folgt:

> Wir leben ja in einer Zeit nervöser Hast und Vielgeschäftigkeit, in der von allen Seiten die mannigfaltigsten äußeren Reize auf die jungen Seelen einstürmen, in der die Jugend so leicht blasiert wird; sollen wir da eine Belehrungsform gutheißen, bei der nur ein flüchtiges oberflächliches Erfassen, ein passives Hinnehmen und ein halbes Verstehen des Gebotenen stattfindet? Die pädagogische Erfahrung lehrt uns, dass wenig sehen, aber das Gesehene geistig tief verarbeiten, beim Erfassen der Außenwelt aktiv mitwirken, gründliche und willenskräftige Menschen schafft. Aus ruhiger eindringlicher Beobachtung erwächst das selbständige und schöpferische Denken. Zu all dem aber gehört Zeit und immer wieder Zeit. Der Kino hat aber keine Zeit, Bild drängt sich an Bild; die Nummer folgt der Nummer. (Gaupp, 1912, S. 7)

Gaupps Kritik wird von Neil Postman aufgegriffen: In seinem erfolgreichen Buch *Wir amüsieren uns zu Tode* von 1984 hält er fest, die durchschnittliche Einstellung im Fernsehen sei 3,5 Sekunden lang, »das Auge ruht nie, hat immer etwas Neues zu sehen« (Postman, 1985, S. 86). Generell sei Fernsehen oberflächlich und könne als Medium nur unterhalten, »Bildung, Reflexion oder Katharsis« verunmögliche das Medium (ebd., S. 88).

Diese Kritik an der Geschwindigkeit neuer Medien ist ein Topos, den Anaïs Nin in einem Tagebucheintrag vom Mai 1946 in Bezug auf die Möglichkeit, mit Radio und Telefon zwischenmenschliche Verbindungen aufrechtzuerhalten, eindringlich auf den Punkt bringt:

> Das Geheimnis eines erfüllten Lebens liegt darin, zu leben und mit anderen so zu leben, als seien sie morgen nicht mehr da, als sei man selbst morgen nicht mehr da. Dann gibt es nicht mehr das Laster, Dinge aufzuschieben, die Sünde, etwas zu verzögern, das verpasste Gespräch, die fehlende Gemeinschaft. Diese Erkenntnis machte mich gegenüber allen Menschen aufgeschlossener; gegenüber allen Begegnungen, die den Keim von Inten-

sität enthalten, der oft leichtfertig übersehen wird. Dieses Gefühl stellt sich immer seltener ein und wird durch unseren gehetzten und oberflächlichen Lebensrhythmus mit jedem Tag seltener, in einer Zeit, in der wir glauben, mit viel mehr Menschen in Verbindung zu sein, mit mehr Völkern, mit mehr Ländern. Diese Illusion kann uns daran hindern, mit dem Menschen, der uns wirklich nahe ist, eine aufrichtige Beziehung einzugehen. Die bedrohliche Zeit, in der mechanische Stimmen, Radio und Telefon, an die Stelle menschlicher Beziehungen treten, und die Absicht, mit Millionen in Verbindung zu sein, schafft eine zunehmende Verarmung von Vertrautheit und Menschlichkeit. (Nin, 1971, S. 205 f.)

Einzugestehen, dass die Medienkritik des 21. Jahrhunderts Argumente wiederholt, die regelmäßig vorgebracht wurden, wenn sich Verschiebungen im Fluss und der Zugänglichkeit von Informationen ergeben, heißt nicht, dass diese Argumente falsch wären. Die von Gaupp, Postman und Nin festgestellte Beschleunigung des Lebens und der Bilder ist messbar und wirkt sich auf das menschliche Leben aus. Aber die Beurteilung dieser Auswirkung kann erst erfolgen, wenn sie präzise beschrieben und in einen größeren Kontext eingeordnet werden kann. Die historische Perspektive zeigt auf, dass Medienwandel zu wenig gehaltvollen Reflexen führt, die von Ängsten und Abwehrhaltungen ausgelöst werden.

Dabei wird ausgeblendet, dass Menschen immer wieder Mittel gefunden haben, um der Überforderung durch die gesteigerte Verfügbarkeit von Informationen Herr zu werden. Spricht Postman von der Oberflächlichkeit der Inhalte am Fernsehen, so wurde er durch die Entwicklung anspruchsvoller Autorenserien, die im 21. Jahrhundert in den USA und in Europa entstehen, Lügen gestraft. Sie verdanken ihren Ursprung einerseits wirtschaftlichen Entwicklungen der privaten Sender in den USA, andererseits neuen technischen Gegebenheiten: Die breite Verfügbarkeit von Aufnahmegeräten erlaubte Regisseuren und Drehbuchautoren Feinheiten in Fernsehproduktionen einzubauen, die nur beim mehrmaligen Sehen erkennbar sind.

Ann M. Blair hat in *Too Much to Know* einen ähnlichen Mechanismus untersucht. In ihrem Buch befasst sie sich mit der Frage, wie Informationen in wissenschaftlichen Büchern zwischen 1500 und 1700 zugänglich gemacht wurden. Ausgangspunkt sind die Befürchtungen Intellektueller wie Leibniz, durch die Bücherflut einen Rückschritt in der Entwicklung zu erleiden:

> […] diese schreckliche Masse von Büchern, die ständig wächst, wird von der unbestimmten Vielfalt von Autoren dem Risiko des allgemeinen Vergessens ausgesetzt. Es droht eine Rückkehr in die Barbarei. (Leibniz, 1680)

Die Befürchtung sollte sich nicht bewahrheiten, weil eine Reihe von Innovationen wissenschaftliche Bücher verbessert haben: Inhaltsverzeichnisse, Indexe, Abschnitte und Seitenzahlen kamen auf, Menschen begannen, kurze Zusammenfassungen und so genannte *Florilegia* anzulegen, Anthologien mit wichtigen Auszügen aus anderen Werken.

In ihrem Fazit skizziert Blair mehrere Perspektiven auf den Wandel im Informationsmanagement: Man könnte ihn als eine gesteigerte Abhängigkeit von Ersatzverfahren und Abkürzungen sehen oder als eine Verfeinerung und Demokratisierung neuerer Methoden. Entsprechend kann Blair auf eine Tradition verweisen, die in neuen Formen des Umgangs mit Informationen einen Zerfallsprozess sieht, wie auch auf eine Tradition, die erweiterte Zugangsmöglichkeiten als einen Fortschritt betrachtet (Blair, 2010, S. 267). Neue Werkzeuge verändern die Welt; vor allem, wenn es ihre Aufgabe ist, Kommunikation zu ermöglichen. Diese Veränderung im ersten Moment abzulehnen, scheint menschlich zu sein, wenn man die letzten 300 Jahre Technikgeschichte betrachtet. Die Geschichte zeigt ebenso, dass sich diese Zurückweisung längerfristig oft als unüberlegt erweist.

Kathrin Passig hat in einem Essay *Standardsituationen der Technologiekritik* festgehalten: »Die Reaktion auf technische Neuerungen folgt in Medien und Privatleben ähnlich vorgezeichneten Bahnen.« Neues werde zuerst als unnütz beschrieben, später als ein Werkzeug für Randgruppen und Bösewichte. Findet es Verbreitung, gilt es als Mode, später dann als wirkungslos, ineffizient oder unzuverlässig.

> Das eigentlich Bemerkenswerte am öffentlich geäußerten Missmut über das Neue aber ist, wie stark er vom Lebensalter und wie wenig vom Gegenstand der Kritik abhängt. […] Es ist leicht, Technologien zu schätzen und zu nutzen, die einem mit 25 oder 30 Status- und Wissensvorsprünge verschaffen. Wenn es einige Jahre später die eigenen Pfründen sind, die gegen den Fortschritt verteidigt werden müssen, wird es schwieriger. (Passig, 2009)

Die Autorin schlägt zwei Auswege vor, mit denen die Standardargumente vermieden werden können: sie zur Kenntnis zu nehmen und sie nur dann zu verwenden, wenn sehr gute Gründe dafür sprechen; oder zu verlernen, wie die Welt früher funktioniert hat und zu akzeptieren, dass Gelerntes und Erfahrungen durch technologischen Wandel bedroht werden.

1.2 Digitale Kommunikation und Social Media

Wenn hier die Rede von digitaler Kommunikation oder Social Media ist, dann ist damit eine Phase der Internetkommunikation gemeint, in der Inhalte in Netzwerken geteilt werden, die Gemeinschaften und Beziehungen abbilden. Präziser kann man gestützt auf Boyd und Ellison (2013, S. 158) Social Media als soziale Netzwerke definieren, die drei Bedingungen erfüllen:

1. Auf den Plattformen interagieren eindeutig identifizierbare Profile, die durch User gefüllt werden, entweder durch die Inhaber des Profils, Drittuser oder das System selbst.
2. Sie können Verbindungen und Beziehungen zwischen Usern öffentlich ausdrücken, so dass andere sie einsehen und nachvollziehen können.
3. Sie können Nachrichtenflüsse von Inhalten, die User durch ihre Verbindung mit dem Netzwerk generiert haben, hervorbringen oder zum Konsum beziehungsweise zur Interaktion anbieten.

Die Forscherinnen haben damit ihre einschlägige Definition von 2007 revidiert, um der Evolution von Social Media Rechnung zu tragen, die sich weniger an Profilen orientieren als an Nachrichtenströmen, welche User konsumieren und produzieren.

Die Veränderung sozialer Netzwerke ist für die Forschung ein generelles Problem. Während es gut etablierte Erkenntnisse zu Facebook gibt, einem global verwendeten Netzwerk mit hoher Beteiligung in Industrieländern, das sich zudem gut untersuchen lässt, ist das Sammeln von Daten zu sozial erweiterten Chats wie WhatsApp deutlich schwieriger. Sie genügen den neuen Definitionen von Boyd und Ellison insofern, als die Chat-Gruppen, die Jugendliche vielfach erstellen, Nachrichtenflüsse entstehen lassen.

Will man den aktuellen Zustand der Social-Media-Nutzung beschreiben, so ist das aus zwei Gründen äußerst schwierig. Die Erhebung von Daten braucht erstens viel länger, als sich die wechselnden Praktiken unter Jugendlichen halten. So sind beispielsweise große Erhebungen wie die JIM- und JAMES-Studien in der Lage, die Resultate der Befragungen rund ein Jahr nach ihrer Erhebung zu publizieren. Sie sind so also bis zu zwei Jahre alt, bevor die neuen Ergebnisse erscheinen. Zweitens sind die Praktiken äußerst uneinheitlich, verschiedene soziale Gruppierungen migrieren zwischen verschiedenen Netzwerken und verwenden sie teilweise höchst eigensinnig. Sie nutzen Tools oft so, wie das ihre Hersteller und Designer nicht beabsichtigt haben. Ein erstaunliches Beispiel haben Boyd und Marwick in Befragungen von Jugendlichen ermittelt:

Mikalah beschrieb, wie sie ihr Facebook-Konto jeden Tag deaktivierte, nachdem sie es benutzt hatte. Facebook führte die Deaktivierung als Alternative für das Löschen eines Kontos ein. User hatten die Möglichkeit, ihre Inhalte so zu verbergen, dass sie komplett verborgen waren. Bereuen sie ihre Entscheidung, reaktivierten sie ihr Konto und können wieder auf alle Inhalte, Verbindungen und Nachrichten zugreifen. Mikalah tat dies täglich, was darin resultierte, dass alle ihre Freunde ihr nur Nachrichten schicken oder Kommentare hinterlassen konnten. Dadurch verwandelte sie Facebook in ein Netzwerk, das nur in *real-time* funktionierte. Sie wusste, dass Erwachsene tagsüber ihr Profil anschauen könnten und wollte nicht über die Suche auffindbar sein, sie hatte regelmäßig mit staatlichen Institutionen zu tun und traute Erwachsenen nicht. Aber sie nahm vernünftigerweise an, dass die meisten Erwachsenen in der Nacht, wenn sie online war, weniger oft auf ihr Profil stoßen würden. Sie kreierte so eigentlich eine Tarnkappe – so dass sie für die sichtbar war, mit denen sie interagierte, und für die unsichtbar, die ihre Informationen durchsuchen konnten, während sie abwesend war. (Boyd/Marwick, 2011, S. 20 f., übersetzt von Ph. W.)

Das Design und die Programmierung von Social Media schaffen bestimmte *Affordances:* Sie erleichtern bestimmte kommunikative Handlungen, schaffen Anreize und erschweren oder verunmöglichen andere. Eine dicke Glasscheibe – ein Beispiel von Danah Boyd (2014, Pos. 235) – erlaubt Menschen, sich zu sehen, ohne einander zu hören. Das bedeutet aber nicht, dass sie deswegen nicht miteinander kommunizieren könnten: Vielleicht schreiben sie Nachrichten auf Blätter oder nutzen Pantomime. Das Beispiel von Mikalah zeigt, dass die Affordances auch zu nicht vorgesehenen und dementsprechend unerwarteten Nutzungsweisen führen. Enge Vorgaben bei der Erstellung von Profilen (Zwang zum Klarnamen und beschränkte Auswahlmöglichkeiten bei der Wahl des Geschlechts, des Wohnorts und des Alters) führen oft dazu, dass Menschen erfundene Angaben vornehmen; obwohl oder gerade weil es sehr einfach wäre, eine bestimmte Identität abzubilden.

Die Affordances von Social Media umfassen vier Aspekte, die von herausragender Bedeutung sind (vgl. Boyd 2014, Pos. 235), weil sie die Kommunikation verändern und verschobene Anreize schaffen:

1. Dauerhaftigkeit und Archivierbarkeit von Inhalten,
2. Sichtbarkeit für ein bestimmtes Publikum oder für die Öffentlichkeit,
3. Möglichkeit, Inhalte zu teilen und zu verbreiten,
4. Auffindbarkeit mittels Suchmechanismen.

Wer beispielsweise mit einer Dienstleistung eines Unternehmens nicht zufrieden ist, hat in Social Media einen Kanal, auf dem Beanstandungen sichtbar werden und verbreitet werden können. Die Position der Kunden wird gestärkt und Unternehmen können über die Suchfunktionen gezielt nach Rückmeldungen suchen und Verbesserungen vornehmen. Die Konzeption der Social-Media-Tools erleichtert diese Aspekte der Kommunikation nicht nur, sie schafft auch massive Anreize, sich darauf einzulassen. Mittels Geschäftsbedingungen, die User kaum lesen, und über automatisierte Voreinstellungen stellen die Anbieter sicher, dass sie die Inhalte ihrer Nutzerinnen und Nutzer maximal nutzen können. So entstehen die Affordances letztlich ebenfalls. Sie wandeln sich, wie man vom Übergang der SMS-Kommunikation zu WhatsApp sieht, auch recht schnell: War es in der ersten Generation von Textnachrichten wichtig, sich knapp zu halten, um Kosten zu sparen, ist diese Einschränkung heute irrelevant geworden. WhatsApp ist so designt, dass User viel schreiben, sofort reagieren und Videos oder Bilder in ihre Gespräche einbauen.

Das heißt aber nun nicht, dass Jugendliche sich durch die Technologie bestimmen lassen. Während sie in Belangen, die ihnen unwichtig sind oder die sie in ihrem Alltag ohnehin nicht kontrollieren können, oft gleichgültig wirken können, sind sie kreativ und engagiert, wenn es darum geht, ihr soziales Netz gezielt zu pflegen und zu erweitern. Aus diesem Grund *hacken* sie die Tools oft – nicht in dem Sinne, dass sie sie umprogrammieren, sondern indem sie Vorgaben nicht als Vorschriften interpretieren, sondern als spielerische Herausforderung.

1.3 Generation »Social Media«

Ist im Titel dieses Buches von einer spezifischen Generation die Rede, so vermag diese Einschränkung der Abhandlung einen Fokus zu geben: Untersucht werden die Auswirkungen von Social Media auf einen Ausschnitt aus der Gesellschaft, eine bestimmte Generation. Gerade dieses Konzept ist aber zunächst höchst diffus. Der Begriff der Generation wird zwar oft verwendet, ist aber notorisch ungenau, wie Charles Berg festhält:

> Der Generationsbegriff als eine Art Schnittpunktkategorie stellt die Sozialwissenschaften vor eine Reihe von Dilemmas. Generation kann in einer diachronen, verstanden als Folge in einer historischen Ahnenreihe, oder in einer synchronen Perspektive, verstanden als das Mit- und Gegeneinander simultan existierender gesellschaftlicher Gruppen, gesehen werden. Der Genera-

tionsbegriff kann subjektiv oder objektiv ausgelegt werden: einmal als meist nur begrenzt zutreffende kollektive Selbstdeutung (»Wir sind die 68er.«), dann als quasi objektiviertes soziologisches Gruppenmerkmal. Das Generationskonzept kann einen familienbiografischen oder sozialgeschichtlichen Fokus haben, es kann sich auf Erlebtes, auf Wissen, auf Verhalten beziehen.

Eine derart komplexe Kategorie bietet sicher den Königsweg zum Verständnis der gegenwärtigen Gesellschaft und ihres evolutiven Potenzials, aber auch herrliche Sackgassen, die an der Einmündung verlocken, aber dennoch am Ende zu nichts führen. (Berg, 2006, S. 33).

Um die heutige Gesellschaft verstehen zu können, ist ein relationaler Generationenbegriff sinnvoll: Im Blick stehen die Jugendlichen von heute, deren Abnabelung von den sozialen Strukturen ihrer Eltern schon immer mit den Möglichkeiten digitaler Kommunikation erfolgt ist. Als Beispiel dafür kann Philipp Riederle gelten, der sich mit seinem Buch *Wer wir sind, und was wir wollen* als eine Art Sprachrohr für diese Generation inszeniert. In der Einleitung schreibt der zur Zeit der Niederschrift 19-jährige Autor:

> Willkommen bei der Generation Y, der Generation Z oder der Generation C – C wie Connected. Uns sind schon so viele Generationsbezeichnungen übergestülpt worden, da sollte man sich nicht festlegen. Schließlich kann es uns egal sein … Die vom kanadischen Schriftsteller Douglas Co[u]pland aus der Wiege gehobene Generation X definierte sich noch über das gepflegte Slackertum, die gespielte Verzweiflung angesichts der lähmenden Multi-Optionen, die die Gesellschaft zu bieten hat. Wir nutzen sie. Mehr, als Ihr vermutet. Unsere Leitfrage lautet:»Was ist für uns relevant?« (Riederle, 2013, S. 9 f.)

Auch wenn Riederle sich darüber empört, dass ältere Menschen ihm vorhalten, »von sich auf andere zu schließen« (2013, S. 9 f.), so tut er genau das. Während er sich als Vertreter seiner Generation sieht, formt er in seinen Texten und Vorträgen ganz bewusst ein bestimmtes Bild dieser Generation. Durchgängig verwendet er die erste Person Plural, doch das »wir«, für das Riederle eintritt, scheint wenig mehr als die Vorstellung zu sein, dass andere auch so seien wie er. Aber nicht nur sind wenige Jugendliche so privilegiert, dass sie mit 13 ein iPhone erhalten, das aus den USA importiert ist, viele interessieren sich auch nicht dafür, Erwachsenen mit gelehrten Zitaten aus dem bildungsbürgerlichen Kanon zu erklären, wie denn die heutige Jugend so tickt.

Die Generation »Social Media« ist – wie die Generation Y, Z oder C – soziales Konstrukt, eine Projektionsfläche, deren Wahrnehmung oft mehr über die

Erwachsenen und ihr Verhältnis zur Technologie aussagt, als über die Jugendlichen selbst. »Vielleicht wird dereinst von der Generation derer gesprochen werden, die – verzweifelt? fröhlich? – neue Generationen erfunden haben, um herauszufinden, wer sie sind«, vermutet Uwe Justus Wenzel nicht ganz zu Unrecht (2014).

Oft ist beispielsweise die Rede davon, junge Menschen seien »Digital Natives«. Dieser Begriff ist mit vielen Widersprüchen verbunden, wie schon ausführlich gezeigt wurde (Wampfler, 2013, S. 53 ff.). Neuere Untersuchungen legen nahe, dass er als Merkmal einer Generation in Industrienationen nicht mehr taugt, weil er nicht mehr zutrifft (Pfanner, 2013). Dort sind über alle Altersstufen hinweg fast gleich viele Menschen regelmäßig online, Jugendliche nicht mehr oder intensiver als Erwachsene oder ältere Menschen. Anders ist es in Entwicklungsländern in Afrika oder Asien, denen die Forschung oft wenig Aufmerksamkeit schenkt, obwohl sich dort große Unterschiede einstellen. In Burundi oder Eritrea sind Jugendliche rund drei Mal häufiger im Internet als die Gesamtbevölkerung (Best, 2013).

Und dennoch hat der Begriff »Digital Natives« einen wahren Kern: Auch wenn berufstätige Erwachsene das Internet oft gleich intensiv nutzen wie Jugendliche, so stehen sie doch meist mit einem Bein in der analogen Welt, weil sie analog sozialisiert wurden. Sie haben mit Büchern lesen gelernt und mit Bleistiften schreiben, haben Wissen in Bibliotheken nachgeschlagen, Musik am Radio aufgenommen und mit Freundinnen und Freunden per Brief, Postkarte und Telefon kommuniziert. All diese Kulturtechniken stehen ihnen noch zur Verfügung, sie können sich jederzeit aus der digitalen Welt in die analoge zurückziehen.

Die Generation Social Media steht mit beiden Beinen im Netz. Eine Vertreterin formuliert das so:

> Ich habe nie gelernt, ohne das Internet zu leben. Meine Sozialisation wurde maßgeblich von Internetbekanntschaften beeinflusst, meinen Musik- und Filmgeschmack verdanke ich Online-Communities der frühen 2000er. Ich lese seit Jahren Blogs oder Tweets von Menschen, die ich noch nie gesehen habe und fühle mich mit ihnen trotzdem so verbunden, als würden wir uns persönlich kennen. Ohne das Internet wäre ich ein anderer Mensch. Das Internet ist Teil meiner Lebenswelt, in der ich nicht zwischen dem echten und dem virtuellen Leben unterscheide. (Rieke, 2014)

Das Smartphone ist Lexikon und Telefon zugleich, es ist Brief und Bibliothek, Plattenspieler und Diktafon. Scheitert ein Unterfangen im Netz, gibt es keine analoge Alternative mehr. Das kann als Verkümmerung beschrieben werden, die aber kompensiert wird: Jugendliche finden für digitale Probleme digitale Lösungen. Deshalb ist eine genaue Betrachtung ihres Umgangs mit Online-Werkzeugen lohnend: Sie zeigt, welche Weiterentwicklungen von Strategien menschlichen Bedürfnissen entgegenkommen können, obwohl es sich um ein bedrohliches Umfeld handelt, in dem Überwachung, Betrug und kommerzielle Manipulationen ständig nur einen Klick entfernt scheinen. Für die dringenden Fragen, wie man sich im Cyberspace sicher und wohl fühlen kann, finden Jugendliche vermutlich eher Antworten, als es analog sozialisierte Erwachsene können.

Mit der »Generation Social Media« sind also die Menschen gemeint, deren Erwachsenwerden von digitaler Kommunikation begleitet wurde. Die JIM-Studie 2005 wies nach, dass über 70 % der 12–19-Jährigen in Deutschland mehrmals pro Woche das Internet nutzten und über die Hälfte derselben Altersgruppe regelmäßig chattete (Medienpädagogischer Forschungsverbund Südwest, 2005). Nimmt man 2005 als Ausgangsjahr, so sind die ältesten Vertreterinnen und Vertreter der hier im Mittelpunkt stehenden Generation rund 25 Jahre alt, die Jüngsten in der Pubertät. Gemeint sind die Vertreterinnen und Vertreter aus dieser Altersgruppe, die soziale Netzwerke und mobile Geräte intensiv verwenden, insbesondere für die Kommunikation mit Peers. Die JIM-Studie 2013 ermittelte, dass für rund 90 Prozent der 12–19-Jährigen in Deutschland das Internet »sehr wichtig« oder »wichtig« ist (Medienpädagogischer Forschungsverbund Südwest, 2013, 13).

Danah Boyd spricht in der Analyse der Generation Social Media von »networked teens«, die sich in vernetzten Öffentlichkeiten bewegen und aufhalten:

> Öffentlichkeiten (engl. *publics,* Ph.W.) schaffen Räume und Gemeinschaften, in denen sich Menschen versammeln, verbinden und die Gesellschaft, wie wir sie verstehen, bilden können. Vernetzte Öffentlichkeiten gehören in zwei Hinsichten dazu: Sie bilden Räume und eine imaginäre Gemeinschaft. Sie werden durch Social Media und andere neue Technologien ermöglicht. Als Räume erlauben sie Menschen, sich zu treffen, Zeit zu verbringen und Witze zu reißen. Technologisch ermöglichte vernetzte Öffentlichkeiten funktionieren in dieser Hinsicht so wie Parks und Einkaufszentren es für frühere Generationen getan haben. Als soziale Konstrukte schaffen Social Media vernetzte Öffentlichkeiten, die Menschen erlauben, sich als Teil einer größeren Gemeinschaft zu sehen. Teenager verbinden sich mit vernetzten Öffentlichkeiten aus denselben Gründen, aus denen sie schon immer Teil einer Gemeinschaft sein wollten: Sie wollen zu einer größeren Welt gehören, indem sie andere Menschen treffen und sich frei bewegen können. (Boyd, 2014, Pos. 210 ff., übersetzt von Ph. W.)

Social Media bedeuten für die in diesem Buch diskutierte Generation einerseits eine Möglichkeit, anderen Menschen zu begegnen. Diese Funktion kann als räumlich bezeichnet werden, weil sie früher durch öffentliche oder halb-öffentliche Räume übernommen wurde. Andererseits erleichtern sie es, Gemeinschaften zu konstruieren. Ein Beispiel für eine solche Gemeinschaft sind die Fans von Justin Bieber. Über 50 Millionen von ihnen nutzen Twitter dafür, um sich mit anderen, die für den kanadischen Sänger schwärmen, zu vernetzen. Während es solche imaginierte Gemeinschaften im Zeitalter der Massenkommunikation schon immer gab, können Social Media sie mit der ursprünglich Räumen vorbehaltenen Möglichkeit der Begegnung koppeln. Das ist oft bequem, meist aber auch die Lösung eines Problems: In der Agglomeration und den Städten gibt es immer weniger Orte, an denen sich Jugendliche unbeaufsichtigt und ohne etwas zu konsumieren versammeln können.

Die Vorstellung einer durch Social Media vernetzten Generation darf nicht darüber hinwegtäuschen, dass Jugendliche sich in Gruppen organisieren, die sehr unterschiedlich digitalisiert sind. Das ist zwar von regionalen und sozialen Faktoren abhängig; spielt sich aber auch auf einer Ebene ab, die davon unbeeinflusst bleibt: Jugendliche, die sich nicht am Mainstream orientieren wollen oder können, haben Zugang zu Subkulturen an ganz anderen Orten und in ganz anderen Gesellschaften. Martin Lindner vertritt in Diskussionen auf Google+ regelmäßig die These, Social Media verhelfe abseits von etablierten Bildungsstrukturen zu »persönlichem Empowerment«: Das heißt, die Werkzeuge eröffnen Jugendlichen Handlungsoptionen, die primär mit ihrer Identität und ihrer persönlichen Entwicklung zu tun haben, nicht aber mit ihrer Ausbildung oder Bildung.

Gestützt wird diese Beobachtung auch durch eine Untersuchung im Rahmen der Schweizer JAMES-Studie, mit der fünf Typen der Mediennutzung unter Jugendlichen identifiziert wurden (Willemse et al., 2011):

1. *Analoge, 29 %*
   Mehrheitlich gut gebildete, weibliche Jugendliche, die analoge Medien wie Bücher und Briefe weiterhin nutzen. Sie greifen weniger auf das Internet zu.
2. *Computerfreaks, 10 %*
   Mehrheitlich jüngere, männliche Jugendliche mit einer starken Vorliebe für Computerspiele und Filme. Sie nutzen analoge Medien kaum, sind digital gut vernetzt und nutzen den Computer intensiv und innovativ.
3. *Informationsorientierte, 24 %*
   Ländlich lebende Jugendliche, für die das Internet den Zugriff auf Informationen erleichtert. Sie lesen online und offline oft Zeitungen und Zeitschriften, aber kaum Bücher. Ausgeprägtes technisches Knowhow besitzen sie nicht.

4. *Musiker, 6 %*
Ältere, urban lebende, hauptsächlich männliche Jugendliche, die oft Instrumente spielen und Musik oft am Computer bearbeiten und produzieren. Sie nutzen analoge Medien kaum, verfügen aber über weit reichende Computerkenntnisse.

5. *Unterhaltungsorientierte, 31 %*
Mehrheitlich weibliche Jugendliche mit eher niedrigem Bildungsniveau und eher niedrigem sozialem Status. Sie schauen oft fern und nutzen Internet wie auch Social Media intensiv, hauptsächlich zur Unterhaltung.

Die stark vereinfachte Übersicht macht deutlich, wie vielfältig die Faktoren sind, welche eine Generation in Untergruppen aufteilen: Lebensort, Geschlecht, Bildungsgrad, soziale Schicht und Vorlieben in der Mediennutzung schaffen Untergruppen, die nicht mit einheitlichen Methoden untersucht werden können. Für die Ausführungen in den nächsten Kapiteln ist diese Einsicht bedeutsam: Oft sind sie unzulässig grob, entweder weil differenzierte Erhebungen nicht vorliegen oder weil nur bei einer Verallgemeinerung klare Aussagen möglich sind.

> [Es ist wichtig,] auf die Tatsache hinzuweisen, dass es nicht eine Generation gibt, in der alle Menschen gleiche Eigenschaften haben, sondern dass jede Altersgruppe von Menschen aus vielen Gruppen und Individuen mit ganz unterschiedlichen Interessen und Einstellungen besteht, die auch unterschiedlich gefördert werden müssen. (Schulmeister, 2009, S. 64)

Diese Einsicht Rolf Schulmeisters resultiert aus einem Vergleich verschiedener Typologien zur jugendlichen Mediennutzung. Schulmeisters Aufsatz mit dem Titel *Gibt es eine »Net Generation«?* basiert auf einer aufwändigen Übersicht vor allem englischsprachiger Arbeiten, die ähnlich wie Marc Prenskys einflussreicher Aufsatz von 2001 *(Digital Natives, Digital Immigrants)* dahingehend argumentieren, dass die veränderte Mediennutzung zu einer Generation führe, deren Sozialisation und Lernverhalten sich radikal von denen früherer Generationen abhebe. Schulmeister zeigt auf, dass diese Thesen auf falschen Annahmen beruhen und sich empirisch nicht verifizieren lassen. Dabei spricht er von einem »Klischee der Generation«, das die »Diversität der Jugend« zukleistere (2009, S. 152). Die Motive der Autoren seien meist nicht wissenschaftlicher Natur, sie wollten mit ihren Büchern Geld verdienen, weil das Thema einerseits populär sei, andererseits auf große Nachfrage aus der Perspektive des Marketings und der Berufswelt stoße. Schulmeister selbst zieht eine nüchterne Bilanz:

In dem so beschriebenen Bild der jugendlichen Aktivitäten ist nichts Ungewöhnliches zu sehen. Die Tatsache, dass heute andere Medien genutzt werden als in früheren Zeiten, rechtfertigt es nicht, eine ganze Generation als andersartig zu mystifizieren. Im Gegenteil, die Generation, die mit diesen neuen Medien aufwächst, betrachtet sie als ebenso selbstverständliche Begleiter ihres Alltags wie die Generationen vor ihr den Fernseher, das Telefon oder das Radio. (Schulmeister, 2009, S. 149)

Eine leicht andere Perspektive wird in einer aufwändigen Studie des Deutschen Instituts für Vertrauen und Sicherheit im Internet (DIVSI) von 2014 eingenommen:

Die Sphären Jugend und Medien sind also durch vielfältige Beziehungen miteinander verwoben. Allzu oft ist dementsprechend auch die Rede von Mediengenerationen, die durch einen jeweils charakteristischen Umgang mit – wiederum spezifischen – Medien gekennzeichnet sind. Heute wird dabei vor allem auf das Medium Internet Bezug genommen. Diagnostische Schlüsselbegriffe lauten dann *Netzgeneration* oder *Generation @*. (Kammer, 2014, S. 17)

Die DIVSI-Studie postuliert aber ebenfalls keine Einheitlichkeit, sondern leitet anhand von Unterscheidungen nach dem Bildungsniveau (niedrig, mittel und hoch) und der normativen Grundorientierung (traditionell, modern, postmodern) sieben Internet-Niveaus für die Altersgruppe 14 bis 24 Jahre ab (ebd., S. 28 ff.):

1. *Verunsicherte (niedrig, traditionell), 3 %*
   Nutzen das Internet eher wenig und bewerten ihre Kompetenz dafür als ungenügend. Sie sind verunsichert und misstrauisch gegenüber dem Internet, aber auch mit ihrem eigenen Leben unzufrieden.
2. *Vorsichtige (mittel, traditionell), 7 %*
   Diese Jugendlichen wünschen sich ein ähnliches Leben, wie es ihre Eltern hatten und sind sozial eher unauffällig. Das gilt auch für ihre Internetnutzung: Sie ist verantwortungsbewusst und zurückhaltend, die »Vorsichtigen« hinterlassen im Netz wenig Spuren. Sie geben an, auf die meisten Internetdienstleistungen verzichten zu können.
3. *Verantwortungsbedachte (hoch, traditionell), 8 %*
   Im Vergleich mit den ersten beiden Gruppen nutzen sie das Netz intensiver, aber kaum zu Lifestyle-Zwecken. Sie orientieren sich an bekannten Struktu-

ren und sind daher dem Internet gegenüber skeptisch eingestellt; vor allem mögliche Rechtsverstöße schrecken sie ab.
4. *Skeptiker (hoch, traditionell – modern), 10 %*
Die Gruppe orientiert sich an Idealen wie Gerechtigkeit, Demokratie und Toleranz, verfügt über ein hohes Sendungsbewusstsein. Um die eigene Meinung zu vertreten, wird digitale Kommunikation genutzt, für die Freizeitgestaltung jedoch kaum. Aufgrund ihrer kritischen Haltung sehen sie die Sicherheit im Netz als ein Problem.
5. *Unbekümmerte (niedrig, modern), 18 %*
Sie nutzen das Internet häufig und hauptsächlich zu Unterhaltungszwecken. Vernetzung und Inszenierung sind für sie wichtig. Unbekümmert sind sie lediglich gegenüber Vertrauen und Sicherheit im Internet, mit ihrem Leben sind sie generell wenig zufrieden.
6. *Pragmatische (mittel – hoch, modern), 28 %*
Diese große Gruppe ist mit ihrem Leben, ihren Beziehungen und ihrem Aussehen sehr zufrieden und versucht Leistung, Disziplin und Spaß zu verbinden. Dabei ist das Netz ein Mittel, das selbstverständlich und kompetent genutzt wird.
7. *Souveräne (hoch, postmodern), 26 %*
Mobile und kreative Jugendliche, die sehr intensiv und lange online sind und versiert, aber nicht unreflektiert Netzwerke pflegen und kulturelle Inhalte erstellen, verbreiten und konsumieren.

Der Ausgangspunkt des vorliegenden Buches ist keine These. Der Begriff der »Generation Social Media« ist nicht mit der Annahme verbunden, dass der Mediennutzung unter dem gesamten Freizeit-, Sozial- und Lernverhalten Jugendlicher ein herausragender Einfluss zukomme, der diese Generation zu einer einzigartigen mache. Es geht vielmehr darum, die Mediennutzung zu beschreiben und ihren Einfluss zu untersuchen. Die Generation soll weder »mystifiziert« werden, noch soll ihr Umgang mit Medien vorschnell mit dem früherer Generationen gleichgesetzt werden.

Technologie bestimmt nicht, wie Menschen denken und leben. Aber sie hat einen Einfluss darauf, welche Gedanken nahe liegend und welche Handlungen einfach sind. Eine medienpädagogische Untersuchung muss sich – wie das Schulmeister vorbildlich tut – gegen die These der Determination abgrenzen. Aber sie muss ebenso der Versuchung widerstehen, relativierend zu argumentieren, dass Menschen völlig unabhängig von ihren Werkzeugen tun, was sie tun.

1.4 Stolpersteine der Medienkritik

Nach dem Arabischen Frühling wurde mir immer wieder dieselbe Frage gestellt: Ist das Internet gut oder schlecht? Es ist beides, wiederholte ich mich. Gleichzeitig. In komplexen, neuartigen Zusammenhängen. (Tufekci, 2014b, übersetzt von Ph. W.)

Die Komplexität des Wandels, der die Gesellschaft und ihr Wissen ergriffen hat, seit das Internet zum dominierenden Kommunikationsmittel geworden ist, führt zu einer Reihe von falschen Vereinfachungen und Vermischungen. Sie sollen Orientierung bringen, führen aber letztlich zu einer verzerrten Beurteilung von Vorgängen, so dass sich daraus keine hilfreichen Folgerungen ableiten lassen. In der Absicht, diesen Stolpersteinen in den folgenden Kapiteln aus dem Weg zu gehen, seien sie hier kurz kommentiert und beschrieben. Ausgehend vom Problem des Bestätigungsfehlers in der Medienpädagogik wird das damit verbundene Problem diskutiert, dass Medienkritik oft eine versteckte Jugendschelte ist. Die beiden abschließenden Aspekte behandeln Modelle, wie der Cyberspace mit der Welt verbunden sein könnte und unter welchen Umständen sich darin Veränderungen ergeben können.

Menschen nehmen die Welt nicht wahr, wie sie ist. Vielmehr orientieren sie sich an Hypothesen, Vermutungen und Haltungen, wie die Welt sein könnte. Sie suchen dafür nach Bestätigung in ihren Erfahrungen und Beobachtungen und ignorieren weitgehend, was ihren Annahmen widerspricht (Risen/Gilovich, S. 112). Dieses Problem wird *Confirmation Bias* oder Bestätigungsfehler genannt.

Es hat mehrere gravierende Konsequenzen: Zur selektiven Auswahl von Daten, die berücksichtigt werden, kommt eine fehlerhafte Interpretation von Daten, die so weit gehen kann, dass selbst widersprüchliche Informationen akzeptiert werden, wenn es darum geht, eine Haltung nicht aufgeben zu müssen. So wurden beispielsweise in einem Experiment in Stanford Menschen zur Wirkung der Todesstrafe befragt, indem sie gebeten wurden, gefälschte wissenschaftliche Resultate zu beurteilen. Wer an die Wirkung der Todesstrafe glaubte, bezweifelte die Gültigkeit der Studien, welche aufzeigten, dass sie unwirksam sei; wer an der Wirkung zweifelte, bemängelte Fehler bei den anderen Untersuchungen. (Lord et al., 1979)

Der Effekt des Confirmation Bias hält sogar an, wenn Menschen ihn kennen und wenn sie darauf aufmerksam gemacht werden, dass sie Informationen verzerrt beurteilen. Er führt generell zu einer Polarisierung von Haltungen, weil sie durch dieselben Ergebnisse verstärkt werden, selbst wenn sie einander widersprechen. Wer davon überzeugt ist, Smartphones würden jungen Menschen viele soziale Möglichkeiten öffnen und sie zu niederschwelligem Lernen animieren, wird das

Verhalten einer Gruppe Jugendlicher mit hoher Wahrscheinlichkeit so interpretieren, dass es diese Haltung bestätigt – und wer denkt, Smartphones führten zum Untergang der direkten Interaktion mit Augenkontakt und würden letztlich bewirken, dass Menschen nur noch mit oder mittels Maschinen interagieren, ebenso.

Medienpädagogische Fragestellungen werden auch unter Fachleuten oft unter dem Einfluss dieser Wahrnehmungsverzerrung diskutiert. Wer davon überzeugt ist, Neue Medien würden einsam, süchtig, dumm und kriminell machen, wird dafür genügend Belege finden: nicht nur Einzelfälle, sondern auch Statistiken und Umfragen. Und wer sich sicher ist, die digitale Kommunikation verbessere das Leben der Menschen, kann auch diese Hypothese leicht belegen.

Wird eine wissenschaftliche Perspektive auf Risiken und Chancen eingenommen, geht es nicht darum, eine Haltung zu verifizieren oder zu vertreten, sondern zu zeigen, wie drängende Fragen zur Auswirkung sozialer Netzwerke und digitaler Information von Expertinnen und Experten beantwortet werden.

So wird eine Verengung des Blicks auf unerwünschte Auswirkungen von Medien vermieden, die sehr häufig im Zusammenhang mit dem Leben Jugendlicher beobachtbar werden. Teenager nutzen Medien innovativ, verfügen über viele Möglichkeiten und passen sie an ihr intensives, abwechslungsreiches Leben an. Dadurch sind ihre Gewohnheiten und Praktiken sichtbar: Jugendliche bewegen sich häufig in öffentlichen Räumen und Verkehrsmitteln, weil sie sich nicht ungestört in Wohnungen treffen können.

Dadurch ecken sie an: Sie stören ihre Mitmenschen durch ihre Gespräche, ihre Ausgelassenheit, ihre Musik. Ihr Verhalten unterscheidet sich von dem Erwachsener, sie fallen auf. Das hat damit zu tun, dass Jugendliche die Aufgabe haben, ein neues Beziehungsnetz zu knüpfen, das von dem ihrer Eltern unabhängig ist. Gleichzeitig müssen sie sich in einer Welt orientieren, die sich seit der Jugend ihrer Eltern verändert hat und deren Erfahrungen nicht entspricht: Neue Normen und Umgangsformen müssen erlernt werden. Das geht nur, indem Jugendliche eigenständige Erfahrungen sammeln und sich dabei exponieren. Um neue Menschen kennenzulernen, müssen sie sich dort aufhalten, wo sie gesehen werden und wo sie andere beobachten können. Kontakte müssen sich leicht ergeben und in einem ersten Schritt unverbindlich bleiben. Es wird deutlich, wie ergiebig Social Media für Jugendliche sind: Ein halb-öffentlicher virtueller Raum, der vielfältige Begegnungen und Beziehungen ermöglicht. (Mit halb-öffentlich ist gemeint, dass Inhalte oft einem breiten Publikum zugänglich, aber an eine klare Zielgruppe adressiert sind. Viele haben die Möglichkeit zu lesen, was eine Person auf Twitter mitteilt; die Erwartung ist aber in der Regel, dass nur wenige das auch tun und darauf reagieren.)

Im Vorgang der Abgrenzung von der Welt Erwachsener wird die Jugend zu einer Art Kreativitätslabor. Rollen können erprobt werden, ohne dass sich jemand darauf festlegen lassen muss. Damit verbunden ist ein innovativer Gebrauch von Sprache, Medien und Mode.

Dafür wurden Teenager schon immer kritisiert. Seit es Bücher gibt, wirft man ihnen Frechheit, mangelnde Seriosität und hohe Risikobereitschaft vor. Dieser Vorwurf ist aber uninteressant, weil er gleichförmig ist: Er ist die Reaktion der Erwachsenen auf die Funktion der Jugend. So zeigt der Vorwurf gewissermaßen, dass die Abgrenzungsstrategie Jugendlicher funktioniert: Werden sie für ihre Bemühungen gescholten, waren sie zumindest teilweise erfolgreich.

Medienkritik ist häufig Teil einer allgemeinen und unspezifischen Jugendkritik. Weil junge Menschen sich auch in ihrem Mediengebrauch ausleben, bezieht sich die Reaktion auf ihr Verhalten auch darauf. Dadurch verliert diese Kritik aber an Bedeutung: Sei es Rockmusik oder eine freizügige Sexualität, Jugendbewegungen haben die düsteren Prophezeiungen in Bezug auf die Auswirkungen ihres Verhaltens noch immer widerlegt. Aus Jugendlichen werden Erwachsene, die Muster befolgen und Regeln einhalten.

Von diesem Problem ist aber nicht die ganze Medienkritik durchdrungen, die primär das Verhalten Jugendlicher betrifft. Das lässt sich mit zwei Beispielen verdeutlichen: Während Rockmusik heute zum Kanon der Populärkultur gehört, gibt und gab es Jugendliche, die ihr Gehör durch zu laute Musik geschädigt haben. Und während es gesellschaftlich weitgehend akzeptiert ist, erste sexuelle Erfahrungen vor der Ehe zu sammeln, gefährden ungeschützte Sexualkontakte die Gesundheit Jugendlicher. Differenzierungen und genaue Beschreibungen sind unumgänglich. Eine saubere Trennung von kulturhistorisch standardisierter Jugendkritik und seriöser Auseinandersetzung mit den Auswirkungen und Risiken digitaler Kommunikation ist deshalb so sinnvoll wie notwendig.

In ihrem Essay *We Were Always Human* geht die Soziologin Zeynep Tufekci von einer Definition des Menschen aus, um zu ergründen, wie Technologie ihn beeinflussen kann. Im Menschen verbindet sich eine körperliche Präsenz mit einer symbolischen. Der Körper platziert ihn und seine Wahrnehmung in der Welt, seine symbolische Kraft lässt ihn in Gedanken alternative Welten ergründen.

Während die Stimme symbolisches Denken ausdrücken kann, aber immer direkt an den Körper bindet, ist das in der Schrift nicht möglich. Das zeigt ein Verweis auf eine berühmte Stelle aus Platons Dialog *Phaidros*:

> [D]ies Bedenkliche, Phaidros, haftet doch an der Schrift, und darin gleicht sie in Wahrheit der Malerei. Auch deren Werke stehen doch da wie lebendige, wenn du sie aber fragst, um das Gesagte zu begreifen, so zeigen sie immer nur ein und dasselbe an. Jede Rede aber, wenn sie nur einmal geschrieben,

treibt sich allerorts umher, gleicherweise bei denen, die sie verstehen, wie auch bei denen, für die sie nicht passt, und sie selber weiß nicht, zu wem sie reden soll, zu wem nicht. (Platon, 1957, 275D)

Technologie, so argumentiert Tufekci, ändere an der Dualität des Menschen nichts: Weder die Bibliothek von Alexandria noch die Erfindung der Schreibmaschine, des Telegrafen oder des Internets hätten das Verhältnis von Körper und Gedanken verschoben. Aber Menschen würden daran arbeiten, die Sphäre des Symbolischen zu erweitern und zu externalisieren.

Das kann in der frühen Phase des Internets beobachtet werden, in der vornehmlich wohlhabende, aufgeschlossene, junge, weiße Männer digitale Kommunikation verwendet haben, um damit multiple und fragmentarische Persönlichkeiten zu entwerfen, die sich oft rein symbolisch manifestierten und keine körperlichen Konsequenzen hatten.

Im 21. Jahrhundert, nach dem Siegeszug von Social Media, nähere sich die digitale Bevölkerung der realen an. Damit sei sie viel stärker an den Körper gebunden, der letztlich alle Rollen, die Menschen online einnehmen könnten, verbinde. Beleg für die Theorie Tufekcis ist Apples Innovation, den Zugriff auf digitale Inhalte durch den Fingerabdruck zu ermöglichen: eine physische Präsenz und Identität also zu erzwingen.

Dieser Zusammenhang macht deutlich, dass frühe theoretische Arbeiten zum Internet einen *Digitalen Dualismus* vertreten haben, der nicht haltbar ist: Der symbolische Bereich des Menschen kann nicht als »Cyberspace« oder »virtuelle Welt« von der körperlichen, realen Welt gelöst werden, weil sonst auch alle Bücher, Höhlenmalereien oder Telefongespräche eine »virtuelle Welt« bilden würden.

Unsere Fähigkeit, mitzufühlen und Beziehungen einzugehen gründet in unserer Menschlichkeit. Das ist die wichtigste Einsicht. Dank Technologie »schneller, höher, stärker« zu werden, stellt eine große Versuchung dar. Aber wir sind, wie wir es immer waren, menschlich und unsere Beschränkungen gehen über Technologie hinaus. Wir sind, wie wir es immer waren, menschlich, allzumenschlich. (Tufekci, 2012, S. 45, übersetzt von Ph. W.)

Wer in der Medienpädagogik dualistisch argumentiert, verkennt, dass Medien die symbolische und körperliche Präsenz des Menschen nie zur Deckung bringen können. Kommunikation funktioniert nur, wenn Inhalte für andere wahrnehmbar gemacht werden können. So erweitern und ergänzen Medien die physische Welt, in der wir leben. Sie bilden aber keine gesonderte virtuelle Welt (vgl. Wampfler, 2013, S. 45 f.).

Wer denkt, liest, schreibt, spricht und zuhört, erweitert die Realität in einer virtuellen Dimension. Daher taugt dieser Aspekt kaum zur Kritik an der konkreten Mediennutzung. Das heißt aber nicht, dass sich das Verhältnis von direkt wahrnehmbarer körperlicher Präsenz und kommunizierten Inhalten nicht verändert: Im persönlichen Gespräch sehen sich Menschen und sie hören die Stimme der anderen. Das Symbolische ist stärker an den Körper gebunden. Obwohl die Kommunikation in Chats oft sehr mündlich erscheint, kann das persönliche Gespräch in dieser Hinsicht nicht mit der digitalen Konversation verglichen werden. Dieser graduelle Unterschied kann Auswirkungen haben, die in Studien präzise erfasst und beschrieben werden können. Aber er kann nichts daran ändern, dass jede Form der Kommunikation eine virtuelle und eine physische Komponente enthält, die einander gegenseitig bedingen.

Vor diesem Menschenbild wird deutlich, dass die Frage, was Veränderungen antreibt und auslöst, nicht über eine einfache Zuschreibung von Kausalität erfolgen kann. Meist kann eine Korrelation zwischen messbaren Variablen nachgewiesen werden, also über die gleichzeitige Veränderung von zwei oder mehr Aspekten. Aber ob einer davon die Ursache für andere ist oder ob es weitere Ursachen gibt, die alle Aspekte beeinflussen, ist damit nicht geklärt.

Das gilt in besonderem Maße für die Diskussion über Neue Medien. Wer annimmt, der Gebrauch neuer Kommunikationswege sei der Auslöser für eine Reihe von Veränderungen, ignoriert, dass auch diese neuen Kommunikationswege selbst wiederum bestimmte Ursachen haben.

Evgeny Morozov spricht in dieser Hinsicht vom »Ursprungsirrtum«:

> Der Ursprungsirrtum verwechselt dagegen Ursache und Wirkung. Er geht davon aus, dass die aktuelle digitale Infrastruktur – »das« Internet – unsere Praktiken und Verhaltensweisen hervorgebracht hat und nicht umgekehrt. Damit wird jeder Einzelaspekt des Internets immer wieder durch die Geschichte des Internets selbst erklärt. Zu sehen ist das an Googles Suchmaschine. Man vergisst leicht, dass es Klassifizierung und systematische Informationssuche lange vor der Netzwerk-Informatik gab. Wer in der Informations- und Bibliothekswissenschaft arbeitete, sprach über Automatisierung und Digitalisierung, bevor die Gründer von Google geboren wurden. (Morozov, 2013)

Weil in diesem Buch tatsächlich von der Annahme ausgegangen wird, veränderte Gewohnheiten im Gebrauch von Medien würden sich auf Menschen und ihr Zusammenleben auswirken, kann der Ursprungsirrtum nicht gänzlich vermieden werden. Die Überlegungen folgen damit der Tradition der Medientheorie von Marshall McLuhan, der als Erster dazu einlud, die Auswirkungen von Medien auf Menschen zu studieren. In einem Interview von 1969 hielt er dies in drastischen Ausführungen fest:

> Alle Medien, vom phonetischen Alphabet bis zum Computer, sind Erweiterungen des Menschen, die tiefe und dauerhafte Veränderungen bewirken und seine Umwelt verändern. Eine solche Veränderung ist eine Verstärkung oder Erweiterung eines Organs, eines Sinns oder einer Funktion, und wenn sie stattfindet, begleitet sie das Nervensystem durch eine schützende Betäubung, die verhindert, dass der Vorgang bewusst wahrgenommen wird. […] Als Resultat wird ein durch neue Medien verändertes Umfeld immer dann unsichtbar, wenn es sich verbreitet und das Gleichgewicht unserer Sinne verschoben hat. Dieses Problem ist heute besonders gewichtig, weil Menschen, um zu überleben, verstehen müssen, was mit ihnen geschieht. Weil das im Zeitalter der Elektronik bisher noch nicht geschah, ist es gleichzeitig auch das Zeitalter der nervösen Unruhe.
>
> Für unser Überleben, oder zumindest für unser Wohlbefinden und Glück, müssen wir verstehen, wie das neue Umfeld funktioniert, weil elektronische Medien, anders als frühere mediale Veränderungen, eine totale und fast sofortige Transformation der Kultur, Werte und Haltungen bewirkt. Dieser Umsturz schafft Leiden und einen Verlust der Identität, was nur gelindert werden kann, wenn die zugrundeliegenden Dynamiken sichtbar werden. Wenn wir die revolutionären Veränderungen verstehen, die neue Medien verursachen, können wir sie antizipieren und kontrollieren; fahren wir aber fort, uns zu betäuben, werden wir zu ihren Sklaven. (McLuhan, 1969, übersetzt von Ph. W.)

Unabhängig von der Frage, ob uns neue Medien zu anderen Menschen machen, bewirken sie eine Veränderung der menschlichen Interaktion: Bestimmte menschliche Eigenschaften werden besser sichtbar, sie bekommen mehr Aufmerksamkeit und Bedeutung.

Und doch muss Morozovs Überlegung berücksichtigt werden, dass in der kommunikativen Konstellation, die wir »Internet« nennen, Veränderungen zum Ausdruck kommen, die in einem größeren Rahmen analysiert werden müssen und nicht aus sich selbst heraus verständlich sind. Menschen pflegen nicht deshalb über Facebook mit vielen anderen schwache Beziehungen, weil sie dazu dank Mark Zuckerberg die Möglichkeit haben, sondern weil sie in einer veränderten Gesellschaft leben, in der Beziehungen ein anderes Gewicht erhalten.

An diesem Beispiel sollte deutlich werden, dass Jugendliche generell eine neue Welt vorfinden. Wie Michel Serres beobachtet hat – Näheres dazu in Intermezzo I –, handelt es sich um eine Generation, die aus neuen Menschen besteht:

> Er oder sie hat nicht mehr den gleichen Körper und nicht mehr dieselbe Lebenserwartung, kommuniziert nicht mehr auf die gleiche Weise, nimmt nicht mehr dieselbe Welt wahr, lebt nicht mehr in derselben Natur, nicht mehr im selben Raum. (Serres, 2013, S. 15)

All das hat nicht direkt mit Social Media zu tun, sondern ist das Resultat von Verschiebungen, deren Ergebnis und nicht etwa deren Ursache veränderte Kommunikationspraktiken sind. Eine Prüfung der Auswirkungen einer medialen Veränderung kann argumentativ nur in einem größeren Kontext stattfinden, in dem gleichzeitig andere Entwicklungsprozesse einbezogen werden, die mit Medien nichts zu tun haben. Methodisch ist eine kritische Prüfung der diskutierten Forschungsergebnisse erforderlich. Geht es im ersten Teil dieses Buches beispielsweise um die Frage, wie sich der Schlaf von Jugendlichen durch die Benutzung des Internets verändert, dann müssen Studien daraufhin gelesen werden, dass Wissenschaftlerinnen und Wissenschaftler die Auswirkungen des Mediums so weit isolieren können, dass nicht andere Einflüsse auf den Schlaf junger Menschen damit vermischt werden. Und tatsächlich: Die meisten Studien können Fernsehkonsum und Videospiele nicht wirksam von digitaler Kommunikation abgrenzen.

In seinem Buch *Smarter Than You Think* reduziert Clive Thompson den medialen Umbruch auf drei Faktoren:

1. Unbegrenzte Speicherkapazitäten führen zu einer Erweiterung des Gedächtnisses.
2. Verbindungen zwischen Menschen, Ideen, Informationen und Bildern werden einfacher und leichter herstellbar.
3. Kommunikation und Publikation werden unbegrenzt zugänglich.

Diesen drei Veränderungen ist gemeinsam, dass sie Handlungen vereinfachen und Ressourcen verfügbar machen. Dadurch entstehen unerwartete, aber auch äußerst triviale Effekte. Thompson schreibt:

> Einerseits sind diese Veränderungen – unbegrenzter Speicher, Verbindungen, Explosion der Publikationen – für alle, die je einen Computer benutzt haben, komplett offensichtlich. Andererseits überraschen sie uns ständig, indem sie neue ›Gedankenwerkzeuge‹ hervorbringen, die unsere geistigen

Gewohnheiten auf unerwartete Art und Weise umstülpen. (Thompson, 2013, Pos. 133, übersetzt von Ph.W.)

Veränderte mediale Möglichkeiten sind oft die Auswirkung von Entwicklungen, die nichts mit Medien zu tun haben. Andererseits wirken sie sich selbst auf unser Denken und Handeln aus, wie Thompsons Buch zeigt.

1.5 Digitale Kluft

Die digitale Kluft oder *digital divide* bezeichnet das Phänomen, dass gewisse Menschen oder soziale Gruppen die Möglichkeiten digitaler Kommunikation und der Datenverarbeitung intensiv nutzen können, andere Menschen und Gruppen jedoch nicht, weil ihnen der Zugang zur Infrastruktur, die notwendigen Geräte oder Kompetenzen fehlen. Diese Kluft vergrößert schon bestehende Unterschiede. So wandelt sich die Arbeitswelt in Europa und in den USA. Arbeit ohne Datenverarbeitung ist nicht mehr denkbar; was wiederum die Hürde für Menschen aus Schwellenländern, gut bezahlte Arbeiten zu erledigen, erhöht.

Jen Schradie erforscht die digitale Kluft und weist darauf hin, dass darüber viele Mythen verbreitet sind, die sie außer Kraft setzen möchte:
- *Die digitale Kluft existiert nicht.*
  Stimmt nicht, sagt Schradie. Entscheidend ist ihrer Meinung nach vor allem die Zugehörigkeit zur sozialen Schicht: Wer sozial benachteiligt ist, ist auch digital benachteiligt.
- *Die digitale Kluft ist eine Kluft.*
  Es geht nicht darum, ob Menschen Internetzugang haben oder nicht. Wichtig sind verschiedene Faktoren, so z. B. mit wie vielen Geräten eine Familie aufs Internet zugreifen kann oder ob Menschen sich im Internet mitteilen oder nur fremde Inhalte konsumieren. Hierbei handelt es sich um graduelle Unterschiede.
- *Die digitale Kluft liegt anderswo.*
  Es ist entscheidend, lokale Probleme wahrzunehmen. Welche Menschen sind auf Bibliothek- oder Schulinternetzugang angewiesen? Welche müssen ganz auf Zugänge verzichten, weil sie nicht einmal wissen, dass es kostenlose Möglichkeiten gibt? Solche Menschen gibt es überall. Wenn es in Europa weniger sind als in anderen Ländern, heißt das nicht, dass das Problem nicht bestünde.
- *Die digitale Kluft betrifft alte Menschen.*
  Der Mythos besagt, dass die Jungen von heute keine Kluft mehr kennen,

nur alte Menschen, die keine Digital Natives sind. Schradies Untersuchungen zeigen, dass das nicht stimmt. Wer besser gebildet ist, kann beispielsweise die Möglichkeit, seine Meinung oder Kreativität mittels Blogs zu verbreiten, besser nutzen.
- Aber gerade Benachteiligte können doch heute mit Mobiltelefonen online gehen ...
Wichtig, so Schradie, sei intensive und vielfältige Nutzung des Internets. Wer mit dem Smartphone surft, kann keine zehnseitigen Paper schreiben und sie kollaborativ bearbeiten. (Schradie, 2013)

Weil digitale Werkzeuge immer selbstverständlicher scheinen, ist es wichtig zu sehen, dass sie nicht allen Menschen zur Verfügung stehen. Das betrifft auch Jugendliche, die ohnehin in Westeuropa mit sehr unterschiedlichen Bedingungen ins Leben starten. Entscheidend dafür sind der Bildungsgrad und das Einkommen ihrer Eltern. Neu kommt dabei die Medienkompetenz hinzu, die sie zuhause erwerben können: Wer weniger Unterstützung und Anleitung im Umgang mit digitaler Kommunikation erhält, läuft Gefahr, vor allem negativ beeinflusst zu werden.

Die DIVSI-Studie hält klar fest: »Bildungsunterschiede sind auch mit Blick auf die Mediennutzung ein wichtiger Aspekt sozialer Ungleichheit« (Kammer, 2014, S. 99). Das lässt sich auch statistisch belegen: Je höher der Bildungsgrad, desto höher ist die Internetkompetenz, desto vielfältiger und differenzierter ist die Verwendung von sozialen Netzwerken und desto stärker ist das Sicherheitsbewusstsein im Netz ausgebildet (ebd., S. 99/101/103).

Bei der Diskussion der Einflüsse des Medienwandels auf Jugendliche muss die digitale Kluft mitbedacht werden. Sie besteht zunächst darin, dass für unterschiedliche Gruppen von Jugendlichen quantitativ und qualitativ andere Zugänge zu den Möglichkeiten Neuer Medien bestehen. Dabei reicht es nicht aus, einen Zugang zum Internet zu haben. Immer wichtiger werden spezifische Kompetenzen: Programmieren, filtern, Einstellungen vornehmen, Spam und Unsinn erkennen, die Qualität von Informationen beurteilen können. Hier entstehen schon während der Kindheit massive Unterschiede, die sich auf die berufliche und persönliche Zukunft auswirken. Verstärkt werden sie durch die unterschiedlichen pädagogischen Haltungen von Eltern: Während sozial schwache Migrantinnen und Migranten viel dafür tun, ihre Kinder technisch auf den neuesten Stand zu bringen (und dann wenig Zeit dafür haben, die Nutzung der Smartphones und Tablets zu begleiten), gehen gut gebildete und bezahlte Eltern schon früh von differenzierten medienpädagogischen Erwägungen aus, mit denen sie den Medienkonsum ihrer Kinder gezielt beeinflussen und lenken.

1.6 Die Absicht dieses Buches

Es ist riskant, ein Buch einem aktuellen Thema zu widmen. Schnell wird es durch die Realität ein- und überholt. Laufende Forschungsprojekte werden ganz neue Erkenntnisse hervorbringen und den Einfluss Neuer Medien über längere Zeiträume beschreiben können.

Mit den folgenden Kapiteln ist denn auch nicht der Anspruch verbunden, das Leben heutiger Jugendlicher unter dem Einfluss von Social Media abschließend zu beschreiben. Die »Generation Social Media« ist ein Hilfskonstrukt, mit dem sich einige mögliche Einflüsse des Medienwandels zeigen lassen. Sie sind in diesem Buch in drei Aspekte unterteilt – Körper und Geist, Beziehungen und Lernen. Dazwischen stehen kurze Intermezzi, die ergänzende Perspektiven einbringen und so zeigen, wie vielfältig die Problemlage und das Angebot an Beurteilungen und Lösungsvorschlägen letztlich sind. Die einzelnen Kapitel und auch ihre Abschnitte sind isoliert lesbar, bilden aber zusammen ein Ganzes. Das Buch ist aus Blogartikeln zusammengesetzt, die in direkter Verbindung stehen und nur gemeinsam die verhandelte Konstellation genügend differenziert beschreiben können.

Wer die hier präsentierten Resultate der soziologischen, psychologischen, medizinischen und medienpädagogischen Forschung der letzten fünf Jahre zur Kenntnis nimmt, versteht grundlegende Zusammenhänge der Mediennutzung und Entwicklung Jugendlicher, die nicht auf die ersten 14 Jahre des 21. Jahrhunderts beschränkt sind.

Ziel dieses Buches ist aber nicht nur Information über die Auswirkungen von Social Media. Es soll auch ein Anstoß sein, Urteile nicht aus der Perspektive der eigenen, erwachsenen Mediennutzung zu fällen, sondern die Bedürfnisse und Perspektiven Jugendlicher ernst zu nehmen. Dabei sind zwei Methoden besonders hilfreich:

1. Die Lektüre der Texte von Wissenschaftlerinnen und Wissenschaftlern, die in ihren Feldforschungen intensiv mit Jugendlichen zusammenarbeiten. Darin werden oft Zusammenhänge untersucht, über die viele Menschen weiterhin spekulieren, obwohl klare Erkenntnisse dazu vorliegen. Sie werden auf den folgenden Seiten zusammengefasst.
2. Das offene Gespräch mit Jugendlichen selbst.

Auf Weiterbildungsveranstaltungen für Lehrpersonen bestehe ich, wenn immer möglich, auf einem Austausch zwischen Lehrenden und Lernenden. Was Schülerinnen und Schüler Erwachsenen über ihre Haltung zu Neuen Medien erzählen können, erstaunt selbst Pädagogen immer wieder. Jugendliche nutzen ihre Smartphones selten naiv, sie denken selbst und zusammen mit anderen intensiv über die Auswirkungen ihrer technischen Hilfsmittel nach. Social Media nutzen sie mit unterschiedlichen Absichten und Vorgehensweisen; ihr Kommunikationsverhalten ändern sie regelmäßig. Und sie freuen sich, wenn Erwachsene sich für ihre Sicht interessieren und erzählen gern von ihrer Wahrnehmung. Wer sich für medienpädagogische Fragestellungen interessiert – und es ist zu hoffen, dass das möglichst viele Eltern und Lehrpersonen sind – sollte weniger über Jugendliche und mehr mit ihnen sprechen.

Aus diesem Grund möchte ich hier auch zuerst all den Schülerinnen und Schülern danken, die mir geholfen haben zu verstehen, warum sie ihre Köpfe so oft über die kleinen Bildschirme beugen. Ohne sie hätte ich dieses Buch nicht schreiben können.

Dank gebührt auch meinem Persönlichen Lernnetzwerk, also all den Menschen, die ihre Gedanken und Einsichten online und offline mit mir geteilt haben und mir bei Referaten und auf schulesocialmedia.com *immer wieder entscheidende Hinweise und anregende Kritik gegeben haben. Das hat mein Denken vorangebracht.*

Intermezzo I

Eine Liebeserklärung an die Däumlinge

Michel Serres hat 2012 einen schmalen Essay unter dem Titel *Petite Poucette* publiziert. Der Titel spielt auf das Märchen *Däumelinchen* von Hans Christian Andersen an, nimmt aber auch Bezug auf die Enkel von Serres, die er dabei beobachtet, wie sie ihre Smartphones flink mit zwei Daumen bedienen. Däumelinchen steht für eine »vernetzte Generation« der »Däumlinge«, an die Serres eine »Liebeserklärung« verfasst hat, wie es im Untertitel der deutschen Übersetzung von Stefan Lorenzer heißt.

Im Folgenden sollen knapp wesentliche Gedankengänge des Philosophen präsentiert werden, weil er wie das vorliegende Buch eine Generation in den Blick nimmt, ihre Veränderung aber nicht wissenschaftlich, sondern ihr Potenzial philosophisch deutet.

Als Einstieg soll eine Rede dienen, von der sich Serres vorstellt, dass die vernetzte Generation der Däumlinge sie an ihre Väter richtet:

> Ihr haltet uns unseren Egoismus vor – aber wer hat ihn uns vorgelebt? Unseren Individualismus – aber wer hat ihn uns gelehrt? Habt ihr es vielleicht geschafft, geschlossen aufzutreten? Scheiden habt ihr euch lassen, weil ihr nicht zusammenleben konntet. Und ist es euch etwa gelungen, eine Partei ins Leben zu rufen und am Leben zu halten? Schaut euch nur an, wie heruntergekommen sie sind … Konntet ihr eine Regierung bilden, der alle auf Dauer die Treue halten? Oder einen Mannschaftssport ausüben? Mußtet ihr nicht dessen Akteure in fernen Ländern rekrutieren, in denen man noch in Gruppen zu leben und zu handeln vermag? Die alten Zugehörigkeiten, die Waffenbrüderschaften, Pfarrgemeinden, Gewerkschaften, Familienverbände, sie siechen dahin. Bleiben die Interessenverbände, die auf schamlose Weise der Demokratie im Weg stehen.
>
> Ihr macht euch lustig über unsere Sozialen Netzwerke und unseren neuen Gebrauch des Wortes »Freund«. Habt ihr es je vermocht, euch in Gruppen zusammenzufinden, die von so beträchtlichem Umfang sind, daß die Zahl ihrer Mitglieder sich derjenigen der Menschen nähert? Und ist es nicht klug, sich den anderen zunächst virtuell zu nähern, um sie nicht zu verletzen? Ihr habt nur Angst vor den neuen politischen Formen, die aus diesen Unternehmungen hervorgehen und die alten, obsolet gewordenen wegfegen könnten. (Serres, 2013, S. 36 f.)

Die neue Generation wächst unter radikal anderen Bedingungen auf als ihre Vorfahren:

> Er oder sie, die ich Ihnen vorstellen möchte, lebt nicht länger mit Tieren zusammen, wohnt nicht mehr auf derselben Erde, hat nicht mehr den gleichen Weltbezug. Die Natur, die er oder sie bewundert, ist nur noch die arkadische der Freizeitvergnügungen oder des Tourismus. (ebd., S. 9)

Sie hat einen anderen Körper (er kennt keinen Hunger), eine andere Genealogie (sie wurden von Erwachsenen als bewusste Entscheidung gezeugt), einen neuen Raum (in dem räumliche Entfernungen kaum mehr eine Rolle spielen) und einen neuen Kopf:

> Geboren unter Periduralanästhesie während einer geplanten Geburt, fürchten sie nicht länger den gleichen Tod, zumal ihnen die Segnungen der Palliativmedizin zur Verfügung stehen. Mit einem anderen Kopf ausgestattet, erkennen sie anders, als ihre Eltern es noch taten. (ebd., S. 12)

Dieser Kopf ist anders »formatiert« als der ihrer Eltern: einerseits von Medien, die ihnen bis zum 12. Lebensjahr 20.000 Morde vorführen, andererseits von Werbung, die eine »pädagogische Gesellschaft« begründet. Die Werbung erzieht die Jugend und tritt in direkte Konkurrenz zum Schulsystem.

Däumelinchen ist ein Individuum, das sich nicht längerfristig zugehörig fühlt. Weder zu einer Nation, zu einer Mannschaft, zu einem Verein, einer Ideologie: »Durch das Reisen und die Bilder, durch das Internet, aber auch durch verheerende Kriege sind diese Zugehörigkeiten fast ausnahmslos zerfallen.« Aber das ist für Serres kein Grund zur Klage:

> Wenn ich die Folgen dessen, was alte Nörgler »Egoismus« nennen, und die Verbrechen, die aufs Konto der Zugehörigkeitslibido gehen oder um ihretwillen begangen wurden – Hunderte Millionen von Toten –, gegeneinander abwäge, dann kann ich diese jungen Leute nur von ganzem Herzen lieben. (ebd., S. 14)

Das hat – so führt Serres seinen Essay im zweiten Teil fort – Konsequenzen für die Bildung: Sie operiert mit Rahmenbedingungen aus einer Zeit »in der Welt und Menschen waren, was sie nicht mehr sind«. Ein Symptom dafür ist die Geschwätzigkeit in den Hörsälen und Unterrichtsräumen, ein Symptom, das anzeigt, dass eine Unidirektionalität von Wissensvermittlung und Bewertung von Lernprozessen antiquiert ist. Bildung habe stets ein Angebot bereit gestellt, sich aber nie um die Nachfrage gekümmert. Das werde sich ändern, ist Serres sich bewusst, und zwar sowohl in der Schule wie auch in der Politik. Die »Inkompetenzvermutung«, dass also Patienten, Studierende, Bürgerinnen und Bürger weniger von etwas verstünden als die »Dinosaurier«, wird umgekehrt: Das Schwatzen ist Ausdruck dessen, dass die Privilegien der Mächtigen nicht länger anerkannt werden, weil sie nicht mehr automatisch kompetenter sind als die, welche sie behandeln, regieren oder belehren.

Serres verkündet gar das »Ende des Zeitalters des Wissens«. Wie in der Legende des heiligen Dionysius, der seinen abgeschlagenen Kopf wieder aufgesetzt und sich damit weiterbewegt hat, ist der Kopf als Computer oder Smartphone heute abgeschlagen, externalisiert.

> Was aber tragen wir nach der Enthauptung noch auf unseren Schultern? Die erneuernde und lebendige Intuition. In die Büchse ausgelagert, entläßt uns die Bildung an die helle Erfindungsfreude. Großartig: Sind wir dazu verdammt, intelligent zu werden? (ebd., S. 21)

Die Leere, so Serres, sei eine Chance für einen Neubeginn, bei dem es Erfindungen gebe, vom Buch und seiner Seite gelöstes Denken. Die heutigen Werkzeuge, seien sie noch so digital, hätten sich aber noch nicht vom Diktat (oder eben: der Formatierung) der Seite gelöst. Das Zeitalter des Wissens ist das Zeitalter des Buches, die Elektronik habe sich aber vom Buch noch nicht befreit.

Es brauche eine neue Vernunft, fordert Serres, die sich von Ordnungen löst und Labyrinthe des Denkens schaffe und die Departementalisierung des Wissens auflöse. Der abstrakte Begriff habe als Werkzeug ausgedient, weil die Rechenleistung von Computern das Absuchen aller Einzelfälle erlaube und keine Verallgemeinerungen mehr benötige. Denken werde algorithmisch:

> Das Objektive, das Kollektive, das Technologische, das Organisatorische ... – sie gehorchen heute diesem algorithmischen oder prozeduralen Kognitiven eher als den deklarativen Abstraktionen, wie sie mehr als zwei Jahrtausende von einer aus den Natur- und Geisteswissenschaften sich speisenden Philosophie gefeiert wurden. Die denn auch, weil bloß analytisch, dieses Kognitive nicht heraufziehen sieht und das Denken selbst verfehlt – nicht nur seine Mittel, sondern seine Objekte, ja sein Subjekt. Sie geht an unserer Zeit vorbei. (ebd., S. 44)

Das ganze Traktat ist eine Abrechnung mit der Philosophie, die ihre Aufgabe nicht wahrgenommen habe und stehen geblieben sei. Serres vertraut eher den Ingenieuren:

> Möge die Komplexität nicht verschwinden! Sie wächst und wird weiter wachsen, weil jeder von den Bequemlichkeiten und der Freiheit profitiert, die sie mit sich bringt; sie charakterisiert die Demokratie. Um aber ihre Kosten zu senken, muß man es nur wollen. (ebd., S. 42)

Im letzten Teil wird Serres Essay politischer. Seine Hoffnung auf den Paradigmenwechsel, welche das Zeitalter der Wissenschaft zu einem Zeitalter der Algorithmen macht, ist nicht naiv. Er anerkennt eine Reihe von Problemen, unter anderen Arbeit und Datenschutz, die aber, so Serres, durch algorithmisches Denken lösbar seien.

Gedanklich konstruiert der Philosoph auf der dem Eiffelturm gegenüberliegenden Ufer der Seine ein neues Gebilde:

> Dort der starre, stählerne Turm, der hochmütig den Namen seines Erfinders trägt, die Tausenden aber, die das Bauwerk zusammengenietet haben, dem Vergessen weiht, der Turm, an dessen Spitze sich ein Sender der Stimme seines Herrn befindet. Ihm gegenüber wird mobil, beweglich, bunt, gefleckt, patchworkartig, kaleidoskopisch ein flüchtiger Turm aus Funken chromatischen Lichts tanzen, der das vernetzte Kollektiv repräsentiert, um so wirklicher, aufgrund der Daten jedes einzelnen, als es virtuell, partizipativ – wenn man so will: entscheidend sein wird. (ebd., S. 47 f.)

2. Körper und Geist

»Was wir über unsere Gesellschaft, ja über die Welt, in der wir leben, wissen, wissen wir durch die Massenmedien«. Niklas Luhmann, von dem dieser Satz stammt (1996, S. 9), behauptete, er gelte nicht nur für die Kenntnis der Gesellschaft und der Geschichte, sondern auch für die der Natur. Wir nehmen den Menschen so wahr, wie ihn die Medien beschreiben.

Das hat der Literaturwissenschaftler Peter Utz für die Zeit zwischen 1880 und 1920 am Begriff der Nervosität gezeigt: Medizinisches, kulturelles, soziologisches und psychologisches Wissen wird in der medialen Beschreibung der menschlichen Realität durch diesen Begriff generiert. Alles scheint in den 40 Jahren vor und nach dem ersten Weltkrieg dafür zu sprechen, dass der Mensch sich nervöser fühlt (Utz, 1998, S. 62 f.). Dieses Wissen wird durch die Medien vermittelt und so wirksam. Es ist entscheidend, um politische, ästhetische und soziale Vorgänge der Zeit verstehen zu können.

Ganz ähnlich erleben wir heute die Beschreibung eines Menschen, der durch seine Mediennutzung von sich selbst entfremdet wird. Seit Mitte der 1990er-Jahre finden sich in Zeitungen und Zeitschriften regelmäßig Abhandlungen darüber, welchen Einfluss das Internet auf Körper und Geist des Menschen habe. Analog zur Nervositäts-Debatte ist vieles eher Ausdruck von Befürchtungen und Zuspitzungen als Abbild einer wissenschaftlichen Beschreibung der Realität. Bevor es in den folgenden Abschnitten um einen wissenschaftlichen Zugriff geht, sei aber festgehalten, dass der Eindruck, den Medien vermitteln, nicht einfach als unhaltbar verabschiedet werden kann. Er prägt den Menschen, verstärkt bestimmte Wahrnehmungen und macht gewisse Zusammenhänge sichtbar, die sonst nicht Gegenstand der Reflexion oder des Gesprächs geworden wären. Zudem ist er zwar nicht Resultat einer genauen Beschreibung der Realität, aber doch Ausdruck einer verbreiteten Einschätzung. Das Bild, das Medien von der Auswirkungen der Technologie zeichnen, muss ernst genommen werden; obwohl oder eben weil es ein verzerrtes ist.

Die in der Einleitung schon erwähnte Soziologin Zeynep Tufekci findet harsche Worte für das Vorgehen der Journalistinnen und Journalisten, die den massenmedialen Technikdiskurs prägen. Weil sie ein Modell entwickelt, wie das Internet auf Menschen einwirkt, sei sie ausführlich zitiert:

Möchtest du dem Internet die Schuld für etwas zuschreiben? Dann vergiss, was du in vielen Medien gelesen hast. Das Internet macht Menschen nicht wütender, narzisstischer oder einsamer.

Es vergeht keine Woche, ohne dass eine wichtige Zeitung oder Zeitschrift in einer großen Schlagzeile behauptet, das Internet würde uns zu diesem oder jenem machen. Von Dummheit über Narzissmus, von Einsamkeit oder Wut – dem Internet wurde für fast alles schon die Schuld gegeben. Wühlt man sich durch solche Geschichten, findet man meist heraus, dass die Autorinnen und Autoren entweder die Studien falsch verstanden hatten – weil die meist zeigen, dass das Internet zum Ausdruck bringt, was sich in der Offline-Realität abspielt – oder kleine, unbedeutende Studien rauspicken, die dem Rest der Untersuchungen widersprechen. (Ja, Menschen die offline narzisstisch sind, verhalten sich online narzisstischer. Ja, Wut verbreitet sich online schneller als andere Gefühle. Aber rate mal? Auch offline verbreitet sich Wut schneller.) Es gibt allgemein kaum Belege oder Gründe dafür, dass das Internet die menschliche Psychologie verändere.

Das Internet verändert mit anderen Worten nicht die Spieler, sondern das Spiel. Manchmal auf drastische Art und Weise. Wer verstehen will, was das Internet ändert, sollte sich mit Spieltheorie beschäftigen, nicht mit Psychologie. Das Internet schafft keine neuen Menschen. Aber es kreiert neue Strukturen und die verändern die Spiele, die Menschen in ihrem sozialen, persönlichen und politischen Leben spielen. (Tufekci, 2013, übersetzt von Ph. W.)

Spinnt man Tufekcis Gedankengang weiter, so erkennt man, dass ein verändertes Spiel auch die Spielerinnen und Spieler beeinflusst. Es gibt in der Psychologie kein einfaches Modell von Ursache und Wirkung. Menschen beeinflussen ihre Umwelt und werden von ihr beeinflusst. Wer spielt, gestaltet Spiele und wird dadurch geformt.

Der nächste Abschnitt präzisiert diesen Gedankengang. Darauf folgen Abhandlungen zu spezifischen Fragestellungen, die sich vertieft mit dem Einfluss von Social Media auf Jugendliche beschäftigen, zunächst auf seine psychologischen, dann auf seine körperlichen Aspekte bezogen.

2.1 Wie Medien auf den Menschen einwirken

In den 1970er-Jahren hat die Entwicklungspsychologin Emmy Werner auf der hawaiianischen Insel Kauai Kinder in einer Langzeitstudie begleitet. Dabei fiel ihr und ihrem Team etwas Erstaunliches auf: Einige Kinder erlebten enorme Belastungen durch Armut, fehlende familiäre Strukturen oder Probleme ihrer Bezugspersonen. Ungefähr ein Drittel dieser Kinder schien davon nicht beeinflusst: Ihre Entwicklung verlief wie die der Kinder, die ohne Belastungen heranwuchsen. Werner untersuchte diesen Zusammenhang genauer und beschrieb ein psychologisches Konzept, das man heute *Resilienz* nennt: »die psychische Widerstandsfähigkeit von Kindern gegenüber biologischen, psychologischen und psychosozialen Entwicklungsrisiken« (Wustmann, 2014, S. 18). Resilienz ist keine feste Größe, sondern abhängig von Lebenssituationen, Erfahrungen und einer Reihe von psychischen Faktoren (Selbstwahrnehmung, Selbstregulation, Selbstvertrauen). Sie kann gefördert wie auch beeinträchtigt werden. Kinder werden durch verschiedene Schutz- und Risikofaktoren geprägt.

Das wirkt sich auch auf ihren Umgang mit Medien aus. Auch wenn sich Social Media in wesentlichen Faktoren von Videospielen unterscheiden, kann dieses Beispiel verdeutlichen, was Resilienz meint: Viele, hauptsächlich männliche Teenager spielen intensiv an Konsolen, am Computer oder auf mobilen Geräten. Sie verwenden dafür oft einen großen Teil ihrer Freizeit. Einige leiden darunter: Games sind für sie unter Umständen eine Flucht aus der sozialen Realität, in der sie wenig Anerkennung finden oder an Ausgrenzung leiden. Sie beginnen, im virtuellen Raum Beziehungen zu ebenfalls virtuellen Figuren aufzubauen, bei denen sie zufällige Ausschüttungen von Belohnungsreizen erfahren, an die sich ihr Hirn gewöhnt. Darunter leidet ihre Fähigkeit, sich in andere Menschen einzufühlen. Sie erleben Beziehungen außerhalb der Spielwelten als wenig befriedigend und ziehen sich so noch stärker zurück (vgl. te Wildt, 2012, S. 219 f.). Für andere junge Männer ist das Spielen an Konsolen von Anfang an eine soziale Tätigkeit: Sie tun es kaum allein, sondern immer mit Freunden zusammen, mit denen sie sich beim virtuellen Fußball ähnlich messen, wie sie das auf dem Bolzplatz tun. Ihre soziale Vernetzung wird durch die Games nicht geschwächt, sondern gestärkt. Sie fühlen sich selbstbewusster, kompetenter und stärker eingebunden. Eine dritte Kategorie widmet einen Teil ihrer Freizeit Computerspielen, kann dieses Verhalten aber gut regulieren, so dass andere Freizeitaktivitäten nicht darunter leiden. Diese letzten beiden Gruppen sind in Bezug auf die problematischen Auswirkungen des exzessiven Computerspiels resilient, weil sie phasenweise enorm viel Zeit einem oder mehreren Spielen widmen können, ohne darunter in ihrer Entwicklung zu leiden.

Diese Einsicht lässt sich direkt auf Social Media übertragen. Die alleinige Betrachtung von Nutzungsdauern ist kein Indiz dafür, wie Teenager oder junge Erwachsene durch die Aktivitäten in sozialen Netzwerken beeinflusst werden. Genau so, wie seit Jahrzehnten in dieser Lebensphase intensiv per Brief oder Telefon kommuniziert wird, geschieht das heute über Social Media. Daraus lässt sich direkt keine Schädigung ableiten.

Das Konzept der Resilienz verneint negative Einflüsse nicht. Werner und ihr Team konnten auf Kauai nur bei einem Teil der Kinder Resilienz nachweisen; die Mehrheit litt unter den bestehenden Belastungen. Auf Medien bezogen ergibt sich daraus folgendes Modell: Eine problematische Mediennutzung verstärkt psychische und soziale Probleme. Diese können wiederum medial kompensiert werden oder einfach zu einem Rückzug in virtuelle Welten führen und so noch einmal verschlimmert werden.

Medien sind einer von vielen Einflüssen. Sie können aber soziale Strukturen abbilden und so andere Einflüsse moderieren, das heißt abschwächen oder intensivieren. Das lässt sich gut an Cybermobbing zeigen (vgl. Wampfler, 2013, S. 70 f.): Fast immer führt eine im sozialen Umfeld der Schule oder des Arbeitsplatzes entstehende Mobbingsituation zu Online- oder eben Cybermobbing. Häufig sind die Personen, von denen das Mobbing ausgeht, die davon Betroffenen und die scheinbar Unbeteiligten online zunächst mit denen offline identisch. Cybermobbing entwickelt aber eine andere Dynamik: Dadurch, dass es via mobile Geräte von den Betroffenen ständig mit sich herumgetragen wird, steigt die Belastung enorm. Es ist nicht möglich, in einem anderen Kontext Geborgenheit zu erfahren. Gleichzeitig erweitert sich der Kreis der Zuschauenden, die letztlich große Scham auslösen, vor allem, weil sich das Mobbing oft in Online-Communities abspielt, die für jugendliche Nutzer von großer Bedeutung sind (Kammer et al., 2014, S. 129). Cybermobbing ist deshalb enorm demütigend, weil das Publikum verborgen ist, das nur zuschaut, aber nicht eingreift, und so die Übergriffe billigt.

Es wäre also falsch anzunehmen, Social Media seien die Auslöser für Cybermobbing. Aber es wäre ebenso falsch davon auszugehen, die Dynamiken von Mobbingprozessen wären offline dieselbe wie die online.

Indem Medien den Zugang von Menschen zu ihrer Umwelt und ihren Mitmenschen verändern, wirken sie auf sie ein. »Technik ist weder gut noch böse; noch ist sie neutral«, lautet Kranzbergs (1986, S. 544) erstes Gesetz der Technologie. Es ist für diesen Zusammenhang erhellend: Was passiert, wenn bestimmte Medien intensiv genutzt werden, lässt sich kaum vorhersagen. Das heißt aber nicht, dass sie ohne Einfluss auf die Menschen wären, die sie nutzen. Resiliente Menschen verfügen über genügend Ressourcen, um potenzielle Schädigungen zu erkennen und abzuwenden, andere befinden sich unter Umständen bereits in einer Stresssituation, die durch den Einbezug von Social Media zu einer stärkeren Belastung werden kann.

2.2 Wohlbefinden und Social Media

In technologiekritischen Essays werden die Auswirkungen von Multitasking oft als verheerend beschrieben. Die Nutzung von Social Media führt fast zwangsläufig zu Multitasking, weil die eintreffenden Nachrichten oder die laufenden Interaktionen bei mobilen Geräten, aber auch auf Desktop-Computern häufig zu Pop-up-Nachrichten führen, welche die laufende Aktivität unterbrechen und die Aufmerksamkeit auf eine parallel laufende Konversation lenken. Während die Folgen für die Aufmerksamkeit in einem gesonderten Kapitel erörtert werden, kann die Wahrnehmung von Essayisten wie Schirrmacher (2009) oder Carr (2010), dass Multitasking dem Wohlbefinden schade, wissenschaftlich nicht erhärtet werden. Die umfassende Studie von Shih (2013) konnte nachweisen, dass Multitasking keinen negativen, aber auch keinen positiven Einfluss auf das subjektiv gemessene Wohlbefinden von Probanden hat.

Anders sieht es für die generelle Nutzung von sozialen Netzwerken aus: Eine differenzierte Untersuchung von Ethan Kross und seinem Team (2013) hat ergeben, dass sich Menschen durch die Nutzung von Facebook im Allgemeinen weniger gut fühlen. Die 82 Teilnehmerinnen und Teilnehmer der Studie wurden während zwei Wochen fünfmal täglich per SMS befragt, wie es ihnen gehe. Parallel dazu wurde ihre Aktivität auf Facebook erhoben. Aus der Verbindung der Daten hat sich ergeben, dass das Wohlbefinden nicht zu einer intensiveren Nutzung von Facebook führe, die Nutzung aber direkt mit schlechterem Wohlbefinden verbunden sei. Dabei wurde Wohlbefinden in zwei Kategorien gemessen: einerseits korreliert mit dem aktuellen Gefühlszustand (wie geht es der Person?), andererseits mit der Zufriedenheit mit dem eigenen Leben. Der Gefühlszustand wurde durch die kurzfristige Nutzung von Facebook innerhalb eines Tages, die Lebenszufriedenheit mittelfristig über die Facebook-Nutzung während zwei Wochen negativ beeinflusst (Kross et al., 2013, S. 3 f.).

Die Autorinnen und Autoren hielten in der Diskussion ihrer Ergebnisse fest, dass sie auch alternative Erklärungen geprüft hätten:

> Erstens führt direkte soziale Interaktion nicht zu einer Verschlechterung des Wohlbefindens, sondern gar zu einer Verbesserung. Daher kann man annehmen, dass Facebook eine einzigartige Interaktion mit einem sozialen

Netzwerk ist, aus der eine Reduktion der Zufriedenheit resultiert. Zweitens kann ausgeschlossen werden, dass die Verschlechterung des Wohlbefindens darauf zurückzuführen ist, dass Menschen Facebook immer dann nutzen, wenn es ihnen nicht gut geht. Während weder der aktuelle Gefühlszustand noch die erlebte Besorgnis mit der Facebook-Nutzung korrelierten, führte die gefühlte Einsamkeit zu einem Anstieg der Facebook-Nutzung, der aber wiederum die Gefühlslage stärker verschlechtert als die Einsamkeit alleine. (Kross et al., 2013, S. 4, übersetzt von Ph. W.)

Die Studie verweist auf frühere Untersuchungen, die nahe legen, dass weder isolierte Formen von Beschäftigung noch Internetaktivitäten allein negative emotionale Auswirkungen haben. Das soziale Netzwerk hat hier offenbar eine wirklich herausragende negative Eigenschaft: Je intensiver User es verwenden, desto schlechter fühlen sie sich.

Die Resultate der Studie müssen aber vorsichtig betrachtet werden. Es ist äußerst schwierig, in diesem Bereich von Kausalität zu sprechen, zumal die Facebook-Nutzung erfragt und nicht objektiv registriert wurde. Negative Gefühle beeinflussen unsere Wahrnehmung und trüben damit unsere Einschätzung der Nutzungsdauer, was die ganze Studie verzerrt haben könnte. Das Beispiel zeigt wie diffizil es ist, Versuchsanlagen zu finden, die zu verlässlichen Aussagen über die emotionalen Auswirkungen von sozialen Netzwerken führen.

Das zeigt sich auch in einer Studie, die Hanna Krasnova und Helena Wenninger durchgeführt haben (2013). Sie untersuchten die Rolle von Neid als Auslöser von negativen Gefühlen auf Facebook. Das passive Verfolgen von Aktivitäten anderer User führt zu Neid, so das Studienergebnis, und Neid wiederum zu einer geringeren Zufriedenheit. Die Befragten gaben allerdings auch an, Neid vornehmlich offline zu erleben (mehr als 70 %) und verbanden mit der Nutzung von Facebook mehr positive als negative Gefühle (Krasnova et al., 2013, S. 4 ff.). Allerdings ist Neid der Befragung zufolge in der Wahrnehmung der User noch vor mangelnder Aufmerksamkeit durch andere und Einsamkeit der Hauptauslöser für negative Gefühle auf sozialen Netzwerken (rund ein Drittel bezeichnete Neid als Ursache für Frustration auf Facebook).

Das Autorenteam spekuliert in der Diskussion der Ergebnisse über eine Neid-Selbstpromotions-Spirale: Dass also eine verbreitete Reaktion auf Neid darin besteht, sich selber besser darzustellen, als man sich wahrnimmt, um im Vergleich mit anderen, ähnlichen Profilen Neid vermeiden zu können.

Diese Erklärung müsste (hier zeigen sich wieder die Grenzen dieser Studie) durch qualitative Interviews vertieft werden, da die Daten nichts über die Motive der Befragten aussagen. In Kapitel 3 werden solche Fragen ausführlich diskutiert, es ist anzunehmen, dass Jugendliche in der Regel keine idealen, überhöhten Profile verwenden, sondern eher authentische, aber selektive (Boyd, 2008b, S. 128).

Wenn die negativen emotionalen und geistigen Folgen der beiden in diesem Abschnitt diskutierten Studien zusammengefasst werden sollen, so liegt ein Urteil wie das von Tomasz Kurianowicz (2013), der eine zunehmende »seelische Verbarrikadierung« konstatiert, fern. Vielmehr kann ein moderat negativer Effekt auf die Gefühle durch die Nutzung von Social Media ausgemacht werden, der jedoch als quantitatives Ergebnis erst vertieft mit den Betroffenen diskutiert werden müsste. Der Einfluss dürfte aber zumindest teilweise mit Neid verbunden sein und direkt von den sozialen Netzwerken selbst ausgehen.

2.3 Aufmerksamkeit und Ablenkung

Was eine Ablenkung und was einen Gegenstand der Aufmerksamkeit darstellt, ist eine Frage von Normen. Ist jemand abgelenkt von seinem Essen, wenn er bemerkt, dass eine Freundin zu weinen begonnen hat, und sich nach dem Grund erkundigt? Eigentlich schon, obwohl er gleichzeitig auf etwas aufmerksam wird, was viele als wichtiger betrachten würden. Diese Gewichtung und Einschätzung prägt das Verständnis davon, wie Aufmerksamkeit funktionieren sollte. Es ist eine wesentliche Kompetenz, Reize auf ihre Relevanz hin zu beurteilen. Wichtige Reize müssen wahrgenommen werden, unwichtige nicht.

Wirken Nutzerinnen und Nutzer von Social Media häufig abgelenkt, so könnte das einfach mit verschobenen Relevanzkriterien zu tun haben: Gewisse digitale Reize werden als wichtig empfunden, wenn sie eine bestimmte Form annehmen, zum Beispiel eine neue Nachricht ankündigen. Eine Tätigkeit kontinuierlich ausführen zu können ist nicht immer die beste Verhaltensweise, es kann sinnvoll sein, auf andere Aktivitäten umzuschwenken, wenn sie sich anbieten.

Etwas allgemeiner ausgedrückt: Die Vorstellungen von Aufmerksamkeit und Ablenkung sind geprägt durch eine analoge Mediennutzung. Ein Zeitungstext ist länger als eine Nachricht auf Twitter. Üblicherweise werden Artikel in einem längeren, durchgehenden Lektüreprozess verarbeitet. Diesen Prozess gibt es in sozialen Netzwerken kaum: Geübte User nehmen ständig eine Triage vor, sie klicken auf bestimmte Links, lesen einzelne Abschnitte, merken sich Texte für später vor. Dieses Verhalten führt zu einem effizienten Umgang mit dem Informationsangebot. Zu sagen, es führe zu permanenter Ablenkung, meint oft, es entspreche nicht dem idealen Umgang mit analogen Medien. Und das ist nicht erstaunlich.

Trotz dieser Vorbemerkung gibt es klare Hinweise darauf, dass die Fähigkeit, sich zu konzentrieren, abnimmt, wenn permanent viele Reize gleichzeitig verarbeitet werden. Eine Studie amerikanischer Psychologen hat ergeben, dass Menschen, die darin geübt sind, mehrere Stimuli gleichzeitig zu verarbeiten, weil sie oft Multitasking betreiben, bei Übungen schlechter abschneiden, wenn sie gezielt von einer Aufgabe abgelenkt werden. Diese Beeinträchtigung verstärkt sich, je mehr Ablenkungsreize zugeschaltet werden (Ophir et al., 2009, S. 15583 f.).

Das lässt sich auch mit einem bekannten Test zeigen, dem n-back-Test. Dabei werden Reihen von Signalen ausgestrahlt, z. B. Buchstaben oder rechteckige Gitter mit neun Feldern, von denen eines markiert ist. Wer sich dem Test unterzieht, wird aufgefordert, einen Knopf zu drücken, sobald eines der Signale mit dem identisch ist, das zwei oder n Schritte vorher präsentiert worden ist. Das sieht dann beispielsweise so aus:

A H G H̲ H I H̲ Z T F G F̲ **G** G G̲ R **G** T

Die unterstrichenen Buchstaben müssten jeweils den Knopfdruck auslösen, wenn der Test als 2-back-Test durchgeführt wird – die fett gedruckten, wenn es sich um den 3-back-Test handeln würde.

Dieser Test kann nun in seiner Komplexität fast nach Belieben gesteigert werden: Eine zweite Serie von Signalen kann mit der ersten gekoppelt werden (indem z. B. zu den Buchstaben akustische Signale hinzukommen oder alle zusätzlich mit einer Farbe markiert sind).

Personen, die oft Multitasking betreiben, schneiden bei diesem Test etwas besser ab, wenn gemessen wird, wie viele der übereinstimmenden Reize sie identifizieren können: Beim 2-back-Test schaffen sie das bei rund 92 Prozent, während selten Multitaskende eine Erfolgsquote von 88 Prozent erreichen, beim 3-back-Test war das Verhältnis 76 zu 70 Prozent. Ändert man aber die Perspektive und misst die falschen Alarme, also Knopfdruck, wenn die Reize nicht übereinstimmen, ergibt sich ein anderes Bild: Während beim 2-back-Test die Rate der falschen Alarme bei beiden untersuchten Gruppen fast identisch bei zwei Prozent liegt, steigt sie beim 3-back-Test nur bei den stark Multitaskenden signifikant an: Auf fast fünf Prozent (Ophir et al., 2009, S. 15584 f.).

Das heißt: Die gleichzeitige Verarbeitung unterschiedlicher Reize verbessert die Fähigkeit, damit umgehen zu können, erhöht aber auch die Gefahr, abgelenkt zu werden. Diese Gefahr steigt mit den Anforderungen an eine Aufgabe. Multitasker können Routinetätigkeiten miteinander koppeln, ohne schlechter zu arbeiten als andere Menschen. Erfordert ihre Arbeit aber eine höhere kognitive Leistung, leidet sie darunter, dass parallel andere Tätigkeiten erfolgen.

Für diese Aussagen gibt es auch erste Modelle der Hirnforschung, die nahelegen, dass unterschiedliche kognitive Prozesse ins Spiel kommen, wenn es darum geht, sich zu konzentrieren oder neue Reize wahrzunehmen: Es hat sich herausgestellt, dass Menschen über unterschiedliche Vernetzungen verfügen, abhängig davon, ob sie sich auf etwas konzentrieren oder ob reaktive Aufmerksamkeit erforderlich ist, wenn sich das Hirn reflexartig auf neue Stimuli einstellt. Offensichtlich werden beide zum Überleben gebraucht.

Jedes Mal, wenn wir eine Nachricht erhalten, wird unser Dopamin-Belohnungsmechanismus aktiviert, da unser Wunsch nach sozialer Vernetzung so stark in unserem Hirn ausgebildet ist. Das Resultat könnte ein sich entwickelnder Kreislauf sein, der dazu führt, dass Umweltreize immer stärker beachtet werden – Hey, noch eine Nachricht! – und die Fähigkeit zur Konzentration nachlässt. (Anthony Wegener, zitiert nach Conley, 2011, übersetzt von Ph. W.).

Menschen, die oft Multitasking betreiben, scheinen das Striatum zu verwenden, einen Teil des Großhirns, in dem vor allem Gewohnheiten ausgebildet werden, während Menschen, die sich gut konzentrieren können, für ähnliche Aufgaben stärker den Hippocampus einsetzen, wo abstrakte Regeln verarbeitet werden. Daraus lässt sich in Übereinstimmung mit den oben beschriebenen Experimenten ableiten, dass Multitasking durchaus zu einer Verbesserung der gleichzeitigen Verarbeitung von Informationen führt. Dabei erworbene Fähigkeiten führen aber eher zu Gewohnheiten als zu tiefgründigen Einsichten. Eine Studie zeigt, dass die Konzentrations-Typen im Vergleich mit den Multitasking-Typen erworbene Kenntnisse besser und breiter anwenden (Conley, 2011). Der n-back-Test wurde so auch von Software-Anbietern und in populärwissenschaftlichen Artikeln als Mittel verkauft, um die Intelligenz zu steigern (etwas, was lange Zeit als unmöglich galt), obwohl der beobachtete Effekt einfach eine Gewöhnung an entsprechende Aufgaben repräsentierte (sowie eine höhere Dichte an Dopamin-Rezeptoren), nicht aber eine tatsächliche Steigerung der kognitiven Möglichkeiten (Chooi/Thompson, 2012, sowie McNab et al, 2009).

2.4 Das Versprechen der Hirnforschung

Wenn Ergebnisse der Hirnforschung wie im letzten Abschnitt Aussagen über die Auswirkungen von Social Media stützen können, so kommt das nicht überraschend: Der digitale Wandel zeichnet sich aber dadurch aus, dass er begleitet wird von einer Konjunktur der Hirnforschung. Die gesellschaftliche Reflexion der Auswirkungen neuer Medienformen wird mit einer Wissenschaft verbunden, welche diese Auswirkungen direkt messen kann. Das führt zur neuen Situation, dass physische Veränderungen, die sich durch einen veränderten Umgang mit Informationen ergeben, scheinbar sichtbar werden.

Hirnforschung wird heute als »Universalschlüssel« zum Verständnis des Menschen und seiner Lebensweise betrachtet (Bernard, 2012). Was messbare Auswirkungen auf das Hirn hat, wird aufgrund bildgebender Verfahren beurteilt. Dabei wird vergessen, dass diese Methoden von einem komplexen mathematischen Modell des Menschen ausgehen und viele Zusammenhänge unzulässig vereinfachen.

In den USA spricht man in der Debatte über bildgebende Verfahren zuweilen von »brain porn«, also einem pornografischen Umgang mit Bildern von Hirnen. Pornografisch deshalb, weil ein komplexes Geschehen stark reduziert wird auf einen abbildbaren Vorgang, der mit großer Lust betrachtet wird (Marcus, 2013).

Effekte eines veränderten Medienkonsums lassen sich kaum isolieren und auf ihre neurologischen Konsequenzen untersuchen. Das hat mit zwei Eigenschaften des Hirns zu tun:

1. Das menschliche Hirn ist plastisch, das heißt, es passt sich an veränderte Umweltbedingungen an. Eine Veränderung des Hirns ist also zunächst nicht erstaunlich, sondern passt zu allem, was wir über das Hirn wissen (Lossau, 2013).
2. Das menschliche Hirn ist komplex. Nicht die aktivsten Regionen sind für die Erledigung einer bestimmten Aufgabe zuständig, sondern das Zusammenspiel verschiedenster Regionen. Wenn wir beispielsweise einen gesprochenen Satz verstehen, dann sind dabei das Broca-Areal, der Temporallappen, der Motorcortex und die Basalganglien aktiv (Marcus, 2013), aber nicht im gleichen Ausmaß. Zu messen, welche besonders stark aktiviert werden, ist keine adäquate Analyse des Vorgangs im menschlichen Hirn.

Verfahrensweisen wie das MRI können Aktivitäten sichtbar machen – aber in einer sehr groben Vergrößerung. Was auf der neuronalen Ebene geschieht, bleibt heute noch verborgen. Wir befinden uns auf dem Niveau von Darwin, der wesentliche Aspekte von Evolution verstanden hat, ohne aber eine Vorstellung von DNA zu haben. Gary Marcus zieht ein deutliches Fazit:

> Es wird für vieles, was wir tun, einst neurowissenschaftliche Erklärungen geben. Diese Erklärungen werden aber unglaublich kompliziert sein. (Marcus, 2013, übersetzt von Ph. W.)

An dieser Stelle wird deshalb den Erkenntnissen der Neurologie nur marginale Aufmerksamkeit geschenkt. Wie Clive Thompson (2013, 14 f.) gehe ich davon aus, dass wir viele Auswirkungen Neuer Medien nur mithilfe der Hirnforschung verstehen werden, dass aber die heute zur Verfügung stehenden Möglichkeiten so beschränkt sind, dass wir falsche Folgerungen ziehen. Selbst ein Skeptiker wie Nicholas Carr konnte in seinem Buch *The Shallows* nur eine Studie zitieren, welche die Auswirkungen des Internets auf das menschliche Hirn misst. Ihre Ergebnisse waren zweideutig (2010, S. 120 ff.), konnten also nicht nachweisen, dass das Hirn darunter leidet, dem Internet ausgesetzt zu sein.

Diese Zweideutigkeit lässt sich an einem Beispiel verdeutlichen: James Swain (2008) hat mit seinem Team die Hirne von Müttern und Vätern untersucht, wenn sie die Schreie ihrer Kinder hören. Dabei wurden Muster sichtbar, die denen entsprachen, die Menschen mit Zwangsstörungen zeigen. Das Fazit zu ziehen, die Eltern würden unter Störungen leiden, wäre aber falsch, so der Autor der Studie: Der erhöhte Stresslevel der Eltern entspricht dem von psychisch kranken Menschen, ist aber durchaus gerechtfertigt, weil kleine Kinder großer Aufmerksamkeit bedürfen und Stress die logische Folge davon ist.

Es ist zudem äußerst schwierig, einen so komplexen kommunikativen Wandel, wie er mit Social Media verbunden ist, isoliert neurologisch zu untersuchen.

Wird also darüber gesprochen, was Neue Medien mit den Hirnen von Kindern und Jugendlichen anstellen, ist Vorsicht geboten. Das gilt für die Voraussage, es sei problemlos lernbar, mehrere Aufgaben gleichzeitig zu bearbeiten, wie auch für die Befürchtung, dass wesentliche Denkfähigkeiten durch falschen Mediengebrauch bedroht seien.

Will man ein vorsichtiges Fazit zu den Auswirkungen von Neuen Medien auf das menschliche Hirn ziehen, so kann man zunächst festhalten, dass sich das Gehirn in seiner Entwicklung an die Umwelt und damit auch an die verwendeten Medien anpasst (vgl. Lossau, 2013). Oberflächliche und repetitive Medienaktivitäten haben generell negative Auswirkungen auf die Entwicklung des Gehirns, was sich direkt nicht auf Social Media übertragen lässt, weil im Gegensatz zum Fernsehen ständig eigene Aktivitäten zwischengeschaltet sind. Computer erledigen heute eine Vielzahl von Aufgaben, für die früher hohe Konzentration erforderlich war (z. B. das Addieren von Zahlenreihen, Rechtschreibprüfung). Allerdings scheint die fehlende Übung zu verhindern, dass bestimmte Gehirnareale ausgebildet werden, die für das Lösen komplexer Probleme verwendet werden (Spitzer, 2012). Das gilt hingegen nicht, wenn digitale Medien eingesetzt werden, um vielschichtige Aufgabe zu bewältigen.

Wenn neue Arten der schriftlichen und visuellen Kommunikation das Hirn verändern, indem sie neue Verbindungen schaffen, ist das kein Grund zur Sorge. Ableiten kann man daraus nur, dass die betroffenen Hirne funktionieren. Sie lernen, neue Aufgaben zu erledigen.

2.5 Gedächtnis

Das menschliche Gedächtnis und die Fähigkeit, Erinnerungen anzulegen und abzurufen, umfasst eine Reihe eigentümlicher und komplexer Prozesse. Der Mensch speichert Informationen nicht wie ein Computer. Diese fundamentale Einsicht lässt sich anhand verschiedener Eigenschaften des Gedächtnisses und des Umgangs mit Erinnerungen zeigen. Zwei einfache Beispiele sollten hier ausreichen: Erstens vergisst der Mensch ständig. Im Anschluss an den deutschen Psychologen Hermann Ebbinghaus spricht man von der ebbinghausschen Vergessenskurve, der sich entnehmen lässt, dass ein Mensch nach einer Stunde noch auf 45 % gelernter Inhalte zugreifen kann und nur 15 % dauerhaft speichert.

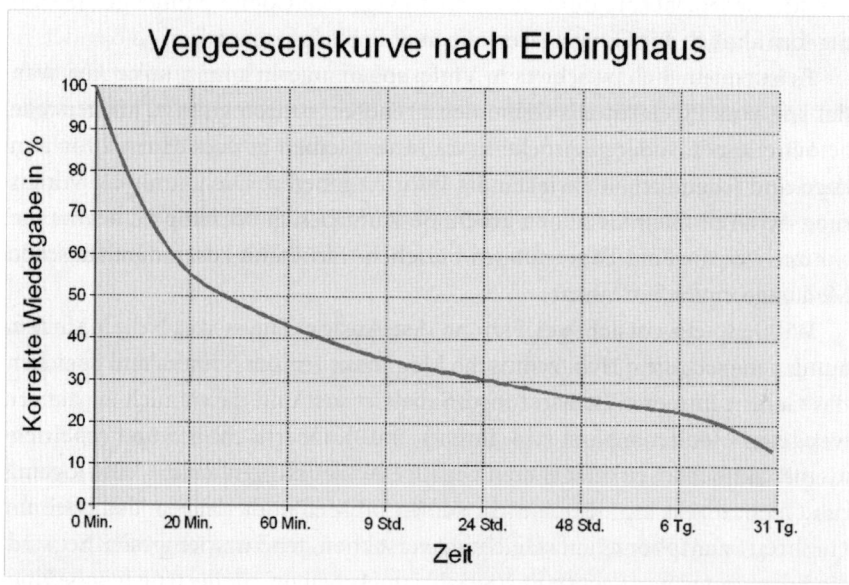

Abbildung 2: Vergessenskurve nach Ebbinghaus. CC-BY-SA 3.0, http://de.wikipedia.org/wiki/Benutzer:Rdb

Die zweite grundlegende Einsicht zur menschlichen Erinnerungsfähigkeit ergibt sich aus der Subjektivität des Prozesses von Speicherung und Abruf von Informationen. Woran Menschen sich wie erinnern, wird von einer Reihe von Faktoren bestimmt. Viele hängen von Situationen und Emotionen ab.

Ein drastisches Beispiel hat Daniel Offer untersucht. Er befragte 1962 14-Jährige und wiederholte dieselben Fragen 34 Jahre später. Die Ergebnisse sind erstaunlich: So gaben von den Jugendlichen 70 Prozent an, sie würden Religion als hilfreich empfinden. Als Über-40-Jährige erinnerten sich noch 26 Prozent daran. Während über 80 Prozent in den 1960er-Jahren angaben, zuhause körperlich bestraft zu werden, erinnerte sich nur noch ein Drittel daran (Thompson, 2013, Pos. 6080 ff.).

Die Tatsache, dass Menschen Erinnerungen formen, ist keine Schwäche, sondern eine psychologische Notwendigkeit. So passt unsere subjektiv erinnerte Geschichte zu unserer Identität, es wird möglich, Erlebtem einen Sinn zu geben und Traumatisches zu vergessen. Belastungen werden verringert, glückliche Erlebnisse verstärkt.

Welche Rolle spielt in diesem Zusammenhang Technologie? Um diese Frage zu ergründen, dürfte ein weiteres Beispiel hilfreich sein. In seinem Buch *Smarter Than You Think* beschreibt Clive Thompson Gespräche, die er mit Thad Starner geführt hat. Starner trägt seit 1994 einen tragbaren Computer mit sich herum, der ihm ähnlich wie Google Glass auf einer Brille Informationen einblendet. Er tat dies ursprünglich, weil er es in Vorlesungen ärgerlich fand, seine Aufmerksamkeit vom Professor abzuziehen, während er Notizen anlegte. Mittlerweile betont er einen anderen Aspekt: Er kann von seinen in den letzten 20 Jahren angelegten digitalen Notizen ständig Informationen abrufen, um seiner Erfahrung der Welt mehr Gehalt zu geben. So kann er sich bei Gesprächen auf die Notizen vergangener Begegnungen beziehen und damit zusammenhängende Gedanken einfließen lassen.

Das Beispiel weist auf zwei relevante Aspekte hin: Einerseits auf die Wahrnehmung der Welt, die durch technische Möglichkeiten der Sinnes- und Speichererweiterung immer mittelbarer wird. Sobald etwas Außergewöhnliches passiert, sei es ein besonderer Moment während eines Konzerts, ein bewegendes Erlebnis mit Mitmenschen oder gar ein Unfall: Die Wahrscheinlichkeit, dass Jugendliche nicht direkt mit den eigenen Sinnen präsent sind, sondern das Erlebnis mit ihren Smartphones aufzuzeichnen versuchen, wird immer größer. So wird die Erinnerung ausgelagert. Etwas wahrzunehmen und dabei eine Erinnerung aufzubauen ist als Vorgang nicht mehr eine Einheit, sondern findet vermehrt getrennt und mit Hilfe von Technologie statt.

Andererseits verändert die Möglichkeit, auf externe Speicher zugreifen zu können, den Prozess der Erinnerung. Das betrifft beide oben erwähnten Eigenschaften dieses Prozesses: Können objektive Repräsentationen wichtiger Erlebnisse abgerufen werden, wird bewusst, welchen Verzerrungen Erinnerungen unterworfen sind. Das ist eine zwiespältige Leistung: Die subjektive Verformung des Gedächtnisses kann dazu führen, dass wichtige Informationen fehlerhaft oder selektiv abgerufen werden und ein klarer Zugang zur Vergangenheit verunmöglicht wird. So profitieren Alzheimer-Patienten davon, wenn sie Videoaufzeichnungen von den wichtigsten Erlebnissen während eines Tages noch einmal ansehen. Sie erinnern sich besser. Dasselbe erleben auch Studierende, die versuchsweise gebeten werden, Kameras zu tragen und ihre Aufzeichnungen abends noch einmal anzuschauen (Thompson, 2013, Pos. 2010 ff.). Die Möglichkeit, zum richtigen Zeitpunkt auf Aufzeichnungen von Ereignissen zurückgreifen zu können, die sonst in Vergessenheit gerieten, kann den Prozess des Vergessens aufhalten.

Vergessen ist aber auch eine entscheidende Kompetenz. Es erfordert eine Selektion, welche Informationen dauerhaft abgelegt werden und welche in der Erinnerung verblassen. Wer vergisst, kann neue Informationen aufnehmen und Zusammenhänge konstruieren. Das menschliche Gedächtnis kann nicht durch einen Speicher ersetzt werden – das ist aber auch nicht wünschenswert.

Wie in vielen anderen Bereichen ist die Rolle der Technologie dann positiv zu bewerten, wenn sie dabei helfen kann, Fähigkeiten zu verbessern, ohne die Balance zwischen Vergessen und Erinnern aus dem Gleichgewicht zu bringen. Die ebbinghaussche Vergessenskurve ist dabei ein sinnvoller Anhaltspunkt: Mit Speichern verhindern zu wollen, dass Menschen vergessen, ist sinnlos. Wünschenswert ist es, Lernprozesse so zu verbessern, dass wichtige Informationen weniger schnell vergessen werden. Das gelingt mit *spaced repetitions* am besten: In gewissen Intervallen müssen diese Informationen wieder wahrgenommen werden. Bei dieser Arbeit können technische Hilfsmittel sehr hilfreich sein. Algorithmische Berechnungen führen dazu, dass Smartphones immer dann Lerninhalte einblenden, wenn sie statistisch gesehen verloren zu gehen drohen.

Diese allgemeinen Bemerkungen enthalten noch wenige Aussagen zum Einfluss von Social Media auf das Gedächtnis. Die menschliche Selbstwahrnehmung ist dabei erstaunlich genau: Wer das Gefühl hat, durch die Smartphonenutzung und die ständige Präsenz von Google bzw. Bezugspersonen in sozialen Netzwerken sei die eigene Gedächtnisleistung gesunken, hat wohl recht. Wer auf externe Speicher zugreifen kann, erinnert sich weniger gut. Das haben Untersuchung der Gedächtnisforschungsgruppe um Betsy Sparrow und Daniel M. Wegner ergeben.

Sie haben Teilnehmende an einer Studie mit einer Serie von Tests konfrontiert, bei der es darum ging, sich an Fakten zu erinnern, die über Suchmaschinen auffindbar sind (»Das Auge eines Vogel Strauß' ist größer als sein Hirn.«). Eine erste Aufgabe bestand darin, solche Aussagen in einen Computer einzugeben. Der Hälfte der Befragten wurde gesagt, die Aussagen würden vom Computer gespeichert, der anderen Hälfte, sie würden gelöscht. Wer sich scheinbar auf einen externen Speicher verlassen konnte, erinnerte sich generell schlechter an die eingetippten Aussagen (Sparrow et al., 2011, S. 777).

In einer zweiten Aussage tippten die Teilnehmenden die Aussagen in einen Computer ein, der ihnen mit gleich hoher Wahrscheinlichkeit eine von drei Bestätigungsmeldungen anzeigte: »Ihre Eingabe wurde gespeichert«, »Ihre Eingabe wurde im Ordner X gespeichert« oder »Ihre Eingabe wurde gelöscht«. Wiederum konnten die Aussagen am besten erinnert werden, von denen angenommen wurde, sie seien gelöscht worden. Doch wenn Sparrow und Wegner die Frage umkehrten und bei konkreten Aussagen abfragten, ob sie gelöscht oder gespeichert worden seien, so kehrten sich die Ergebnisse um: Die Befragten konnten sich bei den gespeicherten Aussagen viel besser daran erinnern, dass sie gespeichert wurden, als bei gelöschten Aussagen daran, dass diese gelöscht wurden. Ebenso konnten sie sich meist besser an die Namen der Ordner erinnern, als an die Informationen selbst. »Die Resultate zeigen, dass das menschliche Hirn ›wo‹ den Vorzug gibt vor ›was‹«, bemerken Sparrow und Wegner in ihrem Paper (Sparrow et al., 2011, S. 778).

Abschließend halten sie fest:

> Unsere Ergebnisse legen nahe, dass sich der menschliche Erinnerungsprozess an die Nutzung neuer Kommunikationstechnologie anpasst. […] Wir lernen, was der Computer »weiß« und dann, wenn wir darauf achten müssen, wo wir Informationen in unseren externen Speichern abgelegt haben. Wir treten mit unseren digitalen Hilfsmitteln in eine symbiotische Beziehung und erinnern uns immer weniger, indem wir Informationen, und immer stärker, indem wir Speicherorte abrufen. Das bringt uns den Vorteil, auf eine große Breite von Informationen zugreifen zu können, obwohl die Tatsache, dass wir dafür stets verbunden sein müssen, auch Nachteile mit sich bringt. Der Wunsch, wir wären weniger von unseren Gadgets abhängig, dürfte zum heutigen Zeitpunkt aber nicht viel mehr als Nostalgie sein. Wir sind von ihnen im gleichen Ausmaß abhängig, wie wir das vom Wissen sind, das wir von unseren Freunden und Mitarbeitenden erhalten oder verlieren, wenn wir uns nicht mehr mit ihnen austauschen können. (Sparrow et al., 2011, S. 778, übersetzt von Ph. W.)

Was in diesem Zitat angesprochen wird, ist die soziale Funktion des Gedächtnisses. Sie kann erklären, warum Menschen, die stark von Suchmaschinen wie Google abhängig sind, mit gemischten Gefühlen darauf reagieren, dass sie ihrem Gedächtnis mit dem Internet auf die Sprünge helfen müssen. Zunehmend ärgern sie sich darüber, dass sie offenbar ohne Smartphone nicht mehr denken können. »I'm not thinking the way I used to think«, schrieb etwas Nicholas Carr in *The Shallows* (2012), und Frank Schirrmacher notierte in einer Selbstreflexion in *Payback*:

> Ich spüre, dass mein biologisches Endgerät im Kopf nur über eingeschränkte Funktionen verfügt und in seiner Konfusion beginnt, eine Menge falscher Dinge zu lernen. (2009, S. 4)

Das Phänomen heißt auf Englisch »Tip-of-the-tongue syndrome« oder TOT-Phänomen. Der Eindruck, es verschärfe sich durch die Omnipräsenz digitaler Werkzeuge, ist verbreitet.

In *Smarter Than You Think* (2013) geht Clive Thompson diesem Eindruck auf den Grund. Seine Erkenntnisse, die er aus Gesprächen mit Forscherinnen und Forschern gewonnen hat, lassen sich wie folgt zusammenfassen:

1. Menschen benutzen ein soziales Gedächtnis. Wie Daniel Wegener und sein Team gezeigt haben, verfügen wir über ein »transactive memory«, also über die Fähigkeit, Speichervorgänge auszulagern. Wer in langfristigen Partnerschaften lebt, erinnert sich nicht an dieselben Dinge wie der Partner oder die Partnerin, weiß aber, was die andere Person abgespeichert hat: Jemand kennt die Geburtstage, jemand weiß, wo welche Werkzeuge verstaut sind.
2. Daraus lässt sich ableiten, dass Menschen über ein recht gutes Metagedächtnis verfügen. Sie wissen, wer was weiß – auch wenn sie es selbst nicht wissen.
3. Das heißt, Menschen haben Google eigentlich schon immer benutzt, nur in Bezug auf andere Menschen statt bei der Bedienung einer Maschine. »Einfach gesagt speichern wir außerhalb unseres Geistes gleich viel wie in ihm selbst«, hielt Wegener in den 80er-Jahren fest.
4. Betsy Sparrow hat Wegeners Forschung vertieft und in Experimenten herausgefunden, dass Menschen in Bezug auf soziales und externalisiertes Gedächtnis Maschinen genau so benutzen wie das Hirn von Mitmenschen.

Wer die Auswirkungen des Zugriffs auf maschinelle Speichersysteme beurteilt, beobachtet gleichzeitig eine Entwicklung des Gedächtnisses, die viel älter ist: Bestimmte Informationen auszulagern ist kein Vorgang, der mit dem Einsatz digitaler Geräte eingesetzt hat. Die Entwicklung zeigt nicht einen Zerfall der kognitiven Leistungen, sondern eine Tendenz hin zu effizienteren Denkleistungen.

Doch es gibt einige Unterschiede zwischen Maschinen und Personen als Partner des sozialen Gedächtnisses:

- Menschen akzeptieren bei Maschinen viel eher, dass sie zusätzliche Informationen liefern (wie z. B. beim einleitenden Beispiel) – neigen dabei aber dazu, das Eigentliche aufzuschieben (was durchaus auch mit Lerneffekten verbunden sein kann). Weil wir Maschinen kontrollieren, lassen wir eher zu, abgelenkt zu werden.
- Bei vertrauten Menschen ist klar abschätzbar, wo ihre Stärken und Schwächen liegen. Wenn ein Freund dabei hilft, sich an wichtige Tennisresultate zu erinnern, sich aber bei der French Open immer wieder täuscht, dann traue ich diesen Informationen weniger, weil ich seinen »track record« kenne. Google hat auch Schwächen, doch sie können heute weder erkannt noch einbezogen werden.
- Über die Auswirkungen digitaler Gedächtnisse ist wenig bekannt, wie Gedächtnisforscher Daniel Schacter bemerkt: Es ist nicht möglich, eine sinnvolle Kontrollgruppe zu definieren, die sich in einer Informationsgesellschaft bewegt, aber auf Computer und Internet verzichtet (Thompson, 2013, Pos. 1710 ff.).

Kreatives Denken erfordert eine große Vertrautheit mit einer Materie. Dabei ist es nicht möglich, wesentliche Inhalte auszulagern. Wer Expertin oder Experte auf einem Gebiet ist, erinnert sich an alle wesentlichen Fakten und Zusammenhänge, weil daraus neue Erkenntnisse gewonnen werden. Auch langfristig kann die Menschheit nur auf Erfindungen oder maßgebliche Kunstwerke junger Menschen zählen, wenn die bereit sind, in gewissen Gebieten Informationen nicht zu externalisieren. Das ist ein anstrengendes Geschäft, aber kein neues: Jugendliche anzuhalten, sich intensiv mit schwierigen Fragen auseinanderzusetzen, war zu keiner Zeit einfach. Diese Herausforderung begleitet Menschen und ihre Geschichte.

Die entscheidende Frage ist also nicht, wie das Gedächtnis strukturiert ist, sondern wie die nötige Tiefe bei der Konzentration und bei der Bearbeitung von Informationen zu erreichen ist.

2.6 Beeinflussung der Schlafqualität

Während Erwachsene Veränderungen, die das Gedächtnis betreffen, bei der Nutzung von Social Media oft selbst erfahren, betrifft verändertes Schlafverhalten vor allem Jugendliche, die noch dabei sind, Schlafgewohnheiten zu entwickeln.

Eine Reihe internationaler Studien hat den Einfluss von Mediennutzung auf den Schlaf und die Müdigkeit von Jugendlichen untersucht. Dabei ergibt sich ein recht einfaches Modell (Gradisar und Short, 2013, S. 123): Abgesehen von Einflüssen wie Alter, Geschlecht und Erziehung wird der Schlaf durch drei mediale Faktoren wesentlich geprägt:

1. die Präsenz von technischen Geräten im Schlafzimmer (Fernseher, Handy, Konsole).
2. die Nutzungsdauer während des Tages.
3. die Nutzungsdauer am Abend, also vor dem Einschlafen.

Sind die Geräte vorhanden, steigen automatisch auch 2. und 3., die sich wiederum gegenseitig beeinflussen: Wer während des Tages digitale Technologie länger nutzt, tut das mit großer Wahrscheinlichkeit auch abends – und umgekehrt.

Daraus resultieren zwei Konsequenzen für Kinder und Jugendliche: Erstens eine schlechtere Schlafqualität, die sich durch späteres Einschlafen, längere Einschlafdauer, geringere Schlafzeit und häufigeres Aufwachen auszeichnet; zweitens eine dadurch verursachte größere Müdigkeit und Schlafanfälligkeit tagsüber. Das betrifft besonders den Schlaf und die Müdigkeit an Wochen- und Schultagen, gilt allerdings nur für eine Mediennutzung, die deutlich über einer Stunde pro Tag liegt (Nuttinen et al., 2013, S. 5).

Gradisar und Short bieten für schlechteren Schlaf folgende Erklärungen:
- verschobene Einschlafzeiten durch Mediennutzung,
- stärkere kognitive und oder physische Erregung durch den Medienkonsum,
- Beeinflussung des Schlafes durch das Leuchten der Geräte und dadurch ein verschobener Tag-/Nachtrhythmus,
- geweckt werden durch die Aktivität oder Nutzung der technischen Geräte.

Der negative Einfluss der Nutzung elektronischer Geräte wie Laptops im eigenen Zimmer betrifft Jungen stärker als Mädchen. Das hängt einerseits damit zusammen, dass die Pubertät generell zu unterschiedlichen Schlafmustern zwischen den Geschlechtern führt, andererseits dürfte der unterschiedliche Gebrauch des Computers dafür ausschlaggebend sein: Männliche Kinder und Jugendliche nutzen sie tendenziell stärker für Computerspiele, während weibliche sie häufiger für die Kommunikation mit Freundinnen und Freunden einsetzen. Eindrücke von Gewalt setzen sich fest und erschweren das Einschlafen.

Gerade weil sich viele aussagekräftige Studien primär auf Computerspiele und Fernsehen beziehen, können sie nur vorsichtig auf digitale Kommunikation mit sozialen Netzwerken übertragen werden, wie diese Geschlechterdifferenz zeigt. Nur Fernsehen und Computer lassen langfristige Studien zu, die Effekte präzis messen können.

Neuere Untersuchungen, z. B. die von Canan et al. bei türkischen Jugendlichen, zeigen aber, dass gerade Internetabhängigkeit oder potenzielle Abhängigkeit mit großer Wahrscheinlichkeit direkt mit Schlafproblemen verbunden ist:

> Wir haben herausgefunden, dass Chat Rooms, Internet Messaging, Surfen im Web und Online-Games mit reduzierter Schlafdauer verbunden sind, während der Gebrauch des Computer für schulische Zwecke zu längerem Schlaf führt. (Canan et al., 2013, S. 212, übersetzt von Ph.W.)

Diese ständige Verbundenheit äußert sich auch in einer Smartphonenutzung, die keinen ruhigen Schlaf zulässt: In einer bereits etwas älteren Studie aus Belgien gaben rund 15 % der befragten Jugendlichen an, mehrmals pro Woche im Bett Nachrichten zu verschicken und zu empfangen, teilweise auch zu telefonieren. Davon war rund ein Drittel nach Mitternacht aktiv (van den Bulck, 2007, S. 1222).

Weil Smartphones ein relativ junges Phänomen sind, fehlen einschlägige Studien zu ihrer Auswirkung auf den Schlaf von Kindern und Jugendlichen. Diese dürften aber durchaus vorhanden sein, zumal die Geräte in sehr vielen Zimmern präsent sind (im deutschsprachigen Raum besitzen über 90 % der Jugendlichen ein Smartphone) und nachgewiesen ist, dass die intensive Nutzung von Computern zu verschiedenen Zwecken die Schlafqualität senkt.

2.7 Sexualität

> Tendenziell vermitteln die Medien ein falsches Bild, wenn sie über die »Generation Porno« schreiben. Studien zeigen, dass Jugendliche heute später erste sexuelle Kontakte eingehen als früher. Wenn Jugendliche in aktuellen Umfragen sagen, was ihnen in Beziehungen wichtig ist, stehen Begriffe wie Treue und Vertrauen zuoberst. Die Jungen sind heute, wo Infos leichter zugänglich sind, tendenziell weniger sexualisiert. (Pauli, 2014)

Diese Einschätzung der Kinderpsychiaterin Dagmar Pauli über das Verhältnis von Sexualität und mobile Kommunikation weist auf einen wesentlichen Aspekt hin: Die Inszenierung Jugendlicher in Medien und Fernsehen fokussiert viel stärker auf den Aspekt der Sexualität, als Jugendliche das selbst tun.

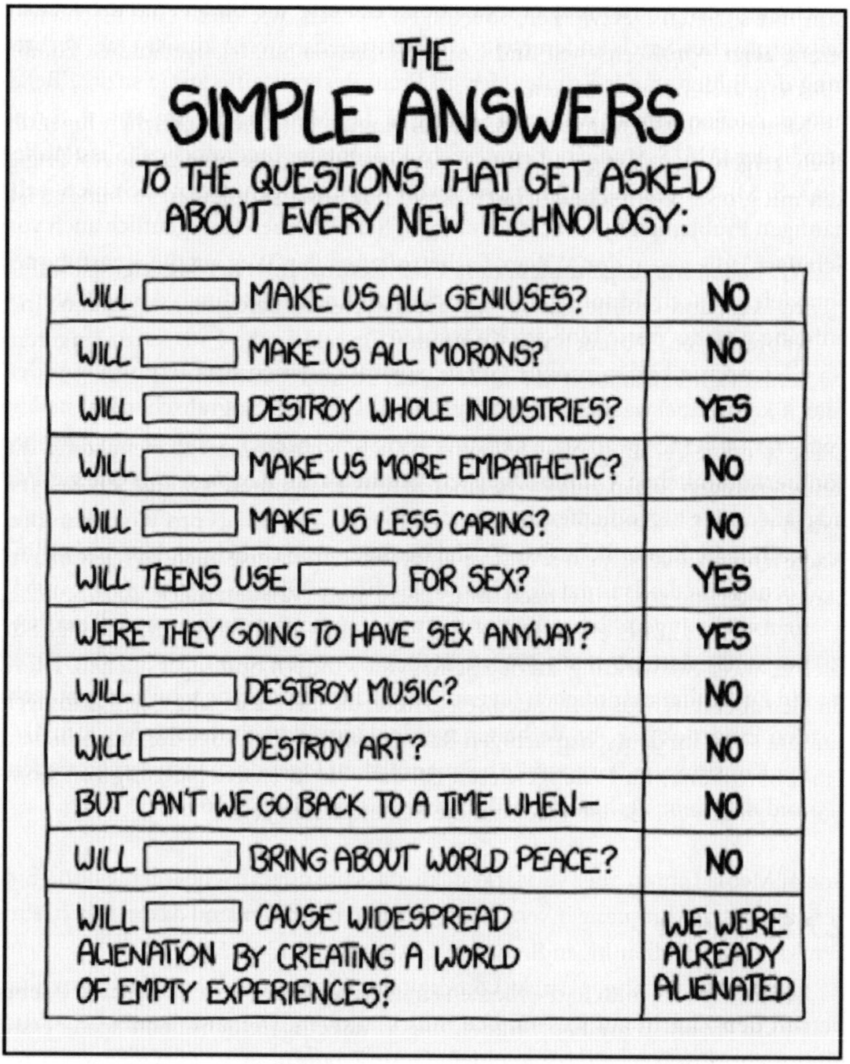

THE SIMPLE ANSWERS
TO THE QUESTIONS THAT GET ASKED ABOUT EVERY NEW TECHNOLOGY:

WILL ▭ MAKE US ALL GENIUSES?	NO
WILL ▭ MAKE US ALL MORONS?	NO
WILL ▭ DESTROY WHOLE INDUSTRIES?	YES
WILL ▭ MAKE US MORE EMPATHETIC?	NO
WILL ▭ MAKE US LESS CARING?	NO
WILL TEENS USE ▭ FOR SEX?	YES
WERE THEY GOING TO HAVE SEX ANYWAY?	YES
WILL ▭ DESTROY MUSIC?	NO
WILL ▭ DESTROY ART?	NO
BUT CAN'T WE GO BACK TO A TIME WHEN—	NO
WILL ▭ BRING ABOUT WORLD PEACE?	NO
WILL ▭ CAUSE WIDESPREAD ALIENATION BY CREATING A WORLD OF EMPTY EXPERIENCES?	WE WERE ALREADY ALIENATED

Abbildung 3: XKCD »Simple Answers«

Entwicklungen in der Kommunikationstechnologie beeinflussen die Sexualität Jugendlicher auf zwei Arten: Wie der abgebildete XKCD-Cartoon zeigt, nutzen Jugendliche Neue Medien, um ihre Sexualität auszuleben. Und sie erwerben gleichzeitig Wissen über Sexualität, weil sie sich über Gefahren und Praktiken informieren können.

Der erste Aspekt wird häufig unter dem Schlagwort *Sexting* thematisiert. Gemeint ist damit, dass freizügige Bilder von sich selbst verschickt werden. Das geschieht meist im Rahmen einer Liebesbeziehung, die Bilder sind dabei einerseits erotisches Spiel, andererseits ein Vertrauensbeweis, zumal eine Verbreitung der Bilder an der Schule oder im Freundeskreis eine große soziale Belastung darstellen würde. Während Sexting in den Medien sehr präsent ist, tun es gemäß der JAMES-Studie nur rund sechs Prozent der Jugendlichen (Süss/Waller, 2013, S. 53). Schulleitungen berichten von regelmäßigen, wenn auch nicht sehr häufigen Problemen mit Nacktbildern von Schülerinnen (gelegentlich auch von Schülern), die gegen den Willen der Betroffenen den Weg auf die Smartphones von vielen Mitschülerinnen und Mitschülern finden, wodurch die Betroffenen auf eine perfide Weise bloßgestellt werden.

Gleichzeitig bilden mobile Geräte aber auch einen leichten und von den Eltern kaum überwachten Zugang zu allen Arten pornografischer Darstellungen. Das ist keine spezifische Leistung von Social Media, sondern ein Angebot von herkömmlichen Online-Diensten. Studien zum Konsum von Online-Pornografie unter Jugendlichen zeigen, dass:
- männliche Jugendliche fast 20 Mal häufiger als weibliche online und offline Pornografie konsumieren (Ybarra/Mitchell, 2005),
- männliche Jugendliche, die Pornografie sehr häufig nutzen, sexuell erfahrener sind (Mattebo et al., 2013, S. 460),
- ein Drittel der männlichen Jugendlichen, die Pornografie sehr häufig nutzen, den Eindruck hat, ihr Verhalten werde dadurch beeinflusst (ebd., S. 464),
- der Konsum von Pornografie bei männlichen Jugendlichen mit ungesundem und illegalem Verhalten positiv korreliert ist (ebd., S. 466).

Social Media führen aber verstärkt dazu, dass pornografische Inhalte ohne Einverständnis der Empfänger verschickt werden. Betroffen sind davon fast 20 Prozent der männlichen Jugendlichen (Süss/Waller, 2013, S. 53).

Der zweite wichtige Aspekt von digitaler Kommunikation über Sexualität betrifft den Zugriff auf wesentliche Informationen. Die amerikanische Ärztin Susannah Allison hielt dazu in einem Gespräch fest:

[Ein Zugriff über Social Media] berücksichtigt die große Unterschiedlichkeit von sexuellen Erfahrungen, die Jugendliche unter 16 gemacht haben. Alle erhalten dieselben Informationen, aber darüber hinaus erhalten die, welche erfahren sind, vertiefte Informationen, während die, welche sich sexuelle

Kontakte kaum vorstellen können, dennoch grundlegende Zusammenhänge verstehen. Diese Art der Intervention kann individuell auf eine Art zugeschnitten werden, die in einem Schulzimmer nicht möglich ist. (Gilliam et al., 2011, S. 70, übersetzt von Ph. W.)

Social Media ermöglichen aber nicht nur ein Coaching von sexualpädagogischer Seite, auch zwischen Jugendlichen werden Informationen ausgetauscht. Das wiederum erlaubt der Forschung in diesem Bereich, Daten zu sammeln, um beispielsweise Präventions- und Gesundheitsprogramme effektiver vermitteln zu können.

Während viele Untersuchungen der medial ausgedrückten Sexualität Jugendlicher vor allem Gefahren und ihre Vorbeugung in den Blick nehmen, sieht Amy Hasinoff, eine kanadische Forscherin, große Chancen darin. Sexualität sei sozial stark normiert, insbesondere Geschlechterrollen führten dazu, dass nur bestimmte Formen sexuellen Begehrens ausgelebt werden könnten. So würden junge Frauen oft dazu gedrängt, sich in intimen Beziehungen passiv zu verhalten. Sexting und ähnliche Praktiken, bei denen sie selbstbestimmt und teilweise anonym Kontakte zu Fremden aufnehmen können, müssten verstärkt auch als Chancen wahrgenommen werden. Obwohl sie oft Resultat von Reaktionen sind, die junge Frauen aufgrund sozialer oder massenmedial vermittelter Erwartungen zeigen – indem sie sich beispielsweise so inszenieren, wie sie das von pornografischen Filmen kennen –, betrifft das nicht alle Formen sexualisierter digitaler Kommunikation. Hasinoff hebt wesentliche Funktionen hervor:

> Verschiedene Studien schwuler, lesbischer, transsexueller, transgender und queerer Jugendlicher zeigen, dass das Internet einen wichtigen Weg darstellt, um sich mit Gemeinschaften und Partnerinnen oder Partnern zu verbinden, Informationen zu finden sowie das Selbstvertrauen zu stärken. [...] Eine gewisse Kontrolle über die Selbstrepräsentation zu haben ist bedeutsam. Sexting als eine Form von Medienproduktion zu sehen, zeigt, dass Teenager kreativ und eigenständig und im Einverständnis mit anderen ihre eigenen sexuellen Bilder produzieren können. (Hasinoff, 2013, S. 455 f.)

Die Ergänzung jugendlicher Sexualität durch vielfältige Möglichkeiten der digitalen Vernetzung führt zu einer Steigerung der Komplexität. So sind Risiken und Konsequenzen bestimmter Verhaltensweisen schwieriger abzusehen. Viele Sexting-Bilder landen beispielsweise entgegen der Absicht ihrer Urheberinnen und Urheber auf pornografischen Seiten, wo sie einer unbekannten Öffentlichkeit zur Verfügung stehen (Topping, 2012). Darüber hinaus wird der Zugriff auf sexuelle Darstellungen für Jugendliche einfacher. Das beeinflusst ihren geistigen und körperlichen Umgang mit Sexualität (Mattebo et al., 2013, S. 464), indem bestimmte Praktiken und Normen präsenter werden, als sie es ohne mediale Verfügbarkeit wären. Gleichzeitig können sich Jugendliche so aber auch besser informieren und lernen im Idealfall, ihre sexuellen Bedürfnisse zu formulieren und auszudrücken.

2.8 Körperkontakt

Social Media, so ein gängiges Vorurteil, bedeute das Ende des Blickkontakts. Anstatt Menschen in der Straßenbahn anzuschauen, fixierten heute Erwachsene nur noch ihre Smartphones. Dadurch verändere sich auch ihre Körperhaltung, sie seien nur noch gebückt anzutreffen. Während diese Befunde durch die Wahrnehmungen vieler Menschen bestätigt werden, gibt es momentan keine medizinischen Erhebungen, die solche Schäden belegen könnten.

Die befürchteten Auswirkungen gehen aber über Haltungsschäden hinaus. In ihrem Buch *Der unberührte Mensch* zeigen der Arzt Cem Ekmekcioglu und die Journalistin Anita Ericson nicht nur, dass Körperkontakt wichtig ist und sein Fehlen mit einer Reihe von physischen und psychischen Beschwerden und Krankheiten assoziiert werden kann, sondern mutmaßen auch, dass er heute deshalb zu selten stattfinde, weil er durch »virtuelle Berührungen« ersetzt werde:

> [Ob Berührungsängste aufgrund des Kontakts mit Fremden via Social Media kleiner geworden sind] ist eine wesentliche Frage, die schwierig zu beantworten ist. Aber die virtuelle Berührung kann man nicht gleichsetzen mit tatsächlicher Berührung, mit persönlichen Treffen. Ich tendiere eher dazu zu sagen, dass echte Berührungen dadurch weniger werden. (Ekmekcioglu, 2011)

Was ist von diesen Zusammenhängen und Befürchtungen zu halten? Ein guter Test für kulturpessimistische und technologiekritische Aussagen ist es, andere kulturelle Praktiken oder andere Formen von Technologie zu substituieren. Hat die Benutzung des Telefons zu weniger Körperkontakt geführt? Haben Menschen, die im öffentlichen Verkehr Bücher lesen, auch weniger Blickkontakt? Hat Fernsehen zu einer veränderten Körperhaltung geführt? Die Antworten zeigen folgende Aspekte auf:

1. Technologie hat einen Einfluss auf den menschlichen Körper und das soziale Zusammenleben.
2. Weder Blickkontakt noch eine bestimmte Haltung sind »natürlich«, sondern

erweisen sich in bestimmten kulturellen und sozialen Konstellationen als sinnvoll. Körperkontakt kann als wohltuend erlebt werden, aber auch als Übergriff. Ihn als unersetzbar zu bezeichnen, leugnet die Möglichkeiten menschlicher Entwicklung und kultureller Unterschiede.
3. Wandel führt zu einer Veränderung sozialer Interaktionen, die nicht lokal und kurzfristig gewertet werden kann.
4. Technologie bringt in der Reflexion immer auch eine bestimmte Nostalgie mit sich: Alle Menschen wünschen sich intensiven Blickkontakt mit interessanten Menschen oder Körperkontakt in der richtigen Situation mit den richtigen Personen. Zu denken, ohne Smartphones hätten sie all das, ist verführerisch, aber wohl nicht ganz zutreffend.

Ein digitales Gespräch kann Körperkontakt und Blickkontakt nicht ersetzen. Aber ob es überhaupt Tendenzen gibt, dass in diesem Bereich unabhängig von kulturellen Entwicklungen Veränderungen stattfinden, ist häufiger Gegenstand von Befürchtungen denn von wissenschaftlichen Untersuchungen.

2.9 Social-Media-Sucht

Ist vom Suchtcharakter oder -potenzial sozialer Netzwerke die Rede, liegt dabei, wie bereits festgehalten, oft ein Missverständnis vor: Aus der intensiven Nutzung von Smartphones oder allgemeiner des Internets wird auf eine Abhängigkeit geschlossen, ohne dass dafür konkrete Belege vorliegen.

> Wenn Jugendliche oder auch Erwachsene oft mit ihren mobilen Geräten kommunizieren, lässt sich daraus keine Aussage über eine mögliche Abhängigkeit gewinnen. Kommunikation ist ein zentrales menschliches Bedürfnis. Sucht beginnt dort, wo eigene Bedürfnisse überdeckt, ersetzt, vernachlässigt oder ignoriert werden. Social Media bieten diese Möglichkeit, wie viele andere grundsätzlich unproblematische Tätigkeiten auch, z. B. essen oder arbeiten. (Wampfler, 2013, S. 89)

Dieses Kriterium (Bedürfnisse ersetzen oder vernachlässigen) ist recht vage und muss mit den zentralen Symptomen aus der Forschungsliteratur ergänzt werden (eine lesenswerte Übersicht dazu bieten Baumann/Staufer, 2013). Zusammenfassend sind folgende Aspekte relevant:

1. Sowohl zeitlich als auch gedanklich setzt sich eine Person immer stärker mit der Nutzung von Social Media auseinander und verliert dadurch Verhaltensmöglichkeiten. Sie erlebt das als Kontrollverlust; oft nutzt sie Social Media gegen ihren Willen.
2. Dieser eingeschränkte Handlungsspielraum wirkt sich negativ auf die schulische oder berufliche Leistung einer Person aus.
3. Aus 1. und 2. resultieren häufige Konflikte mit wichtigen Bezugspersonen, die
4. in einen sozialen Rückzug münden, damit genügend Zeit vorhanden ist, sich den medialen Aktivitäten zu widmen.
5. Damit sind häufig Lügen verbunden: Abhängige geben vor, weniger Zeit mit Social Media zu verbringen, als das tatsächlich der Fall ist.
6. Die Nutzung wird als immer weniger befriedigend empfunden, weil ein Aufbau von Toleranz stattfindet. Resultat: Was zu Beginn der problematischen Nutzung zu Euphorie geführt hat, kann nur noch durch hohen emotionalen und zeitlichen Aufwand erreicht werden.
7. Eingeschränkte Nutzungsmöglichkeiten führen zu Entzugserscheinungen.
8. Versuche, die Nutzung einzuschränken, scheitern.
9. Die Sucht hat körperliche Konsequenzen wie Schlafmangel, Über- oder Untergewicht etc.

Die Prävalenzrate, d.h. die Verbreitung der Symptome, ist für Social-Media-Abhängigkeit recht hoch. Die repräsentative PINTA-Studie, mit der die **Prävalenz der Internet-A**bhängigkeit gemessen wurde, kam in Deutschland 2011 auf eine Rate von 1,5 Prozent bei Erwachsenen. Sie liegt für Jugendliche zwischen 14 und 24 Jahren deutlich höher, bei 2,5 Prozent respektive 3,8 Prozent, abhängig von den gewählten Kriterien. Bei den 14- bis 16-jährigen Frauen sind es gar 4,4 respektive 8,6 Prozent. Über die Gründe und die Einordnung dieser Zahlen schreibt das Autorenteam:

> Bei Betrachtung der Altersgruppen und der Verteilung innerhalb der Geschlechter ist auffällig, dass in den jungen Altersgruppen die Prävalenzraten der Mädchen die der Jungen übersteigt. Verglichen mit früheren Befunden war dies nicht erwartbar. [...] Betrachtet man die jeweilig Auffälligen in der Gruppe der 14- bis 24-Jährigen, so findet man Unterschiede in den Präferenzen der Internetaktivitäten. Zwar wird von beiden Gruppen am häufigsten angegeben, dass Soziale Netzwerke (sic!) genutzt werden, dieses ist jedoch besonders ausgeprägt bei weiblichen Personen, die hingegen eher selten Onlinespiele nutzen. Insgesamt und gerade für diese unerwarteten

Befunde bei den jungen weiblichen Probanden wird in zukünftigen Studien zu klären sein, ob die gefundenen Auffälligkeiten tatsächlich im Sinne einer Störung zu verstehen sind, für die Hilfe benötigt wird. Dazu ist es notwendig vertiefende Interviews zu führen, die die klinische Bedeutsamkeit auf der Ebene der Symptome und Kriterien wie auch der damit verbundenen Beeinträchtigungen erfassen. (Rumpf et al., 2011, S. 18)

Diese Ausführungen lassen Raum für Interpretation. Die abgefragten Items – z. B. »Wie häufig fühlen Sie sich unruhig, frustriert oder gereizt, wenn Sie das Internet nicht nutzen können?« – können besonders für Teenager mit ihrem Sozialverhalten verschmelzen: Weil das Internet die primäre Möglichkeit darstellt, mit Gleichaltrigen in Kontakt zu bleiben, kann es oft stellvertretend für Sozialkontakte stehen. Die obige Frage wird also auch von jungen Frauen bejaht, welche unruhig oder gereizt werden, wenn ihre Eltern ihnen die Möglichkeiten nehmen, mit ihren Freundinnen zu chatten.

Die Ausführungen der Studienleitung legen eine gewisse Verunsicherung darüber nahe, ob etablierte Messverfahren bei Jugendlichen zu korrekten Ergebnissen führen. Das ist insbesondere auf ihre veränderte Mediennutzung zurückzuführen, die, wie Awan und Gauntlett (2013) bemerken, nur in Interviews korrekt beschrieben werden kann.

Trotz dieser Skepsis gegenüber der Methodik großer Fragebogen-Umfragen scheinen Jugendliche in höherem Maße gefährdet, eine Abhängigkeit gegenüber Social Media zu entwickeln. Ob diese Gefährdung durch die intensive Nutzung bewirkt wird, also eine Tendenz darstellt, oder lediglich während der Adoleszenz Bestand hat, werden erst Langzeitstudien aufweisen können, die heute noch nicht vorliegen.

2.10 Körperliche Gesundheit

Die Forschungsergebnisse, die im Folgenden diskutiert werden, bedürfen einer Warnung. Die Psychiater Gerd Lehmkuhl und Jan Frölich formulieren diese in einem Editorial wie folgt:

Auch wenn inzwischen eine Vielzahl von Untersuchungen zu ganz unterschiedlichen Aspekten des Einflusses der neuen Medien vorliegt, bleiben die Ergebnisse widersprüchlich, heterogen und erlauben zurzeit keine eindeutige abschließende Stellungnahme. (Lehmkuhl/Frölich, 2013, S. 83)

Obwohl es durchaus pädagogische und therapeutische Anwendungen der Erkenntnisse gibt, fehlen insbesondere Langzeitstudien über die Auswirkung Neuer Medien auf die physische Gesundheit von Jugendlichen. Zudem konzentrieren sich viele Forschungsprojekte auf die Auswirkungen von Computerspielen. Spezifische Auswirkungen von Computerspielen werden an dieser Stelle weder in positiver Hinsicht (Hand-Augen-Koordination, visuelle Wahrnehmung und mentale Rotation) noch in negativer Hinsicht (Auswirkungen von intensiven Gewaltdarstellungen auf den Schlaf und die Konzentration) vertieft diskutiert (vgl. dazu Pfeiffer et al., 2007, S. 15 ff.)

Eine Reihe von Untersuchungen kann nachweisen, dass allein das Ausmaß von Medienkonsum körperliche Auswirkungen hat. Der damit einhergehende Bewegungsmangel führt zu häufigerer Entwicklung von Übergewicht bzw. Adipositas und erhöhten Risiken, an Diabetes Mellitus und Herzkreislaufleiden zu erkranken (Lehmkuhl/Frölich, 2013, S. 83). Übergewicht und generell mangelhafte Ernährung ist zudem auch mit schlechterer Schlafqualität verbunden (Nuttinen et al., 2013, S. 6), die wiederum durch einen unkontrollierten Umgang mit Medien verursacht werden kann.

Rund ein Drittel der Bewohnerinnen und Bewohner von Industrieländern sind kurzsichtig. Während dieser Anteil im Westen recht konstant bleibt, nimmt er in einigen asiatischen Ländern stark zu, obwohl er immer unter dem Durchschnitt in Europa und Nordamerika liegt (Ohlendorf/Schaeffel, 2010, S. 6). Weil Smartphones und Computerdisplays in Asien stark verbreitet sind, liegt die Vermutung auf der Hand, dass sie ein Faktor bei der Entwicklung von Kurzsichtigkeit sein könnten. Das kann direkt jedoch nicht nachgewiesen werden. Eine breite Studie von Lee et al. (2013) zeigt auf, dass neben genetischen Faktoren und dem Wohnort insbesondere der Bildungsgrad, die außer Haus verbrachte Zeit und die Lesedauer für die Entwicklung von Kurzsichtigkeit ausschlaggebend sind. Statistisch irrelevant waren dabei die Nutzungsdauer von Computer und Fernsehen. Neue Medien dürften also nur indirekt zu stärkerer Kurzsichtigkeit führen: indem sie es Menschen erlauben, mehr zu lesen, und sie dazu bringen könnten, weniger Zeit draußen zu verbringen.

Befürchtungen, dass Jugendliche, die ständig über ihre Smartphones gebeugt sind, nicht nur Haltungsschäden, sondern auch Gelenkprobleme am Daumen davontragen (Würtemberger, 2013), lassen sich medizinisch nicht erhärten.

Lehmkuhl und Frölich stellen generell einen Bedarf an weiterer interdisziplinärer Forschung fest:

> Wie könnte also ein »gesundes inhaltliches und zeitliches Maß« an Medienkonsum aussehen? Diese Frage ist umso mehr von Bedeutung, weil die

digitalen Medien zum unverzichtbaren Bestandteil des täglichen Lebens geworden sind.

Es besteht für die Realisierung dieser Zielsetzung ein dringender Bedarf einer engen Kooperation zwischen Medienpädagogik und Gesundheitswissenschaften. (Lehmkuhl/Frölich, 2013, S. 85)

Betrachtet man die Freizeitaktivitäten Jugendlicher, so wird deutlich, dass Sport einen hohen Stellenwert genießt: Fast 70 Prozent der Teenager treiben mehrmals pro Woche Sport, deutlich mehr treffen sich ebenfalls mehrmals pro Woche mit Freunden (Süss et al., 2013, S. 11). Bewegung ist und bleibt ein wesentlicher Bestandteil der Aktivitäten Jugendlicher.

2.11 Essstörungen

Abbildung 4: Instagram-Profil wantaskinnybody_, Februar 2014

Ein Instagram-Profil einer jungen Frau. Sie sagt von sich, sie sei 13 Jahre alt und wiege 56 kg. Ihr Ziel sind 45 kg bei einer Körpergröße von 163 cm. Ihr aktuelles Gewicht liegt in ihrer Altersgruppe zwischen den Perzentilen 75 und 90, d. h. ihr Gewicht liegt leicht über dem Durchschnitt, stellt aber kein Übergewicht dar. Ihr Wunschgewicht befindet sich knapp über der Perzentile 10, welche die Grenze zu Untergewicht markiert.

Das Mädchen veröffentlicht Bilder unter dem Profil *wantaskinnybody_* und entschuldigt sich darauf als erstes: »I'm sry I'm Fat« – »Entschuldigung, ich bin dick«. Ihre Einträge versieht sie mit einer Reihe von so genannten Hashtags, also Schlagworten, die ermöglichen, dass sie mit einfachen Suchinstrumenten gefunden werden können. Darunter sind *#anorexia, #skinnylove, #ana, #magersucht*. Die junge Frau weist immer wieder auf ihre Profile bei den sozialen Netzwerken und WhatsApp hin, auf denen sie sich gern mit Gleichgesinnten vernetzen möchte.

Wie authentisch das Profil ist, kann schwer beurteilt werden. Aber es zeigt, mit welchen Mechanismen Menschen – betroffen sind überwiegend junge Frauen – Social Media nutzen, um eine Gemeinschaft zu finden, die sie in ihrem Ziel, dünn zu werden und zu bleiben, unterstützt und berät. Diese Gemeinschaften gibt es schon länger. Im Netz gibt es unzählige Seiten mit Tipps, konkreten Diätvorschlägen für Menschen mit Essstörungen und so genannter *thinspiration*, also Inspiration, dünner zu werden oder Muskeln aufzubauen – meist Bilder und Zitate.

Was für Außenstehende krank wirkt und auch im medizinischen Sinne eine Krankheit ist, wird zum Thema einer Community, deren Mitglieder Essstörungen zwar teilweise rational beurteilen können, aber dennoch keinen Wunsch verspüren, sich behandeln zu lassen. *Pro-Ana* stellt aus dem ganzen Spektrum der problematischen Haltungen gegenüber dem eigenen Körper – zu dem bei jungen Männern auch der extreme Fokus auf gezielten Muskelaufbau zu zählen ist – die wohl bekannteste Form der Online-Community dar: Ana ist eine Abkürzung für Anorexie und »pro« signalisiert eine positive Einstellung dazu. Eine betroffene Bloggerin schreibt über ihre Haltung:

Man sagt, Anorexie sei eine Krankheit. Und das stimmt auch. Es ist eine psychische Krankheit, die einen nur schwer wieder los lässt. Abnehmen um jeden Preis. Auch oft um das eigene Leben, also rate ich jedem, der nicht betroffen ist, sofort diese Seite zu verlassen! Ich bin zwar pro-ana, aber nur, weil ich es mit mir so besser vereinbaren kann. Ich finde mich nur schön oder eigentlich nur annehmbar, wenn ich wenig esse und dünn bin. Das trifft aber nicht auf andere Personen zu. Weiblich zu sein und dazu zu stehn ist sicher das Größte auf dieser Welt!! Doch kann ich das nicht … Für mich ist Ana (Anorexie) also zu einer Art Lebenseinstellung geworden, denn wenn ich täglich daran denke krank zu sein, hilft es mir nicht. Noch will ich nicht raus aus dieser Sache. Vielleicht ändert sich das ja eines Tages. Aber ich kann es mir nur schwer vorstellen … (Anonymus, 2008)

Bei vielen Pro-Ana-Gruppen handelt es sich um Selbsthilfegruppen, bei denen die gegenseitige Unterstützung widersprüchlich ist. Während die meisten Teilnehmenden die Zugehörigkeit als wertvoll empfinden, sind ihre Erwartungen an die zahlreichen Gruppen dabei keineswegs homogen. Einige beziehen

Tipps, und zwar nicht nur für Diäten, sondern auch dafür, wie eine medizinische Behandlung unwirksam gemacht werden kann. Anderen ebnet die Community den Weg zu einer Therapie.

Um diese Eindrücke zu vertiefen und mit Studien zu verbinden, seien die wichtigsten Ergebnisse aus der wissenschaftlichen Forschung zu Social Media und Essstörungen im Folgenden kurz zusammengefasst:

1. Extrem emotionale Reaktionen zu Bildern von Essen und über- oder untergewichtigen Menschen scheinen ein Symptom für Erkrankung an Anorexia Nervosa zu sein. (Spring/Bulik, 2014, S. 92 f.)
2. Pro-Ana-Profile führen zu einer spezifischen Online-Identität, welche die Offline-Identität beeinflusst und von ihr beeinflusst wird. Die Online-Rituale, die sich in entsprechenden Gemeinschaften ergeben, führen zur Arbeit an dieser Identität und lösen eine breite Palette von Emotionen aus (Euphorie, Verbundenheit, Zielorientierung, Ekel). Diese Rituale führen ähnlich wie bei religiösen Bewegungen zu einer Gruppenidentität, für welche die körperliche Anwesenheit nicht nötig ist, aber teilweise durch Bilder ersetzt wird. Sie etablieren spezifische Ausschlussverfahren für Outsider, teilen ein Ziel und viele Erfahrungen. Die Wirkung der Rituale ist für Teilnehmende eine Bestärkung: Viele sagen, sie könnten nur mit ihrer Anorexie weitermachen, weil es Pro-Ana – also den Austausch im Netz – gebe (Maloney, 2012, S. 114 ff.).
3. Präventionsarbeit ist wenig wirksam, wenn sie die Widersprüche zwischen Anorexie als Lifestyle und Anorexie als Krankheit einerseits, zwischen Verhaltensweisen offline und online andererseits aufzulösen sucht. Anorexie ist ein Beispiel dafür, wie Körper, Begehren und Identität zusammenspielen und medialisiert wie nicht medialisiert sich gegenseitig so beeinflussen, dass diese Komplexität mit einfachen Modellen nicht zu fassen ist (Dyke, 2013, S. 148 ff.).
4. Der Einfluss von Medien und Social Media auf das Körpergefühl und Essverhalten wird in der Forschung kontrovers diskutiert. Juarez et al. (2012) haben nachgewiesen, dass die Beschäftigung mit Pro-Ana-Seiten signifikant zum Wunsch nach Gewichtsverlust wie zum Wunsch nach Muskelaufbau beitragen, während die Daten von Ferguson (2012) eher dafür sprechen, dass Gruppeneffekte zu Unzufriedenheit mit dem eigenen Körper und zu Symptomen von Essstörungen führen, während Medien keinen nachweislichen Einfluss darauf haben. Social Media können jedoch Gruppeneffekte verstärken.
5. Die Peer Group ist hauptverantwortlich für die »Stimme der Autorität«, die Patientinnen und Patienten mit Anorexie oft erleben. Über Imitation und Wettbewerb entsteht so ein massiver Einfluss, welcher Heilungschancen von Therapien stark beeinträchtigen kann. Er wird mittels Social Media effizient

organisiert, so dass ein Einbezug und eine Analyse von individueller Interaktion mit Pro-Ana-Gruppen und -Peers in eine Therapie heute unumgänglich scheinen (Allison et al., 2014, S. 177 f.).
6. Eine Netzwerkanalyse französischer Pro-Ana-Seiten zeigt, dass Zensur im Netz deshalb fatale Folgen haben kann, weil sich über diese Netzwerke auch die Informationen verbreiten, welche den Anstoß für Therapien geben können oder die an Anorexie Leidenden psychisch unterstützen können, wenn es das Umfeld nicht mehr kann (Anamia, 2013).

Was Karen Dias aus einer feministischen Perspektive beobachtet, gilt gemäß der aktuellen Forschung für die ganze Pro-Ana-Bewegung:

> Ausgehend davon, dass der Körper und die Erfahrungen mit Körperlichkeit in der Öffentlichkeit permanenter Überwachung unterzogen sind, kann der Cyberspace möglicherweise einen Raum darstellen, der Frauen die Möglichkeit gibt, sich in Sicherheit zu treffen, im Gegensatz zu herkömmlichen öffentlichen Orten. Cyberspace kann so als ein alternativer, geschützter Ort für Frauen mit Ess- oder Körperproblemen verstanden werden. (Dias, 2003, S. 31, übersetzt von Ph. W.)

Das Verhältnis von Social Media, Essstörungen, Gruppenverhalten und Identität ist ein komplexes. Es gibt kaum einfache Einflüsse, aus denen sich Maßnahmen ableiten ließen. Wertungen sind so wenig möglich wie generelle Aussagen – alle wissenschaftlichen Studien betonen, wie individuell sich an Anorexie Erkrankte und ihre Peer Groups verhalten würden. Lifestyle und Selbsthilfe, Inszenierung und Leiden, Unterstützung und Gruppendruck verschmelzen und gehen ineinander über. Probleme können massiv verstärkt und durch eine Online-Dynamik beschleunigt werden, welche deshalb fatal ist, weil sie mit sozialen Faktoren verbunden ist. Gleichzeitig können Leiden aber auch gelindert werden und Perspektiven für Kranke entstehen, die offline undenkbar wären.

Diese Einsicht ist nicht auf Essstörungen beschränkt. Sie gilt für eine Reihe von psychischen Störungen, die sich auf den eigenen Körper beziehen, so zum Beispiel auch selbstverletzendes Verhalten (vgl. Steiner, 2014). Sichtbar werden dabei meist die Auswirkungen der digitalen Vernetzung, die zu katastrophalen Folgen für die Betroffenen führen. Abschwächende und stabilisierende Einflüsse bestehen, wie die Wissenschaft zeigen kann, sind aber für Außenstehende kaum sichtbar.

2.12 Schulische Leistungsfähigkeit

Soll abschließend beurteilt werden, wie sich die Präsenz von mobilen Internetgeräten und Social Media auf die schulische Leistungsfähigkeit von Jugendlichen bezieht, so kann die Erkenntnis des letzten Abschnittes auch hier herangezogen werden: Eine allgemeine Aussage wäre verfehlt.

Wissenschaftliche Erkenntnisse zu Aufmerksamkeit und Ablenkung, Gedächtnis sowie Schlafqualität weisen auf problematische Entwicklungen hin, zumindest wenn man von traditionellen Anforderungen an Schülerinnen und Schüler ausgeht. Wie andere Abhängigkeiten beeinträchtigt auch eine Social-Media-Sucht schulische Leistungen, rund jeder 25. Teenager ist davon betroffen.

Digitale Hilfsmittel haben aber auch ein großes schulisches Potenzial. Diese Aussage hat zwei Bedeutungen: Erstens muss die Schule in Zukunft Jugendlichen dabei helfen, Hard- und Software so einzusetzen, dass nachhaltiges Lernen damit möglich ist. Das tut sie heute selbstverständlich mit Papier und Bleistift: Sie leitet dabei an, deutlich zu schreiben, hilfreiche geometrische Skizzen anzufertigen und Aufsätze zu konzipieren und redigieren. An die Stelle von Papier und Bleistift treten Smartphones und Tablets. Liegt der Umgang mit ihrer Nutzung gänzlich in der pädagogischen Verantwortung der Eltern, so vergrößert sich die digitale Kluft: Schülerinnen und Schüler, die verstehen, wie digitale Hilfsmittel verwendet werden können, um die Konzentrationsleistung zu steigern und das Gedächtnis zu verbessern, werden dadurch auch vom schulischen Unterricht mehr profitieren; die anderen werden durch den Einbezug Neuer Medien entsprechend gravierende Nachteile erfahren. Die zweite Bedeutung des schulischen Potenzials digitaler Werkzeuge liegt also darin, dass Lernprozesse damit vereinfacht und verbessert werden können, wenn sie reflektiert und im Sinne der Lernforschung eingesetzt werden. Ein gutes Beispiel dafür ist die Einsicht, dass Wiederholungen mit Intervallen sowie häufiges Testen zu guten Resultaten führt. Bei beiden Techniken vereinfachen und erleichtern digitale Hilfsmittel den Lernprozess. (Didau, 2013)

Genauere Anmerkungen zu didaktischen Fragen und zur Rolle der Schule in der medienpädagogischen Begleitung Jugendlicher enthält das dritte Kapitel dieses Buches.

Intermezzo II

Wie neue Praktiken entstehen

Das Manuskript zu diesem Buch entstand ziemlich genau ein Jahr nach der Niederschrift von *Facebook, Blogs und Wikis in der Schule* (Wampfler, 2013). Die Recherchearbeit und der Schreibprozess gleichen sich bei beiden Büchern stark – eine Liste wichtiger Forschungsliteratur wurde durchgearbeitet, Ergebnisse wurden vereinfacht als Blogposts formuliert und die Resultate der Diskussion zusammen mit den Blogposts und intensiver Zusatzrecherche zu Buchabschnitten verarbeitet und mit Überleitungen versehen.

2012 füllten die gelesenen Bücher zwei Meter im Bücherregal. Innen waren sie mit Markierungen und Notizen überzogen. Ein Arbeitsprozess, der vom Gymnasium über die Hochschule bis zur Lehrtätigkeit entwickelt worden war, kam zur Anwendung. Ein Teil der Recherchearbeit spielte sich in Bibliotheken ab, wo eine große Menge von Büchern verfügbar war oder interbibliothekarisch bezogen werden konnte.

Ein Jahr später war kein einziges Buch mehr physisch präsent: Gefüllt wurden Ordner im E-Book-Reader oder auf dem Computer. Markierungen und Notizen waren digitale Spuren, die über alle Geräte hinweg synchronisiert wurden. Wo immer die Arbeit am Buch stattfand, waren alle Bücher vorhanden. Bibliotheken, generell Räume, waren unbedeutend.

Eine völlig neue Praxis ist das nicht: Der Arbeitsprozess hat sich nur insofern verändert, als mit digitalen Mitteln analoge Praktiken nachgebildet wurden. »Die Seite beherrscht uns, wir stehen unter ihrem Diktat«, sagt Michel Serres zur Dominanz des Buches im digitalen Kontext: »Und der Bildschirm reproduziert sie«, statt etwas Eigenständiges darzustellen (Serres, 2013, S. 31). Und tatsächlich: Die veränderte Praxis bekundet mit Seiten Mühe. E-Book-Reader wie der Kindle zeigen bei vielen Texten keine Seitenzahlen mehr an, sondern so genannte »Positionen«, weil die Größe einer Seite, das heißt der auf ihr dargestellte Textumfang, von der Schriftgröße abhängig ist und die wiederum variabel eingestellt werden kann. Die Veränderungen, die Erwachsene in ihrer (Schreib-)Arbeit aufgrund Neuer Medien wahrnehmen, sind nur die Spitze eines Eisberges. Das Potenzial ist viel größer.

Die Generation »Social Media« erhält die Chance, neue Praktiken selbst zu gestalten. Ein Beispiel dafür könnte das sein, was man Anstand nennt: Was ist im Umgang mit digitaler Kommunikation anständig, was nicht? Im Englischen gibt es den von einer Werbeagentur erfundenen Begriff »phubbing«, der sich aus »phone« (Telefon) und »to snub« (abweisen, brüskieren) zusammensetzt.

Gemeint ist also, dass eine Person ignoriert, übersehen, nicht gewürdigt oder nicht angesehen wird, weil eine andere sich mit ihrem Gerät beschäftigt. Das

Vorhandensein eines Wortes macht das Phänomen dabei deutlicher greifbar. Auf Deutsch muss jemand aufgefordert werden, das Telefon wegzulegen; meist eine etwas heikle Angelegenheit, weil es ja durchaus sein könnte, dass die Person nicht gerade Vögel auf Schweinearchitektur schießt, sondern konstruktive Arbeit verrichtet. »Stop phubbing« ist eine viel klarere Formel, die auch das Problematische am Verhalten zeigt: die Erwartungen eines Gegenübers zu ignorieren.

Das Beispiel zeigt, dass Medienideologien durch neue Kommunikationsformen und -technologien verändert werden. Diese Ideologien manifestieren sich in Sprech- und Verhaltensweisen und sind oft denen nicht ganz bewusst, in deren Denken sie sich festgesetzt haben. So zeigt Ilana Gershon in der Einleitung einer Studie zu medialen Trennungen romantischer Beziehungen in der Zeit des Web 2.0, dass Jugendliche und Erwachsene ganz andere Vorstellungen davon haben, was ein formales Medium ist. Während Erwachsene E-Mail als informelles Medium betrachten, weil es für sie ganz andere Möglichkeiten bereithält als ein Brief (z. B. auf Anrede, Gruß oder Unterschrift zu verzichten), sehen viele Jugendliche E-Mail als eine dem Brief ganz ähnliche Kommunikationsform und daher, per Analogieschluss, als ein formales Medium (Gershon, 2010, S. 4 f.).

Gershon spricht von »idioms of practice«, deutsch etwa Gebrauchsdialekten. Sie meint damit, dass Menschen durch ihr Verhalten und ihr Nacherzählen von Situationen Einigkeit darüber herstellen, wie bestimmte Technologien sozial akzeptabel zu verwenden sind. Diese Vorstellungen enthalten ausdrückliche Regeln, aber auch Annahmen, die kaum je verbalisiert werden. Das Beispiel der Trennung zeigt, wie soziale Handlungen direkt an mediale Ausdrucksformen gebunden sind: Es muss nicht nur ein Verständnis zwischen den Partnern hergestellt werden, dass die Trennung erfolgt ist, sondern die Trennung muss gemeinsamen Bekannten auch mitgeteilt werden.

Daran zeigt sich, dass Neue Medien Gebrauchsdialekte auf zwei Arten verändern: Einerseits ergeben sich neue oder andere Möglichkeiten, soziales Verhalten medial abzubilden oder umzusetzen, andererseits verschiebt sich die Bedeutung von kommunikativen Handlungen. Oft beobachten Jugendliche das am Beispiel von Treffen. Die Einfachheit, eine Verspätung oder Verschiebung per Nachricht mitzuteilen (also die *Affordance* mobiler Kommunikation), führt dazu, dass die Hemmschwelle sinkt, das auch zu tun. Verbindliche Abmachungen werden seltener und bedürfen einer bewussten Anstrengung. Diese veränderten Regeln des sozialen Miteinanders führen zunächst zu neuen Praktiken, die scheinbar automatisch entstehen, erst in einem zweiten Schritt müssen und können sie bewusst gestaltet und normiert werden.

Die Bedeutung und Funktionsweise von Normen kann am Beispiel von *Snapchat* verdeutlicht werden. Die mobile App, die in Europa seit 2013 von Jugendlichen genutzt wird, kann als Reaktion auf den steigenden Unmut über die Verletzung der Privatsphäre und die permanente Archivierung von Inhalten von Netzwerken wie Facebook verstanden werden. Mit Snapchat werden Snaps verschickt, Bilder oder Videos, die mit kurzen Texten versehen werden können. Sie können von den Empfängern nur kurze Zeit angesehen werden (maximal 10 Sekunden) und werden danach permanent gelöscht, sowohl auf den Servern als auch auf den Mobiltelefonen. Snapchat scheint völlig neue Möglichkeiten zu eröffnen, für die es kaum Regeln gibt. Die visuelle und temporäre Kommunikation erlaubt es, fast zufällige Momentaufnahmen zu verschicken.

Spricht man mit Jugendlichen darüber, wie sie Snapchat verwenden, so zeigen sich klare Regeln. Innerhalb von sozialen Kontexten werden Erwartungen entwickelt, zum Beispiel darüber, was mit Snaps und was mit regulären Textnachrichten vermittelt werden kann, wann Snaps an ganze Gruppen und wann an Einzelpersonen verschickt werden sollen und wie viele solche Nachrichten angemessen sind (vgl. Hillhouse, 2014). Verletzungen solcher Normen werden erkannt und oft auch sanktioniert (zum Beispiel mit dem Entzug der Aufmerksamkeit oder sozialem Statusverlust).

Die vielfältigen Möglichkeiten, die Social Media eröffnen, werden durch ihre soziale Einbettung normiert. Dadurch werden sie zu konkreten Praktiken, schränken Menschen aber auch ein. Aufgrund der Entwicklung von Normen kommt es unter Jugendlichen auch oft zu Streit über die Mediennutzung, weil unklar ist, welche Erwartungen an das Verhalten anderer gestellt werden dürfen (vgl. Tufekci, 2012, S. 40 ff.).

3. Beziehungen

> Es sind nur Ausschnitte, kleine Teile von mir selbst und es gleicht nicht meinem Leben. Du könntest nicht viel über mich sagen, wenn du mich nur auf Facebook kennen würdest. Das hat nichts damit zu tun, wer ich bin, also wer ich wirklich bin. Es ist nur so allgemeines Zeug, das ich mag und was ich tue, oder einfach Dinge, die Leute, die ich kenne, mögen oder interessant finden.
> *Nahum über seine Selbstrepräsentation auf Facebook*
> *(Awan und Gauntlett, 2013, S. 124f.)*

Die Frage, wie und ob Kommunikationstechnologie menschliche Beziehungen beeinflusst, ist äußerst diffizil. Das zeigt sich schon daran, dass sich Menschen seit Jahrhunderten damit auseinandersetzen und dabei immer wieder entlang von ähnlichen Argumentationslinien denken, ohne aber letztlich verbindliche Antworten gefunden zu haben.

Die Komplexität der Frage ergibt sich aus einer Reihe von Faktoren: Erstens enthält die Diskussion von Beziehungen immer auch ein Nachdenken über Identitäten und Subjektivität. Wenn sich Menschen mit anderen austauschen, nehmen sie wahr, wer sie sind und was ihnen wichtig ist. Ihr Blick darauf ist zweitens stets ein subjektiver: Es mag zwar Normen geben, die verbreitete Vorstellungen von wertvollen oder wünschbaren Beziehungen verfestigen, aber die wenigsten Menschen entsprechen in ihren Bedürfnissen und Wahrnehmungen diesen Normen. Daraus ergibt sich drittens eine notorische Unsicherheit und Unzufriedenheit: Genau so, wie uns die Routine im Kontakt mit alten Bekannten einem echten Austausch im Weg zu stehen scheint, ist es unklar, wie sich eine gehaltvolle Beziehung mit Fremden aufbauen lässt. Viertens verfolgen Menschen unterschiedliche Interessen in der Pflege ihres Kontaktnetzes, die in einen Konflikt geraten können. Diese Aspekte haben nun direkt noch gar nichts mit Kommunikation zu tun, die fünftens immer zu einer Differenz von Gesagtem und Gemeintem und damit zu Missverständnissen, Vagheit und Offenheit führt, um der Vielschichtigkeit der Beziehungspflege genügend Spielraum zu bieten. Und sechstens sind die Medien und Techniken der Kommunikation einerseits Ausdruck von gesellschaftlichen Gegebenheiten, andererseits wirken sie aber auch auf sie zurück, verstärken Tendenzen oder schwächen sie ab. Sie schaffen gleichzeitig Anreize und erfüllen Bedürfnisse.

Aus diesen Gründen gibt es kaum klare Anhaltspunkte oder Modelle, um menschliche Beziehungen einheitlich und objektiv zu beschreiben. Um nachzuzeichnen, wie digitale Kommunikation darauf eingewirkt hat, können nicht zwei Zustände nebeneinander gehalten werden. Vielmehr müssen die subjektiven Wahrnehmungen von Menschen einbezogen werden, die aber oft verzerrt und beeinflusst sind.

Nehmen wir als Beispiel die verbreiteten Bekundungen von Menschen, Facebook zu verlassen, ihr Profil zu löschen. Alice Kohli schrieb beispielsweise darüber in der *Neuen Zürcher Zeitung*:

> Das Leben auf Facebook war damit genauso kompliziert geworden wie das richtige Leben. Oder noch komplizierter. Würde ich ohne Facebook etwas verpassen? Würde ich tatsächlich wichtige Kontakte verlieren? Kaum.
>
> An einem Sonntagnachmittag im Dezember, nach knapp sechs Jahren, deaktivierte ich meinen Account. »Diese Freunde werden dich vermissen«, mahnte Facebook und zeigte mir vier Gesichter, von denen ich ziemlich sicher war, dass sie mich nicht vermissen würden. Ich drückte den Knopf und war draußen. Mein Leben war ein kleines bisschen weniger kompliziert als vorher. (Kohli, 2014)

Kohli beklagt die Oberflächlichkeit von Facebook, die Möglichkeit für Menschen, ihr Leben zu inszenieren, die letztlich allen schade und zu Komplikationen führe. Damit drückt sie ihre Wahrnehmung der auf Facebook gepflegten Beziehungen aus. Gleichzeitig ist aber auch dieser öffentliche Austritt eine Inszenierung, mit dem sich Kohli von all den Menschen, die Facebook weiterhin nutzen, abgrenzt. Sie markiert sich selbst als authentischer, tiefgründiger und bewusster als andere und drückt ihre Sehnsucht nach einem weniger komplizierten Leben aus, nach Menschen, die sie vermissen und Kontakten, deren Verlust ihr tatsächlich etwas bedeuten würde.

Wer die Auswirkungen digitaler Kommunikation kritisiert, kann damit nicht belegen, dass diese Auswirkungen tatsächlich auf die Verwendung des Internets zurückzuführen sind. Die Kritik kann Ausdruck eines Verlangens sein, das auch analog kaum gestillt werden kann – Menschen müssen und wollen beispielsweise unverbindliche Kontakte pflegen – oder eine Veränderung benennen, die auch ohne den Einfluss von Medien erfolgt ist oder wäre – Arbeit ist beispielsweise komplexer geworden und erlaubt immer weniger reine Freizeit, in der Menschen ihre Kommunikationsgeräte abschalten können.

All das betrifft den Blick auf die Beziehungspflege von Jugendlichen, wird dabei sogar noch verstärkt. Während und nach der Pubertät bauen Menschen ein Beziehungsnetz auf und entwickeln eine Identität, nach der sie zuerst suchen müssen. Diese Lebensphase ist durch Experimente, Abgrenzungen und Grenzüberschreitungen gekennzeichnet. Die Unsicherheit und Oberflächlichkeit junger Menschen scheint größer, gleichzeitig fordern sie Erwachsene bewusst und unbewusst heraus. Moden ergreifen die Jugendkultur wellenartig und ebben schon wieder ab, wenn Erwachsene darauf aufmerksam werden. Die Geschwindigkeit des medialen Wandels wird in der Kommunikation Jugendlicher noch beschleunigt.

Greifen wir beobachtend eine Praxis von Teenagern heraus, sei das nun unablässiges Chatten oder die Selbstinszenierung mittel *Selfies,* digital verbreiteten Selbstporträts, so ist zunächst unklar, was wir genau beobachten: Ist es ein Phänomen jugendlicher Kommunikation, digitaler Kommunikation oder letztlich einfach Beziehungsmanagement im globalisierten Westeuropa des 21. Jahrhunderts? Wer vorschnell urteilt oder Modelle konstruiert, läuft Gefahr, wichtige Aspekte zu verpassen. Die folgenden Ausführungen zu den Einflüssen von Social Media auf die Beziehungen junger Menschen sind deshalb multiperspektivisch und vorsichtig. Sie liefern keine abschließenden Antworten, sondern eher Ansätze zum Weiterdenken und Beobachten. Jugendliche, so die dahinter stehende Überzeugung, sollen begleitet und unterstützt, aber nicht instruiert oder beurteilt werden.

3.1 Digitale Nachbarschaft

»Neue Medien sind die neue Nachbarschaft«, schreiben Lee Rainie und Barry Wellman in *Networked,* ihrem Buch über den Einfluss der digitalen und mobilen Kommunikation auf den sozialen Zusammenhalt (2012, S. 13). Sie haben untersucht, wie sich die Gesellschaft parallel zu veränderten Kommunikationsbedingungen wandelt. Ihre Haupterkenntnis besteht darin, dass Menschen sich weniger an festen Gruppen orientieren, wie das früher in einem Dorf der Fall war, sondern an einer Vielzahl von Netzwerken teilnehmen, deren Zusammenhalt loser ist. Diese Entwicklung zeigte schon vor der Verbreitung des Internets erste Auswirkungen, hat sich aber in den letzten 20 Jahren verstärkt. Die Furcht vieler Menschen besteht darin, dass »wir in einer sozial eingeschränkten Welt leben, in der Vertrauen abnimmt, sozialer Zusammenhalt reduziert und Einsamkeit verbreitet ist und in der die Fähigkeit von Menschen, anderen zu helfen, bedroht ist« (Rainie/Wellman, S. 8); ganz allgemein also darin, dass der Wert menschlicher Beziehungen abnimmt.

Die nüchterne Analyse von Rainie und Wellman zeigt aber vielmehr, dass sich die Möglichkeiten wandeln, wie Menschen wirtschaftliche, soziale und emotionale Bedürfnisse befriedigen. Die Teilmitgliedschaften in mehreren unverbindlichen Netzwerken erlaubt es, jeweils ganz spezifische Interessen zu adressieren: Wer im Dorf ein exotisches Hobby oder ein Bedürfnis hatte, das nicht der Norm entsprach, stand vor großen Schwierigkeiten, Bezugspersonen zu finden. Das gilt für die digitale Nachbarschaft nicht.

Dadurch werden Identitäten vielschichtiger und komplexer, weil sich Individuen aus den Zwängen von Gruppen lösen können. Neuen Medien geben Menschen zusammen mit anderen Formen sozialer Organisation mehr Möglichkeiten, Probleme zu lösen und Initiativen zu übernehmen; generell schenken sie ihnen größere Freiheiten. Dafür gilt es aber einen Preis zu entrichten: Die Pflege der Netzwerke erfordert viel mehr Aufwand und neue Strategien, um soziale Probleme zu lösen und Verbindungen aufrechtzuerhalten, als das in der Dorfgemeinschaft der Fall war.

Das ist zusammen mit der Verschmelzung von Information, Kommunikation und Aktion ein Grund dafür, neue Vorstellungen von Transparenz, Verfügbarkeit, Freizeit und Privatsphäre entwickelt werden und auch entwickelt werden müssen. Die Digitalisierung schafft einen Umbruch, den man oft als Disruption bezeichnet, weil ganze gesellschaftliche Teilsysteme neu zu funktionieren beginnen.

Diese Disruption führt zu einer großen Verunsicherung. Die Ursachen dafür liegen in einer Vermischung von wirtschaftlichen, politischen und gesellschaftlichen Veränderungen. Die Aufhebung des Ortsbezugs in der Internetkommunikation ist gleichzeitig Bedingung und Resultat der Globalisierung, welche die Dorfgemeinschaft auf allen Ebenen ersetzbar und überflüssig macht. Die dadurch gewonnenen Freiheiten und Möglichkeiten vermögen einen Verlust an Vertrautheit und Verbindlichkeit nicht immer zu kompensieren, gerade weil sie mit zunehmender Komplexität verbunden sind. Daraus ergeben sich Ungewissheit und Unsicherheit.

Im Netz zeigen sie sich darin, dass zunehmend schwerer einschätzbar wird, wem Informationen anvertraut oder mitgeteilt werden können und wer uns mit welchen Absichten Botschaften schickt. Die analogen Dorfbewohner verschickten Briefe, deren Absender meist so bekannt waren, dass es bis auf wenige Ausnahmen leicht fiel, ihre Absichten zu entschlüsseln. Die Zahl der erhaltenen und verfassten Briefe war überschaubar. Heute erhalten Menschen digitale

Nachrichten auf verschiedenen Plattformen. Ihre Funktion ist oft unklar, ihre Zahl schnell unüberschaubar. Spam und betrügerische Mails sind die Kehrseite der effizienten Kommunikation, die digital möglich ist.

Kathrin Passig hat den Internet-Diskurs mit der Stadtforschung verglichen, die aufgekommen sei, seit Menschen zunehmend urban leben. Mit ihrem Vergleich weist sie darauf hin, dass die theoretische Auseinandersetzung mit digitaler Kommunikation kaum zu einem Verständnis der Vorgänge führt, weil sie durch die Wiederholung ähnlicher Vorurteile und unangenehmer Erlebnisse im Netz ständig gebremst werde:

> Auch wer ein Blog betreibt oder Twitter nutzt, sehnt sich manchmal nach Waldeinsamkeit, nach weniger widerspruchsfreudigen Gesprächspartnern oder gleich nach der Abschaffung aller Kommentarfunktionen. Dieses Hadern ist unumgänglich, auch in der Stadt ist die Koexistenz der verschiedenen Lebensweisen nicht einfach, und ihre Bewohner schwanken zwischen den Wünschen nach Abgrenzung und Integration. Aber in der Stadtforschung gibt es seit über hundert Jahren eine differenzierte Auseinandersetzung mit den Strukturen der Verständigung unter Fremden. Es wäre schön, wenn die Diskussion um die Kommunikation im Netz nicht noch einmal hundert Jahre bräuchte, um an diesem Punkt anzukommen. (Passig, 2013b)

Hinzu kommt eine veränderte Dynamik: Die Entstehung und die Finanzierungsmodelle von Social Media, mit denen die Netzwerknachbarschaft kommuniziert, folgen einer ganz anderen Logik als die analogen Kommunikationsmittel der dörflichen Nachbarschaft. Telekommunikation gehörte zur Grundversorgung, die solidarisch finanziert wurde und sich an den Grundbedürfnissen der Menschen orientierte. Digitale Kommunikation ist oft ein Gratisangebot im Netz, das zunächst eine bestehende Infrastruktur nur ergänzt und sich so an den Interessen der Unternehmen orientiert. Vernetzen sich Menschen heute mit Facebook, so folgen sie der Logik eines Unternehmens, das Daten an Werbetreibende verkauft (Chen, 2013). Das ist eine weitere Quelle der Verunsicherung. Rainie und Wellman halten fest, dass die bestehenden Möglichkeiten, die digitale Kommunikationsmittel bieten, oft zu wenig nuanciert sind, um die Funktionen zu übernehmen, welche für die Teilnahme in den vielschichtigen Netzwerken nötig wären.

Die Jugendlichen, von denen dieses Buch handelt, kennen oft nur die digitale Nachbarschaft. Die Verunsicherung hat für sie unterschiedliche Folgen: Einerseits erleben sie ihre Auswirkungen selbst verstärkt, weil die Jugend ohnehin geprägt ist von einer Verunsicherung in Bezug auf die eigene Identität und auf die Funktionsweise verschiedener Beziehungen. Andererseits werden sie von Eltern und Lehrpersonen erzogen, für welche einst kaum vorstellbar war, dass das Dorf und die Gruppe einmal nicht mehr entscheidend für die soziale Organisation sein würden. So werden sie oft mit Normen und Anforderungen konfrontiert, welche ihren Lebensgewohnheiten nicht entsprechen.

3.2 Beziehungen Jugendlicher untersuchen

Zu den zentralen psychologischen Aufgaben von Teenagern gehören zwei miteinander verbundene Aspekte: Die bewusste und unbewusste Suche nach einer eigenen Identität und der Aufbau eines von den Eltern unabhängigen Beziehungsnetzes. Die beiden Entwicklungsschritte sind wechselseitig miteinander verschränkt: Beziehungen prägen die Identität, welche wiederum Ausgangspunkt für die Aufnahme und Pflege von Beziehungen ist.

Wie Danah Boyd in ihren Arbeiten immer wieder festgehalten hat, gibt es für die beiden Entwicklungsaufgaben bestimmte Gelingensbedingungen. Entscheidend ist beispielsweise die Möglichkeit, an halb-öffentlichen Orten Bekannte und Unbekannte zu treffen. Zeit mit Freunden zu verbringen –»to hang out«, »chillen« oder »abhängen« – gehört zu ihren wichtigsten Freizeitbeschäftigungen. Dabei werden gleichzeitig Beziehungen gefestigt und neue ermöglicht, weil gleichgesinnte Jugendliche ähnliche Aufenthaltsorte wählen (den Park, das Einkaufscenter, den Sportplatz). An diesen Orten sind die Jugendlichen zudem von der Überwachung durch Erwachsene befreit.

Diese zeitlichen und örtlichen Bedingungen für den Aufbau von und das Spiel mit Identitäten und Beziehungen verändern sich. Kinder und Jugendliche können immer seltener unbeaufsichtigt Zeit außerhalb des eigenen Hauses oder einer Bildungsinstitution verbringen. Was der Twitter-User *Algoborn* als scherzhaft-nostalgischen Aphorismus vermerkte, enthält mehr als ein Korn Wahrheit:

> Als ich ein Kind war, hieß mein soziales Netzwerk »draußen«!
> @algoborn, Twitter 8. Oktober 2013

Stephen Moss spricht von »Nature Deficit Disorder«, also einer Störung aufgrund von mangelndem Naturkontakt. Sie hat verschiedene Ursachen, zu denen zuvorderst die Ängste von Eltern (vor Gefahren durch Verkehr oder vor bedrohlichen Fremden) und ihre Absicht, ihre Kinder keinen Risiken auszusetzen, gehören. Minderjährige müssen deshalb oft viel Zeit im eigenen Zimmer verbringen. Diese Tendenzen lassen sich schon seit Jahrzehnten beobachten (Moss,

2012, S. 12 ff.). Hinzu kommen oft verschärfte Regelungen an öffentlichen und halb-öffentlichen Orten, welche Jugendliche ausschließen, die dort ihre Freizeit verbringen wollen (Boyd, 2014, S. 29 ff.).

Soll der Einfluss Neuer Medien auf die Beziehungen Jugendlicher untersucht werden, so ist es äußerst schwierig, Vermischung mit diesen anderen Faktoren zu vermeiden. Auf den ersten Blick scheinen Kinder beispielsweise wenig Zeit draußen zu verbringen, weil sie ständig mit Tablets, Smartphones und Gamekonsolen beschäftigt sind – tatsächlich sind das Ersatzhandlungen für das Spiel im Freien. Die Möglichkeiten, Entwicklungsaufgaben zu erledigen, unterliegen einem Wandel, der nicht nur medial ist. Darauf muss eine differenzierte Analyse eingehen.

Daran schließt eine zweite Schwierigkeit an: Soziale Strukturen sind immer symbolisch mit Bedeutung aufgeladen. Konzepte wie Vertrauen, Zugehörigkeit oder Sympathie lassen sich nicht analytisch ergründen, sondern resultieren aus subjektiven Einschätzungen und Wahrnehmungen. Das führt zu gravierenden Problemen für quantitative Zugänge, welche zumeist mit Befragungen Erkenntnisse zu Fragestellungen gewinnen wollen, welche nur nuancierte Antworten zulassen, welche wiederum nicht mit einer Skala oder einer Statistik messbar sind.

Es ist deshalb zu begrüßen, dass auch qualitative Zugänge vorliegen. So haben beispielsweise Fatimah Awan und David Gauntlett mit 14- und 15-jährigen Jugendlichen einen kreativen Prozess durchgeführt: Nach einer Einführung ließen sie »Identitätskisten« herstellen, welche einen Innen- und einen Außenraum hatten, den die Jugendlichen mit Collagen beklebten. Sie sollten dabei an drei Dinge denken: »Ich«, »meine Welt«, »meine Medien« (Awan/Gauntlett, 2013, S. 116). Diese Boxen ließen sie von den Jugendlichen ohne ein bestimmtes Fragenraster präsentieren, so dass sie die Aspekte hervorheben konnten, die für sie von besonderer Bedeutung waren. Die dabei gewonnenen Erkenntnisse bilden einen guten Ausgangspunkt für eine vertiefte Diskussion der Auswirkungen digitaler Medien, die anders als zu Beginn der Geschichte des Internets immer auch mit den eigenen sozialen Strukturen verbunden ist. Ähnlich verfuhr die DIVSI-U25-Studie (Kammer, 2014, S. 21 ff.), in der Bildcollagen für eine qualitative Auswertung von Werten in Bezug auf die Mediennutzung eingesetzt wurden.

3.3 Wie Jugendliche Social Media zur Beziehungspflege nutzen

Lässt man spezifische Kontexte außer Acht und verallgemeinert man uneinheitliche Praktiken und Haltungen, so kann die Art und Weise, wie Jugendliche Social Media zum Aufbau und zur Pflege von Beziehungen einsetzen, in zehn Punkten zusammengefasst werden. Die folgende Liste ist also unzulässig vereinfacht, zeigt aber bestimmte Tendenzen auf, die durch internationale Studien belegt sind.

1. *Wenig neue Beziehungen durch Social Media*
   Social Media ist für die meisten Jugendliche kein Werkzeug, um neue Menschen kennenzulernen. Die meisten Jugendlichen kennen ihre Freunde aus der Schule, über andere Freunde oder aus der Nachbarschaft (Süss/Waller, 2013, S. 9). Neue Freundschaften betreffen häufig Jugendliche, deren Bekanntschaft in der Schule oder in Vereinen schon gemacht wurde, allerdings ohne intensive Gespräche, die über soziale Netzwerke initiiert werden können.
2. *Social Media als Erweiterung der alltäglichen sozialen Erfahrung*
   Neue Medien dienen Jugendlichen hauptsächlich dazu, Beziehungen zu erhalten und zu intensivieren. So erwähnen sie beispielsweise häufig die Möglichkeit, mit entfernt lebenden Verwandten im Kontakt zu stehen (Awan/Gauntlett, 2013, S. 118). Die Freundschaften hängen aber nicht von ihrer medialen Erweiterung ab (Boyd, 2008b, S. 172), sondern bestehen in den meisten Fällen unabhängig vom digitalen Kontext. Eine wichtige Funktion sozialer Netzwerke ist dabei das Sammeln von Informationen über Menschen, die man nur flüchtig kennt (Ellison/Boyd, 2013, S. 163).
3. *Unterschiedliche Beziehungen auf Social Media pflegen*
   Es gibt keine Belege dafür, dass Jugendliche nicht in der Lage wären, nähere Freunde von entfernten Bekannten zu unterscheiden, obwohl die meisten Netzwerke dafür denselben Status vorsehen (z. B. die Kategorie »Freund« auf Facebook). In Befragungen weisen Jugendliche regelmäßig darauf hin, dass nur ein kleiner Teil dieser Freunde tatsächliche Freunde seien (Ellison/Boyd, 2013, S. 156). Daraus lässt sich ableiten, dass sie Differenzierungen vornehmen, auch wenn es oft technisch schwierig, wenn nicht unmöglich ist, sie umzusetzen.
4. *Nähe und Routine*
   Der Hauptmodus der Konversation unter Freundinnen und Freunden auf Social Media besteht in einer Versicherung, dass man aneinander denkt und die Verbindung aufrecht erhalten will. »An mich hat niemand gedacht«,

meinte eine 19-jährige Schülerin bei einer Befragung im September 2013, als sie eingestehen musste, als einziges Mitglied ihrer Klasse um acht Uhr noch keine WhatsApp-Nachricht erhalten zu haben (eigene Quelle). Dadurch entsteht oft ein belangloses Geplauder, das schnell zu einer Routine werden kann. Gespräche nehmen einen formalisierten Lauf, was zu einer gewissen Frustration und einer Social-Media-Müdigkeit führen kann (Awan/Gauntlett, 2013, S. 121). Zudem entsteht schnell ein Druck, ein bestimmtes Engagement aufrechterhalten zu müssen.

5. *Bequemlichkeit*
Social Media macht für Jugendliche das Leben einfacher, weil die schnelle und direkte Kommunikation oft eine Erleichterung darstellt. »Es verändert meine Identität nicht, es ändert nur die Dinge, die ich tue, zum Beispiel, wie schnell ich etwas tun kann«, stellte eine der Schülerinnen fest, die Awan und Gauntlett befragten (2013, S. 121).

6. *Offenheit und Kontrolle*
Jugendliche nehmen soziale Netzwerke als Möglichkeit wahr, sich freier ausdrücken zu können, ohne sich beispielsweise vor einer Gruppe lächerlich zu machen oder sich schämen zu müssen; sie schätzen einen bestimmten Grad von Anonymität und Distanz. Gleichzeitig erleben sie mehr Kontrolle in sozialen Situationen, weil beispielsweise Gespräche grundlos abgebrochen werden können oder schwierige Themen angesprochen werden können, ohne die direkte Reaktion der anderen Person einbeziehen zu müssen. Sie fühlen sich in der Online-Kommunikation oft sicherer als im direkten Kontakt mit anderen Jugendlichen.

7. *Mangel an Vertrauen und Klarheit*
Jugendliche wissen, dass andere sie falsch verstehen oder die Informationen, die sie ihnen geben, gegen sie verwenden können (Awan/Gauntlett, 2013, S. 122).

8. *Authentische Selbstrepräsentation*
Man kann davon ausgehen, dass die meisten Jugendlichen nicht ein ideales Selbstbild verkörpern, sondern sich mehr oder weniger so präsentieren, wie sie sich sozial verhalten (Boyd, 2008b, S. 128). Das hängt auch stark mit der sozialen Kontrolle zusammen.

9. *Bewusstsein für Privatsphäre*
So echt die Selbstrepräsentation oft ist, so lückenhaft ist sie. Viele Profile enthalten sehr generische Informationen über Fernsehsendungen, die jemand mag, oder nichtssagende Ferienbilder. Das entspricht einem hohen Bewusstsein für Privatsphäre und die Erwartungen anderer, die auf den Profilen nichts auf den ersten Blick Störendes entdecken sollten, sondern vor allem Interessantes und Attraktives.

10. *Eindimensionale Beziehungen*
    Jugendliche sprechen reinen Online-Beziehungen in der Regel viele Qualitäten ab, die für sie wichtig sind. Neben dem Vertrauen ist es vor allem der mangelnde Blickkontakt, der ihnen fehlt.

Das Bild, das diese zehn Punkte zeichnen, ist kein einheitliches. Es ergeben sich Brüche und Widersprüche, die nicht aufzulösen sind, sondern als Beschreibung einer sozialen Realität durchaus akzeptabel sind. So ist es beispielsweise paradox, dass Menschen in halb anonymen Situationen häufig viel offener über ihre Probleme reden als im direkten Austausch mit ihren Mitmenschen.

Im folgenden Abschnitt wird nun die Perspektive umgedreht: Während Jugendlichen oft eine gewisse Kontrolle über oder Verantwortung für die Beziehungen, die sie pflegen, zugeschrieben wird, nutzen sie online Werkzeuge, die mit ganz bestimmten kulturellen und wirtschaftlichen Absichten designt wurden, und so das Verhalten von Jugendlichen direkt beeinflussen.

3.4 Social Media medialisieren Beziehungen

Gerade im Aufbau von intimen Beziehungen sind soziale Netzwerke heute für Jugendliche von großer Bedeutung. Immer mehr Menschen nutzen digitale Werkzeuge, um romantische Beziehungen aufzubauen und zu pflegen. Die entscheidende Frage ist, wie die Eigenschaften von Software und Technologie die Struktur von Beziehungen und die gelebte Intimität zwischen Individuen beeinflussen.

Während ein deterministischer Ansatz besagen würde, die Optionen zur Gestaltung eines Profils führten dazu, dass sich die Möglichkeiten zum Ausdruck einer Identität reduzieren (z. B. Geschlecht, Interessen etc., vgl. Livingstone, 2009, S. 9), ist die Annahme einer Wechselwirkung zwischen der alltäglichen Lebenspraktiken von Menschen, wirtschaftlichen Abläufen und kulturellen Gegebenheiten wohl für die Analyse zielführender und präziser. Sander De Ridder hat beispielsweise in einer Untersuchung der Nutzung von Netlog durch belgische Jugendliche herausgearbeitet, wie Technologie, Partizipation, Subjektivität und Repräsentation in sozialen Netzwerken ineinander übergehen. Das heißt konkret, dass gewisse technologische Beschränkungen oder Möglichkeiten zu Partizipation führen oder aufgrund mangelnder Partizipation – aus ökonomischen Überlegungen – an die Wünsche der Nutzerinnen und Nutzer angepasst werden. Gleichzeitig beziehen sich Designer von Software auf die subjektiven Erfahrungen der User. Ihr Verhalten auf den Netzwerken wird bis ins kleinste Detail analysiert und später durch präzise Anreize gesteuert. Und doch entwickeln Gemeinschaften jeweils eigene Codes für Repräsentation. In De Ridders Untersuchung ging es z. B. um die Frage, unter welchen Bedingungen Jugendliche auf Netlog ihre sexuelle Orientierung definieren, eine Angabe, die im Gegensatz zum biologischen Geschlecht (es stehen nur die Optionen »männlich« und »weiblich« zur Auswahl) fakultativ ist. User mit einem als »männlich« definierten Profil nehmen diese Angabe fast doppelt so häufig vor wie die anderen, »weiblichen«. Ebenso zeigen Profile diesen Eintrag häufiger, wenn in ihnen ein Interesse an einer Beziehung ausgewiesen wird, eine weitere von der Software angebotene Option.

Jugendliche nutzen aber vielfach die Möglichkeit, ihre sexuelle Orientierung und ihren Beziehungsstatus in einem freien Textfeld festzuhalten, das für eine längere Vorstellung vorgesehen ist. So schrieb etwa ein 17-jähriges Mädchen:

> Deine Liebe ist meine Droge, Jonaaaaaaaaas <3
> 7. April '10 <3 (De Ridder, 2013, S. 12)

Jugendliche entwickeln also eigene Strategien, um Freiräume innerhalb der von Softwaredesignern geschaffenen Strukturen zu generieren. De Ridder bemerkt dazu folgerichtig:

> User geben Technologie eine unterschiedliche Bedeutung. In der Folge resultiert aus dieser interpretativen Flexibilität Kontingenz und Komplexität im Verhältnis von Gesellschaft und Technologie, statt einer einseitigen Bestimmung. (De Ridder, 2013, S. 7, übersetzt von Ph. W.)

Kurz: Während Netzwerke die Darstellung von Individuen und die Möglichkeiten ihrer Beziehungen durch technische Vorgaben prägen, lassen sie dennoch genügend Freiräume, um »gehackt« zu werden: »hacken« verstanden als die Fähigkeit, Grenzen kreativ und spielerisch zu überwinden. Analog sind Jugendliche in der Lage, Schuluniformen auch dann individuell zu tragen, wenn alle Kleidungsstücke vorgegeben sind.

Diese Strategien und Fertigkeiten dürfen aber nicht darüber hinwegtäuschen, dass wirtschaftliche Interessen mittels Medialisierung auch intime Beziehungen von Jugendlichen in bestimmte Bahnen lenken. Dabei ist es äußerst schwierig, präzise darzustellen, wie das geschieht, gerade weil es sich nicht um einen einseitigen Prozess handelt und Medialisierung von Menschen oft bewusst gewählt wird. Problematisch erscheint, dass wirtschaftliche und kulturelle Kräfte, die hinter Social Media stehen, durch die intensivere Nutzung immer stärker unsichtbar werden, was De Ridder im Gespräch mit Fokusgruppen von Teenagern erstaunt hat (De Ridder, 2013, S. 14). Wer WhatsApp oder Instagram häufig verwendet, blendet immer stärker aus, welche Absichten Facebook mit dem Betrieb dieser beiden Plattformen verfolgt.

Abschließend soll mit zwei Aussagen gezeigt werden, was die Medialisierung von Beziehungen bedeutet. Lena Dunham, eine amerikanische Schauspielerin und Regisseurin, verglich ihre Haltung zu Twitter mit der ihres Vaters:

> Mein Vater findet Twitter unmöglich. Er sagt: »Warum würde ich jemandem erzählen wollen, was ich gegessen habe, das ist doch privat?!« Und ich antworte: »Warum sollte ich überhaupt etwas essen, wenn ich nicht jemandem davon erzählen könnte?« (Dunham, zitiert nach Blumenkranz et al., 2012, übersetzt von Ph. W.)

Twitter führt dazu, dass Menschen Gespräche über Belangloses führen, dass sie über etwas sprechen können, auch wenn sie sich nichts zu sagen haben. Das scheint zunächst sinnlos, hat aber wie Small Talk durchaus eine wichtige soziale Funktion: Der Fokus der Interaktion liegt nicht auf dem Inhalt, sondern auf der Beziehung. Viele Chats unter Jugendlichen verlaufen sehr schematisch, vor allem zu Beginn. Sie sind zunächst nicht mehr als die Bestätigung, dass man die andere Person wahrnimmt und von ihr Aufmerksamkeit möchte. Mit »ich bin da und denke an dich, bist du auch noch da und denkst du an mich«, könnte man eigentlich fast jede Wortmeldung übersetzen. Oder etwas sarkastischer:

> Ich brauche so dringend Aufmerksamkeit, so dass ich mich dir nur dann zuwenden kann, wenn ich dadurch mehr Aufmerksamkeit generieren kann. Ich weiß, bei dir ist das gleich. (Blumenkranz et al., 2012, übersetzt von Ph. W.)

Die medialisierte Beziehung eröffnet eine potenzielle Entwicklung. Der Wert der Beziehung wird durch die Zeit, die man in sie investiert, bestätigt. Daraus muss sich kein Erlebnis ergeben, die Möglichkeit, dass das passiert, wird offen gehalten.

3.5 Machen Social Media einsam?

Seit dem Ende der 1990er-Jahre sind sich Expertinnen und Experten einig: Soziale Netzwerke wie Foren, Facebook oder WhatsApp machten Menschen einsam. Prominenteste Vertreterin dieser Haltung ist die amerikanische Professorin Sherry Turkle, die in ihrem Buch *Alone Together* schon im Titel zeigte, wie diese spezifische Form von Einsamkeit zu beschreiben sei: Zwar scheinen Menschen über ihre Bildschirme ständig mit anderen verbunden, würden sich aber gerade deswegen den anwesenden Mitmenschen ständig entziehen. Da die im Netz gepflegten Beziehungen oft unverbindlicher seien als die außerhalb erlebten und nur dann aufrecht erhalten werden, wenn Kontakte unterhaltsam und positiv erscheinen, würden wichtige Beziehungen – so genannte *strong ties* – zugunsten unverbindlicher – *weak ties* – zunehmend vernachlässigt. Einsamkeit entsteht als logische Folge.

Dieser Einschätzung widerspricht Zeynep Tufekci. Sie ist auch Expertin für Bürgerbewegungen und deren Einsatz von Social Media. Ihre Analysen zur Verwendung von sozialen Netzwerken während des arabischen Frühlings und der Unruhen rund um den Gezi-Park in Istanbul entstanden vor Ort: Tufekci hat mit den Menschen über ihre Kommunikationsbedürfnisse und ihr soziales Umfeld gesprochen. Eine ihrer Gesprächspartnerinnen, eine junge Ägypterin aus wohlhabendem Haus, erzählte Tufekci, wie sie dazu kam, an den Protesten am Tahrir-Platz teilzunehmen. »Ich habe alle meine Freunde auf Twitter getroffen. Meine Familie und mein Umfeld weigern sich, über Politik zu sprechen.« So habe sie immer mehr politische Gespräche online geführt, einen Freundeskreis aufgebaut und an den Demonstrationen teilgenommen – etwas, was sie ohne ihre Twitter-Kontakte nie getan hätte (Tufekci, 2014a, S. 18 f.).

Aus solchen Gesprächen und den Daten ihrer Untersuchungen leitet Tufekci ab, dass die verbreitete Theorie über die Art der sozialen Bindungen, die über soziale Netzwerke entstehe, fehlerhaft sein müsse. Diese Theorie besagt, dass *weak ties* mit Facebook und ähnlichen Plattformen gut gepflegt werden können: Wer einen Restauranttipp in Paris braucht oder sich eine bestimmte DVD leihen möchte, findet unter seinen Facebook-Kontakten häufig jemanden, der weiterhelfen kann. *Strong ties,* so die verbreitete Annahme, entstünden immer analog und würden durch Social Media nicht gestärkt: Wer kurzfristig einen größeren Geldbetrag leihen muss oder an Krebs erkrankt ist und jemanden zum Reden braucht, sucht eher das persönliche Gespräch als die Vernetzung im Internet. Da Menschen zunehmend Zeit für ihre Profile auf sozialen Netzwerken aufwenden, würden sie mehr in schwache statt starke Bindungen investieren und letztere so beschädigen.

Dieser Beurteilung und Theorie widerspricht Tufekci in ihren neuesten Studien. Sie weist darauf hin, dass es keine Belege dafür gebe, dass schwache Bindungen eine Bedrohung für starke darstellen und Social Media die Ursache für eine zunehmende Entfremdung und Einsamkeit seien. Die Forscherin entwickelt vielmehr eine andere Erklärung, die sich mit ihren Daten stützen lässt. »Das Internet macht uns nicht einsamer, sondern hat verschiedene Effekte auf die Größe, Zusammensetzung und Struktur unserer sozialen Netzwerke. Das ist ein Grund, weshalb die neue Technologie so viel Unwohlsein verursacht«, schreibt sie (Tufekci, 2014a, S. 18, übersetzt von Ph. W.).

Während in einer ersten Phase das Internet ein Raum war, wo eine kleine Elite anonym neue Rollen ausprobierte und in Foren mit Gleichgesinnten weltweit einen spannenden Austausch pflegte, wird der Cyberspace immer mehr zu einem Abbild realer sozialer Strukturen: Die Nachbarn, Eltern und Freunde sind alle da und beobachten, was Jugendliche tun. Es wird immer schwieriger, verschiedene Rollen zu leben: Wer beim Handball die Aggressionen loswird, im Pausengespräch Klatsch verbreitet, von seiner Modelleisenbahn besessen ist und beim Date mit feinsinnigem Humor unterhält, zeigt all diese Rollen in sozialen Netzwerken gleichzeitig. Der gewandte Unterhalter erscheint als Bastelfreak, der angriffslustige Mitspieler als Klatschtante. Social Media verbinden verschiedene Kontexte und ermöglichen Beobachtungen gelöst von Zeit und Raum. So erzeugen sie großen Druck, gerade auf Jugendliche. Zeynep Tufekci fragt deshalb, warum Menschen bereit sind, diesem Druck standzuhalten. Ihre Antwort leitet sie aus Studien mit amerikanischen Studierenden ab, die mit dem Internet aufgewachsen sind: »Auf Social Media zu verzichten ist gleichbedeutend mit der Isolation in wichtigen Bereichen des Soziallebens.« (ebd.)

Tufekcis Daten legen nahe, dass die zunehmende Vereinsamung in der Gesellschaft tatsächlich beobachtbar ist, aber auf andere Faktoren als die Kommunikationstechnologie zurückgeführt werden muss. Ausschlaggebend sind ihrer Meinung nach das Fernsehen, die Arbeitsbedingungen, das Pendeln, die Zunahme von Doppelverdienerfamilien sowie die Isolation von Jugendlichen, die immer weniger Möglichkeiten haben, sich zu versammeln. Diese gesellschaftlichen Veränderungen führen dazu, dass es Menschen gibt, die ihre sozialen Beziehungen nur noch via Smartphone pflegen können: Die arbeitende Mutter muss während der Betreuung ihrer Kinder mit dem Büro verbunden sein, um am Arbeitsplatz keinen schlechten Eindruck zu machen, in der S-Bahn brauchen die Pendelnden Facebook, um die aufgewendete Zeit sozial nutzen zu können, und Jugendliche können nur mit WhatsApp in einem so intensiven Kontakt bleiben, wie er für ihre Bedürfnisse nötig ist. Das Bedürfnis, auf gemeinsamen Spaziergängen lange persönliche Gespräche zu führen, teilen viele Menschen: Aber nur wenige können es sich zeitlich und finanziell auch leisten.

Die Studien von Tufekci führen zu einem zweiten Schluss: Es gibt Menschen, die durch den Austausch von kurzen Nachrichten und Bildern ihre engen und weniger engen Beziehungen gut pflegen können. Tufekci bezeichnet sie als »cybersozial«. Ihnen macht es nichts aus, auf direkten Kontakt verzichten zu müssen, sie fühlen sich anderen auch schriftlich sehr nahe und können eigene und fremde Gefühle in Social Media wahrnehmen und einordnen. Generell bezeichnet *Cybersociality* ein Spektrum in Bezug auf die Aufgeschlossenheit gegenüber digitaler Kommunikation, trotz Bedenken in Bezug auf die Privatsphäre und die verschiedenen Formen der Überwachung; vom Freundeskreis über die Regierung bis zu Kriminellen. Die Begriffe »cyberasozial« und »cyberhypersozial« bezeichnen Menschen, die nicht willens oder fähig sind, digitale Beziehungen zu pflegen, respektive diese Fähigkeit in hohem Maße aufweisen. Dieser Charakterzug ist unabhängig von technischer Kompetenz einerseits, von der Intensität und Quantität von Offline-Beziehungen andererseits: Das Vorurteil, nur sozial nicht eingebundene Menschen würden digitale Beziehungen pflegen, lässt sich durch Tufekcis Untersuchungen widerlegen (2012).

Wenn Freundschaften zunehmend auf einem digitalen Austausch beruhen, verändert sich das Interaktionsmuster: Die Cyberasozialen verlieren den Anschluss und erfahren vieles nicht mehr, was wichtig wäre, um anderen Menschen nahe zu sein. Für Jugendliche betrifft das heute insbesondere den Verzicht auf Messaging-Dienste wie WhatsApp, bei denen der Verzicht mit gravierenden sozialen Konsequenzen verbunden ist.

> Kommunikationstechnologie wirkt weder entmenschlichend noch isolierend, wenn sie für soziale Verbindungen verwendet wird. Das Internet ist nicht eine Welt voller körperloser und oberflächlicher Beziehungen, es ist eine Technologie, die soziale Verbindungen zwischen echten Menschen medialisiert und strukturiert. (Tufekci, 2014a, S. 21, übersetzt von Ph. W.)

Tufekcis Fazit zeigt, dass Social Media nicht der Grund für die zunehmende Einsamkeit sind und auch die intensive Nutzung Jugendliche nicht generell einsamer macht. Das belegt auch eine Studie, die nachweisen konnte, dass allein das Verbreiten von Mitteilungen in sozialen Netzwerken den Effekt hat, dass sich Menschen weniger einsam fühlen (Deters/Mehl, 2013). Die veränderte Art, wie soziale Netze aufgebaut werden, hat aber deswegen keinesfalls nur positive Seiten. Menschen, die entsprechende Fähigkeiten mitbringen, fällt die Beziehungspflege leichter; für viele handelt es sich um einen Sachzwang, neue Technologien zu nutzen, weil sie schlicht zu wenig Zeit haben, um Briefe zu schreiben oder mit Freunden Kaffee zu trinken, und für einige wird es schwerer, enge Verbindungen aufrechtzuerhalten.

3.6 Liebesbeziehungen

Es ist nicht ungewöhnlich, dass Liebesbeziehungen dazu führen, dass eine Partnerin oder ein Partner neue mediale Gewohnheiten entwickelt. Sei es die Nutzung von bestimmten sozialen Netzwerken oder das Verwenden einer bestimmten Sprachform: Auch intime Beziehungen enthalten oft eine stark medialisierte Komponente und können zur Entstehung bestimmter Normen führen, an denen oft nur zwei Personen beteiligt sind. Beispielsweise, wenn es darum geht, wie schnell eine Nachricht beantwortet werden sollte oder unter welchen Umständen es in Ordnung ist, ein Smartphone auszuschalten (Gershon, 2010, S. 55 ff.).

Gleichzeitig werden Beziehungen immer auch von außen wahrgenommen. Es gibt Anzeichen dafür, dass zwei Personen ein Paar sind. Durch Social Media gibt es vielfältige Möglichkeiten, den Beziehungsstatus anderen Usern zugänglich zu machen, auch wenn diese Möglichkeiten durch das Design der Plattform stark vorgegeben werden. Sie entsprechen bestimmten Vorstellungen über den Verlauf einer Beziehung und erlauben Menschen nicht immer, das mitzuteilen, was sie mitteilen wollen. All das sind Erkenntnisse, zu denen Ilana Gershon in ihrem Buch *The Breakup 2.0* (2010) Studierende befragt hat, die Auskunft über ihre persönliche Zugänge zu diesem Problem gegeben haben.

Jugendliche orientieren sich an einem ganzen Spektrum von Normen, wenn es darum geht, die im Rahmen einer Beziehung angemessenen medialen Verhaltensweisen an den Tag zu legen. So betreffen die von Alison Hillhouse (2014) notierten Regeln, die Jugendliche zum Einsatz von Snapchat angeben, oft die Frage, wie vorzugehen ist, wenn man sich in jemanden verliebt hat und in sozialen Netzwerken Nähe zu dieser Person herstellen möchte. Vom ersten Kontakt bis zur Trennung lassen sich alle Phasen einer Beziehung in Neuen Medien abbilden. Beeinflusst das diese Beziehungen? Studien unter Studierenden zeigen hauptsächlich zwei Effekte:

1. *Intensive Facebook-Nutzung führt zu Eifersucht und Unzufriedenheit.*
   Eine Studie von Elphiston und Noller (2011) operiert mit einem Fragebogen, mit dem »Facebook Intrusion« gemessen wird, d. h. wie stark Facebook den Alltag von Menschen beeinflusst. Ist das in hohem Maße der Fall, so führt das bei australischen Studierenden zu stärkerer Eifersucht und Überwachungsverhalten in Liebesbeziehungen; beides sind wiederum Faktoren, welche die Zufriedenheit mit der Beziehung negativ beeinflussen. Diesen Effekt konnte auch Bowe (2010, S. 71 f.) nachweisen, besonders im Zusammenhang mit der Präsenz von ehemaligen Partnern auf Facebook.

> 2. *Gemeinsame Rituale und öffentliche Liebesbekundungen stärken das Vertrauen in eine Beziehung.*
> Von einfachen Botschaften, die bestimmte Abschnitte des Tages begleiten (das Einschlafen, eine Zugfahrt) über Gewohnheiten beim Kommentieren der Bilder der geliebten Person bieten Social Media eine Reihe von ritualisierten Kommunikationshandlungen an, welche das Vertrauen in eine Beziehung wohl deshalb festigen können, weil sie belegen, dass der Partner oder die Partnerin verlässlich ist und regelmäßig so reagiert, wie das erwartet wird. Zudem handelt es sich oft um öffentliche Liebesbekundungen, mit denen die Beziehung als authentische präsentiert wird. Sowohl die Liebenden als auch das Publikum halten oft wenig von solchen Inszenierungen, sie kommen aber dennoch in Social Media gerade unter Jugendlichen regelmäßig vor (Bowe, 2010, S. 69 f.).

Vertrauen wird in sozialen Netzwerken oft mit einem gewissen Risiko erkauft. Geben Jugendliche Passwörter oder Nacktbilder weiter, tut sie das selten in naiver Unwissenheit. Oft sind sie sich der potenziellen Gefahren sehr bewusst, denn genau sie sind es, die den Vertrauensbeweis so wertvoll machen.

> Neue Formen von Wissensvermittlung rekonfigurieren die ethischen Urteile über die Verwendung von Medien. Menschen kommen zu einem neuen Verständnis der Grenzen zwischen privater und öffentlicher Information. (Gershon, 2010, S. 191; übersetzt von Ph. W.)

Diese Erkenntnis von Ilana Gershon wird im folgenden Abschnitt vertieft, in dem der Umgang Jugendlicher mit Privatsphäre besprochen wird. Gerade Liebesbeziehungen unter Jugendlichen sind davon betroffen: Sie bewegen sich entlang der Grenze zwischen Öffentlichkeit und Intimität, Inszenierung und Authentizität. Weil Social Media auch auf dieser Grenze angesiedelt sind, können sie für Jugendliche die optimale Form sein, romantische Beziehungen zu medialisieren. Das ist nicht ohne intensive Arbeit und regelmäßiges Abwägen der vorhandenen Optionen möglich. Dass Beziehungen unter dem Stress der halb öffentlichen Inszenierung und den damit verbundenen Missverständnissen leiden können, erstaunt kaum.

3.7 Freundschaft

> Ich suche Zeichen, aber wofür? Was ist das Objekt meiner Lektüre? Ist es jenes: werde ich geliebt (nicht mehr geliebt, noch immer geliebt)? Ist es meine Zukunft, die ich zu lesen versuche? [...] Ist es letztlich nicht eher so, dass ich von jener Frage abhängig bleibe, auf die ich vom Gesicht des Anderen unermüdlich die Antwort fordere: was bin ich wert? (Barthes, 1988, S. 258)

Kommunikation und Freundschaft sind direkt verknüpft. Der Austausch von Zeichen ist Beginn und wesentlicher Teil der menschlichen Verbindung. Wie Roland Barthes im Abschnitt »Die Unsicherheit der Zeichen« seiner *Fragmente einer Sprache der Liebe* zeigt, entsteht Liebe oder Zuneigung aus einer kontinuierlichen Interpretation von Gesten, Gesichtsausdrücken, Wörtern und Situationen. Hier kommen Social Media ins Spiel: Sie erweitern die Möglichkeit, wie Menschen sich präsentieren und die Zeichen anderer wahrnehmen können.

Eine der ersten Lektionen, die beim Nachdenken über Social Media gelernt werden, führt zur Erkenntnis, dass Facebook-Freunde keine echten Freunde sind. Wirklich überraschen kann diese Einsicht nicht; sie stellt aber für viele Menschen den Abschluss ihrer Auseinandersetzung mit dem Verhältnis von Social Media, Beziehungen und Freundschaften dar. Dadurch werden viele Effekte nicht erfasst, welche die Komplexität zwischen direktem und durch Geräte vermitteltem Kontakt hervorrufen. Eine junge Frau äußert sich dazu wie folgt:

> Was meinst du mit Freunden? Leute, mit denen man bei Facebook schreibt, oder mit denen ich befreundet bin? Weil ich mein', man hat ja immer 100 Freunde. Entscheidend ist ja, was mache ich mit wem. (zitiert nach Kammer, 2014, S. 112)

Jugendliche können problemlos zwischen unterschiedlichen Beziehungen in Social Media differenzieren. Eine Befragung von über 1000 jungen Menschen hat eine Abstufung nach vier Kategorien ergeben: Reine Online-Bekanntschaften, persönliche Bekannte, Bekannte, mit denen man sich regelmäßig trifft, und enge Freunde. Mit zunehmendem Alter nehmen die Online-Kontakte gesamthaft ebenso wie die persönlichen Bekannten zu, der Anteil der Freunde darunter jedoch ab (Kammer et al., 2014, S. 112). Das hängt mit der Sozialisierung zusammen, in deren Verlauf bewusst wird, dass die Quantität von Freundschaften kaum entscheidend ist, gleichzeitig ist es jedoch durch die Ausbildung oder Berufstätigkeit unumgänglich, das eigene Netzwerk (online wie offline) zu erweitern.

Jugendliche schließen weiterhin auf traditionellen Wegen Freundschaft: In der Schule, in der Nachbarschaft, über andere Freunde vermittelt (Süss/Waller, 2013, S. 9). Die DIVSI-Studie kommt zum Schluss, dass sich »das Verständnis dessen, was eine gute Freundschaft ausmacht, nicht verändert hat« (Kammer et al., 2014, S. 111). Geteilte Werte, Ansichten, Interessen und Vertrauen seien weiterhin die entscheidenden Merkmale einer freundschaftlichen Beziehung.

Digitale Kontakte können am Anfang von Freundschaften stehen und leisten eine wesentliche Funktion in ihrer Pflege.

Ein guter Freund ist das Beste auf der Welt. Aber 500 Freunde? Unter der Herrschaft von Facebook wächst die Zahl der Freunde wie Entengrütze im Gartenteich. Es gibt aber noch jemanden, der sich dem Netzwerk entzieht: den Mof – den Menschen ohne Freunde. In einer Zeit, in der es mehr Blogger als Bäcker gibt, ist der Mof wie ein blasser, mickriger Erpel, der sich vor lauter Entengrütze nicht ins Wasser traut und das Schwimmen verlernt. Mofs werden verlacht. Aber was ist das zwanghafte Horten von Freunden anderes als ein neues Messie-Syndrom? Wer irgendwann im Meer seiner Freunde zu ertrinken droht, der brauchte wie Schneider Böck das rettende Federvieh. Nur hat sich unser Erpel namens Mof längst in die Blumenrabatte zurückgezogen, schnabuliert ekstatisch Schnecken und wird darüber fett und flugunfähig. (Kunert, 2013)

Heike Kunert beschreibt eine verbreitete Befürchtung: Die Ausdehnung des Freundschaftsbegriffs auf reine Kontakte – durch das Design und die Sprachwahl von Netzwerken wie Facebook vorgegeben – könnte zu einer Qualitätseinbuße führen, welche durch die Quantität von Beziehungen nicht kompensiert werden kann. Für Jugendliche gibt es dieses Problem jedoch kaum, die Autoren der DIVSI-Studie sprechen so folgerichtig vom »Mythos der Freundschaftsinflation« (Kammer et al., 2014, S. 111 ff.).

Social Media machen ein Problem sichtbar, das bei Beziehungen schon immer besteht. Nicht alle Menschen, die zum Bekanntenkreis gehörten, erhalten zum Geburtstag eine Karte oder ein Geschenk, wer seinen Kaffee schwarz oder mit Milch mag, wird schnell wieder vergessen, genau so wie Namen, Gesichter, Geschichten oder gar Menschen selbst. In der Regel ist das aber nicht wahrnehmbar. Social Media machen Netzwerke verwaltbar, die größer sind als die Zahl der Beziehungen, die Menschen pflegen können. Robin Dunbar schätzt diese Zahl auf maximal 150 Beziehungen (Dunbar, 1998). Die so genannte *Dunbar-Zahl* ist auch eine gute Größe für die Struktur von Netzwerken. Auch in größeren Organisation wie Schulen kennen Schülerinnen und Schüler rund

150 andere Menschen so, dass sie mit ihnen im Schulbus ein Gespräch führen würden.

Es handelt sich aber nicht um eine statische Angabe. Wer dazu gehört, kann sich je nach Kontext ändern. Zudem ist die Nähe zu diesen 150 Kontakten sehr unterschiedlich, *strong ties* und *weak ties* gehören gleichermaßen dazu. Freundschaften sind ebenso darunter wie andere Beziehungsformen.

Gute Netzwerke, so behauptet Howard Rheingold (2012, S. 22 ff.), umfassten starke und schwache Verbindungen. Viele Social-Media-Beziehungen sind schwach, das heißt aber nicht, dass sie wertlos sind oder nicht zu starken werden können. Wer regelmäßig Restaurant-Tipps austauscht, geht zusammen essen, und wer oft über Motorräder fachsimpelt, trifft sich auf einer Messe. Die zentralen Funktionen bestehen darin, dass *weak ties* neue Informationen vermitteln und *strong ties* verlässliche Partner darstellen.

> Ich glaube, Freundschaft kann sich bloß praktisch erzeugen, praktisch Dauer gewinnen. Neigung, ja sogar Liebe hilft alles nichts zur Freundschaft, die wahre, die tätige, produktive besteht darin, daß wir gleichen Schritt im Leben halten, daß er meine Zwecke billigt, ich die seinigen, und daß wir so unverrückt zusammen fortgehen. (Goethe, 1867, S. 188)

Goethes pragmatische Ansicht kann als Ausgangspunkt für eine Präzisierung der Beziehung dienen, die hier als Freundschaft bezeichnet wird: Gemeint ist eine Beziehung, die eine Geschichte hat und sich über gemeinsame Erfahrungen definiert. Dabei werden Spielregeln in Bezug auf gegenseitige Erwartungen festgelegt, die normalerweise eingehalten werden. Die Spielregeln ergeben sich im Spiel selber, Bedingung für eine Freundschaft ist also der Austausch und das Vertrauen darauf, dass der oder die andere die eigenen Erwartungen respektiert. Erfahrungen und Austausch sind Bedingung für eine Freundschaft. Sie sind auf verschiedenen Ebenen anzusiedeln und ergeben sich durch sprachliche Vermittlungs- und Deutungsverfahren. Das gilt auch und besonders für Social Media.

Was es bedeutet, in einem digitalen Umfeld den »gleichen Schritt« zu halten, kann das Konzept der *Ambient Awareness* aufzeigen. Untersuchungen von Mizuko Ito haben aufgezeigt, dass Jugendliche, die mit Social Media eng verbunden sind, oft fast beiläufig die so genannten Streams auf Twitter, Facebook, Instagram oder Tumblr durchscrollen. Sie nehmen viele Informationen unbewusst wahr, nicht als zielgerichtete Botschaften einer anderen Person. Dadurch erhalten diese Updates einen ähnlichen Stellenwert wie Gesten, Körperhaltung oder Mimik bei Begegnungen: Sie erleichtern es, auf die Stimmung einer anderen Person zu schließen. Clive Thompson beschreibt den Effekt von Social Media wie folgt:

> Das ist das Paradox der Status-Updates: Jedes kleine Update ist als individuelle soziale Information für sich genommen unbedeutend, gar trivial. Aber kommen sie im Fluss der Zeit zusammen, verschmelzen die Schnipsel zu einem recht differenzierten Bild des Innenlebens von Freunden, wie die Punkte in einem Bild des Pointilismus. (Thompson, 2013, Pos. 2919, übersetzt von Ph. W.)
>
> Das ist der Effekt der neuen Awareness: Es bringt das Leben des kleinen Dorfes zurück, in dem alle wissen, was du treibst. Junge Studierende erleben das am deutlichsten, weil sie kaum ohne Social Media auskommen, wenn 90 Prozent ihres sozialen Umfelds damit kommunizieren. (Thompson, 2008, übersetzt von Ph. W.)

Die Inhalte sozialer Netzwerke sind oft enttäuschend trivial, wenn sie als einzelne Statements betrachtet werden. Ihre Wirkung als Menge führt aber zu einem Bewusstsein für die andere Person, eine Wahrnehmung ihrer Gefühle, ihrer Interessen, ihrer Fähigkeiten und Eigenheiten. Das belegt die Aussage des 16-jährigen Reynold:

> In Chats brauchst du nicht mehr zu sagen als »Was machst du grade?« SMS schreibt man, wenn man »wo bist du, hier bin ich, lass uns dies tun, lass uns das tun« sagen will. Unter Freunden können SMS aber so zufällig sein wie Chats: Unter nahen Freunden kann man auch einfach »Was machst du grade?« schreiben. (Reynold, zitiert in: Sherry Turkle, 2012, S. 180 f., übersetzt von Ph. W.)

Menschen reden miteinander oft über belanglose Dinge, weil sie so zeigen können, dass sie soziale Wesen sind. Ob sie das nun auf dem wöchentlichen Gemüsemarkt, in der Umkleide des Fitnessstudios oder auf Twitter tun, scheint nicht relevant zu sein und verändert die Struktur ihrer Beziehungen nicht. Viele Beziehungen benötigen Small Talk, um gegenseitige Erwartungen zu erfüllen (am Schluss eines Gesprächs soll beispielsweise der Eindruck vermieden werden, jemand würde zurückgewiesen). Small Talk hilft auch dabei, sich kennen und vertrauen zu lernen. Social Media sind voll mit Small Talk.

Entscheidend ist dabei auch die Bedeutung von Wiederholungen und Ritualen, durch die sich auch Anteilnahme manifestieren kann: Immer wieder gemeinsam dasselbe tun, sich ähnliche Geschichten anhören, die Erlebnisse im Beruf und in der Familie austauschen, loswerden, abhören; gemeinsame Interessen pflegen, Hobbys aufbauen, sprachliche Marotten entwickeln. Diese Rituale haben einen positiven Effekt auf Freundschaften und Liebesbeziehungen, sie stärken das Vertrauen in die andere Person, weil es meist öffentliche Bekundungen der Zugehörigkeit sind (Bowe, 2010).

Und doch ist Freundschaft nicht vorhersehbar, obwohl sich die freundschaftliche Beziehung oft anfühlt, als wäre darin vieles vorbestimmt: Mit wem jemand in eine freundschaftliche Beziehung tritt, ist in hohem Maße zufällig, genauer: kontingent. Wer vielen Menschen begegnet, lernt einige davon kennen und schließt mit wenigen Freundschaft. Social Media verbreiten Small Talk effizienter, machen viele andere Kommunikationsformen daran anschließbar und erhöhen so einerseits die Freiheitsgrade von Beziehungen, reduzieren aber auch ihre Verbindlichkeit und Vorhersehbarkeit. Das ist mit Unsicherheit verbunden.

Die unterschiedlichen Publikationsformen führen aber auch zu einem Wandel des Informationsbezugs. Whitney Erin Boesel beschreibt in einem lesenswerten Essay ein Phänomen, das sie »Devolution« der Freundschaft nennt (Boesel, 2012). Devolution bezeichnet für sie zunächst die Übergabe von Arbeitsschritten an die Empfänger einer Dienstleistung: Vom Einchecken am Flughafen über die Wundpflege bis zum Kassiervorgang im Supermarkt werden immer mehr Arbeitsschritte zu den Konsumenten verschoben. Dasselbe passiere bei Freundschaften. Ein wesentlicher Aspekt freundschaftlicher Kommunikation besteht darin, einander zu erzählen, was man ohne den Freund oder die Freundin erlebt hat: Lärmige Nachbarn, Streit mit anderem Freund, Beförderung bei der Arbeit, Städtetrip nach Paris, neues Hobby: Schrebergarten, tolles Rezept ausprobiert. Solche Inhalte kommunizieren heute viele Menschen auf sozialen Netzwerken: Die lärmigen Nachbarn werden auf Twitter mit einem Witz bedacht, der Streit mit dem Freund wird in einer kryptischen Facebook-Nachricht angedeutet, die Beförderung überall freudig verkündet und mit Likes versehen, der Städtetrip nach Paris, der Schrebergarten und die Resultate der Kochkünste werden fotografiert und gepostet.

War es vor Social Media die Entscheidung der Produzierenden von Informationen, welche Inhalte sie wem wie mitteilen wollten (»push«), so verlagert diese sich zunehmend zu den Konsumierenden (»pull«): Wo soll ich bei meinen Freunden mitlesen? Diese Entscheidung wird auch deshalb schwieriger, weil viele Dinge automatisch kommuniziert werden: Der Spotify-Account teilt anderen mit, welche Musik abgespielt wird, der Online-Game-Account verkündet High Scores und die Kindle-App versendet die liebsten Zitate; alles ohne bewusste Entscheidung.

Dadurch verändern sich Erwartungen: Gute Freunde lesen bei Freundinnen und Freunden aufmerksam mit und wissen vieles schon, wenn sie ihnen begegnen; diese hingegen langweilen nicht durch eine Repetition dessen, was sie schon per Social Media mitgeteilt haben könnten. Ist die Weigerung, bestimmte Netzwerke zu benutzen, dasselbe, wie Freundinnen und Freunden nicht zuzuhören? Haben Mitteilungen, die an ein größeres Publikum gerichtet sind, denselben Stellenwert wie persönliche?

Spricht man mit 18- oder 19-Jährigen heute über diese Fragen, so sind sie damit sehr vertraut. Viele beschreiben einen bewussten Verzicht auf die Möglichkeiten der großen Verbreitung von Informationen, weil ihnen das persönliche Gespräch, in dem Themen behutsam entwickelt werden können, viel bedeutet. Diese Jugendlichen haben intensiv mit den Möglichkeiten von Social Media experimentiert und konnten nach dieser Phase eine bewusste Entscheidung fällen, teilweise darauf zu verzichten. Sie erleben es als einen Druck, sich über das Leben anderer informieren zu müssen, statt sich bei Begegnungen darüber informieren lassen zu können. Das lässt sich auch anhand einer Statistik aus der DIVSI-Studie belegen, die zeigt, dass mit zunehmendem Alter und steigender Medienkompetenz soziale Netzwerke für junge Erwachsene weniger Bedeutung einnehmen, dafür nicht digitale Treffen wichtiger werden (Kammer et al., 2014, S. 81).

Jugendliche können verschiedene Formen medialisierter Beziehungen parallel zueinander führen: Während mit Freundinnen, die gerade ein Austauschsemester in Australien verbringen, WhatsApp und Instagram Kanäle sein können, um Nähe herzustellen und sich gegenseitig zu versichern, dass die Beziehung für beide einen Wert hat, würde eine Doppelung der Gespräche, die auf dem Pausenhof geführt werden, dazu führen, dass sie an Bedeutung verlieren. Diese neuen Möglichkeiten können verwirrend sein und phasenweise zu Missverständnissen und Streit führen. Das hängt auch damit zusammen, dass die Uneinheitlichkeit der Netzwerke und ihre Architektur verhindern, dass Usern ersichtlich ist, wie sie von anderen wahrgenommen werden. Der Nachrichtenstrom wird durch eine Reihe von Filtern geformt, darunter sind zeitliche, algorithmische sowie persönlich eingestellte. Einige Kontakte können – ohne dass sie das merken – stumm geschaltet werden, von anderen wird kaum etwas gelesen, weil sich die zeitlichen Lese- und Schreibfenster kaum überschneiden. Algorithmen berechnen zudem, was für eine Person wichtig sein könnte und blenden Unwichtiges automatisch aus. Empfänger genießen weitgehend Filtersouveränität (Seemann, 2011, S. 79) und müssen Selektionsmechanismen einsetzen, ohne zu wissen, wie wichtig die damit ausgeblendeten Inhalte für den Aufbau und die Beziehung und Pflege einer Beziehung sind. Freundschaft muss funktionieren, ohne dass der Informationsstand des anderen bekannt ist.

Eines der stärksten Argumente von Sherry Turkle (2011, S. 259 f.) besagt, dass tragfähige Beziehungen auch Kritik und Langweile aushalten müssen. Ist Filtern die Grundeinstellung, so wird gerade Kritik und Langweiliges zuerst weggefiltert. Der Interaktionsmodus, bei dem sich Störendes mit einem Klick verbergen oder ignorieren lässt, schafft in vielen Fällen keine guten Bedingungen für tiefgreifende Freundschaften. Jugendliche sind aber meist problemlos in der Lage, das zu erkennen und entsprechende Schlüsse aus diesen Erfahrungen zu ziehen.

Ein weiterer wesentlicher Aspekt der medialen Abbildung von Freundschaftsbeziehungen ist der Zugriff auf ein Archiv vergangener Äußerungen. Freundschaft ergibt sich auch durch gemeinsame Erinnerungen, die in der Erzählung wiederholt, gefestigt, aber auch verändert und so gleichzeitig zum sozialen Ereignis werden. Der bloße Zugriff auf ein Archiv, in dem sich Videos und Bilder unverändert abrufen lassen, schafft neue Bedingungen für das Gedächtnis von Freundschaften. Das Recht auf Vergessen, häufig reduziert auf die Möglichkeit, peinliche Bilder oder Meinungsäußerungen aus der professionellen Biografie entfernen zu können, erhält im Kontext der Freundschaft eine neue Bedeutung, weil nur das Vergessen ermöglicht, dass die Vergangenheit einer Beziehung im Hinblick auf ihre Zukunft umgedeutet werden kann.

Social Media isolieren schriftlichen Ausdruck, Bilder und Videos von den Körpern ihrer Urheber. Nichts ist unvermittelt: Die Gedanken sind in Worte gefasst, die den Erfordernissen des Netzwerkes genügen, die Bilder zeigen selektive Ausschnitte von Körpern, die Kunst passt sich den Bedingungen an, die ihre Verbreitung ermöglichen. Vor die Freundschaft tritt in sozialen Netzwerken die Selbstzensur: Die Erwartungen der anderen sind präsent.

So scheint es konstant Überfluss und Mangel zu geben: Viele Gedanken, aber keine Blicke, keine Mimik, keine Denkbewegung. Keinen Körper, aber viele Bilder von Körpern.

Wer bin ich im realen Blick, im Augenblick (!) des Du? Kann ich den anderen riechen? Hat er/sie einen nervösen Tick, widerspenstiges Haar, Charme? Sinnlichkeiten und ihre Bedeutung. Eros. (Romana Ganzoni, 2013, Facebook-Kommentar)

Social Media liefern Fragmente und Abbilder. Die Berührung, der Blick, die Stimme, sie fehlen alle. Die Begegnung der Social-Media-Freunde ist eine Verbindung der Fragmente, eine Ent-täuschung: Es gibt zwar gemeinsame Erinnerungen, eine Menge an Interaktionen, eine Vertrautheit, vielleicht auch Vertrauen. Aber Vertrauen bringt man Personen entgegen, nicht einzelnen Nachrichten. Erst die Begegnung zeigt, ob der anderen Person wirklich vertraut wird, erst die Augen, der Händedruck, der Kuss des anderen schaffen eine Person, der Bilder, Texte und Videos zugeordnet werden können.

Max Küng hat eine Freundschaft Erwachsener beschrieben, wie sie sich kurz vor dem Aufkommen sozialer Netzwerke virtuell anbahnte. Der Höhepunkt seines Textes ist eine Begegnung in Berlin, bei welcher der Übergang, die Verbindung und die Ent-täuschung beobachtbar werden:

> So ging es zwei Jahre. Briefe. Pakete. SMS. Dann hatte der Mann in Berlin zu tun. Er nahm ein Hotelzimmer am Alexanderplatz, mit Blick auf den Fernsehturm. Er schickte ihr eine SMS, nur mit der Zimmernummer: »2310«. Eine halbe Stunde später klopfte es an der Tür. Er öffnete. Da stand sie. Was sollten sie tun? Sie schwiegen, hielten sich an den Händen, mehr nicht. Er roch ihr Parfum. Er hörte ihren Atem. Sie waren wie gelähmt. Irgendwann sagte er: »Bitte geh wieder. Wir fangen noch mal an.« Sie ging aus dem Zimmer. Er schloss die Tür. Sie wartete einen Moment, vielleicht eine Minute. Eine Minute ist eine lange Zeit, manchmal. Dann klopfte sie, es klang genau wie zuvor. Er öffnete die Tür. »Komm herein«, sagte er. Sie betrat das Zimmer, dann küssten sie sich. (Küng, 2013)

Dadurch, dass Intimität heute oft schriftlich entsteht, scheinen Online-Freundschaften einer Kultur zu entsprechen, wie sie im 19. Jahrhundert im bürgerlichen Briefverkehr Verbreitung fand. Helena Fitzgerald hat diesen Vergleich ausführlich kommentiert und davon gesprochen, dass das digitale Sozialleben eine »Jane Austen«-Qualität habe, weil das geschriebene Wort eine unvergleichliche Macht habe: »Unsere physischen Reaktionen, die wir zeigen, wenn wir uns treffen, sind oft nur Ersatz für das, was wir schriftlich so offen zugeben können.« (Fitzgerald, 2011, übersetzt von Ph. W.)

Eine Bilanz dieser vielfältigen Perspektiven auf die Auswirkungen der medialen Gestaltung von Freundschaften zu ziehen ist deshalb nicht leicht, weil es sich weitgehend um Möglichkeiten und Tendenzen handelt, die in unterschiedlichem Ausmaß spürbar sind. In Gesprächen betonen Jugendliche Einzelnes ganz stark und scheinen über anderes kaum nachgedacht zu haben. So ist ihnen häufig bewusst, dass Selbstdarstellung und -inszenierung in sozialen Netzwerken einen großen Stellenwert einnehmen. Profilbilder zeigen andere Menschen von ihrer besten Seite, Erfolge werden gefeiert, Misserfolge verschwiegen. Freundinnen und Freunde zeigen sich vielen Jugendlichen genau so, wie sie sich auch einer Öffentlichkeit präsentieren. Das persönliche Gespräch erlaubt es deutlicher, Erwartungen zu korrigieren, statt ihnen immer wieder entsprechen zu müssen; Veränderungen an der eigenen Darstellung und der fremden Wahrnehmung vorzunehmen. Doch auch in der Begegnung klaffen oft Widersprüche zwischen Selbstdarstellung und Fremdwahrnehmung, die in Social Media einfach schneller und klarer zu erkennen sind. »A person is a person through other people«, der Inhalt des Begriffs *ubuntu* in Südafrika, ist eine Maxime, welche Online-Beziehungen prägt.

Letztlich erhalten Jugendliche ein größeres Handlungsrepertoire, weil sie Social Media meist als eine Ergänzung und Erweiterung bei der Pflege von Freundschaften erleben. Mit den damit verbundenen Möglichkeiten gehen junge Menschen heute in der Regel selbstbewusst und selbstbestimmt um.

3.8 Privatsphäre und Datenschutz

Zwei wichtige Einsichten zur Privatsphäre wurden in den vorhergehenden Abschnitten schon diskutiert: Intime Beziehungen zeigen, dass mit Social Media Informationen in eine Halböffentlichkeit gelangen, die nach einem herkömmlichen Verständnis privat sind. Gleichzeitig haben aber Jugendliche ein Bewusstsein für Privatsphäre, was in der Analyse durch Erwachsene häufig ausgeblendet wird. So hält die DIVSI-Studie beispielsweise fest: »Gespräche, die als besonders intim gelten (über Beziehungen, Gefühle, Ängste) oder ernste Themen enthalten (Gesetzesverstöße, Konflikte und Streit), werden sowohl von Kindern als auch von Jugendlichen und jungen Erwachsenen in aller Regel ungern online geführt«. (Kammer, 2014, S. 117)

Grund dafür sind die verschiedenen Vorstellungen von Privatsphäre, welche durch die Sozialisierung sowie die verfügbaren Möglichkeiten entstehen. Bürgerliche Privatsphäre ist meist an die Möglichkeit gebunden, sich räumlich abzugrenzen. Privat ist das, was im Haus geschieht, öffentlich das, was sich auf der Straße ereignet. Diese räumliche Grenzziehung ist Jugendlichen oft nicht möglich. Gleichzeitig kommunizieren sie auf Kanälen, die halb-öffentlich sind. Anders als bei der Kommunikation mit Telefon und Briefen können Smartphones gar nicht so eingesetzt werden, dass eine Vielzahl von Unternehmen, der Staat sowie böswillige Hacker nicht mithören können. Umgekehrt wollen Jugendliche aber gewisse Aspekte ihres Lebens nicht vor den Blicken Fremder schützen, weil sie erproben wollen, wie bestimmte Rollen wirken und wie sich Beziehungen anbahnen lassen.

Das heißt aber nicht, dass junge Menschen nicht über eine sehr präzise Vorstellung von Privatsphäre verfügen:

Auch wenn sich hier ein differenziertes Bild ergibt, betonen insbesondere Jugendliche und junge Erwachsene in den qualitativen Gesprächsrunden,

> dass es in punkto Privatsphäre weniger um die Angabe formaler Daten (Wer kennt meinen Geburtstag oder meinen Lieblingsfilm?), sondern vielmehr um den Inhalt ihrer Online-Kommunikation geht. Schützenswert ist vor allem, was zu wem gesagt wird. Befürchtet wird insbesondere, dass online geführte Gespräche mit (engen) Freunden öffentlich werden (z. B. via Screenshots, also Bildschirmfotos, von Chats, die dann massenhaft verbreitet werden). Der Inhalt der Gespräche, die Jugendliche bzw. junge Erwachsene mit Freunden führen – egal ob online oder offline – ist aus ihrer Sicht das, was unter den Schutz der Privatsphäre fallen sollte. Entlang dieser Maßgabe wird auch festgelegt, was man online eher nicht besprechen würde, weil man entweder das Gefühl hat, dass eine mediatisierte Kommunikationssituation dem Anlass nicht gerecht wird oder die Gefahr besteht, dass die Inhalte öffentlich werden könnten. (Kammer et al., 2014, S. 120)

In Bezug auf Privatsphäre werden Jugendliche von Eltern und Lehrpersonen oft mit paradoxen Erwartungen konfrontiert: Einerseits weisen diese pädagogisch verantwortlichen Personen Teenager ständig darauf hin, wie wichtig es ist, Informationen zu schützen. Andererseits gewähren sie ihnen in den Interaktionen oft keine Möglichkeit zu diesem Schutz. Arbeiten Jugendliche an Computern, müssen sie damit rechnen, von ihrer Schule oder ihren Eltern komplett überwacht zu werden, die jede Homepage einsehen können, die aufgerufen wird. Als Grund dafür wird unter anderem genannt, dass die Jugendlichen halt nicht wüssten, wie private Informationen dem Zugriff Unbefugter zu entziehen sind. Erwachsene gewähren, stark vereinfacht gesagt, keine Privatsphäre, weil sie ihren Wert vermitteln wollen. Dieser Widerspruch kann nur aufgelöst werden, wenn Jugendlichen zugemutet wird, Erfahrungen mit Freiräumen zu machen, auch wenn das heißt, dass sie Gefahren ausgesetzt werden. Hilfreich ist dabei der Vergleich mit dem Straßenverkehr: Auch wenn Kinder durch verschiedene Maßnahmen daran gehindert werden, sich auf der Straße in gefährliche Situationen zu begeben, so wird ihnen doch zugetraut, dass sie schrittweise die Kompetenz erwerben, ihren Schulweg eigenständig *und* sicher zu bewältigen. Dieses Vertrauen entsteht aus einer realistischen Einschätzung der Gefahr: Kinder werden zwar gelegentlich von Autos überfahren, ihre Fahrerinnen und Fahrer setzen aber in der Regel alles daran, dass das nicht passiert.

Genau so können im Internet zugängliche Informationen Jugendlichen schaden, aber die wenigsten Menschen, die darauf zugreifen, wollen anderen schaden. Es fehlt an einer realistischen Einschätzung der Risiken: Zu lange wurde über die Partyfotos gesprochen, die bei zukünftigen Bewerbungen große Nachteile mit sich bringen. Dabei wurde nicht bedacht, dass Personalverantwortliche durchaus mit den Realitäten von jugendlichem Freizeit- und Medienverhalten bekannt sind und Jugendliche sich nur in Ausnahmefällen im Netz von einer schlechten Seite präsentieren.

Facebook und Instagram sind nicht voll mit wilden Partybildern, sondern mit attraktiven Menschen, die interessante Dinge tun. Jugendliche können ihre Privatsphäre so schützen, dass das auf den ersten Blick nicht erkennbar ist (Wampfler, 2013, S. 63 f.). Sie verweisen oft auf Zusammenhänge, die nur Eingeweihten bekannt sind. Der Screenshot aus einem Film oder der Auszug aus einem Songtext mag für die Öffentlichkeit wirken, als möge die Person hinter dem Profil den Film oder den Song, während unter Umständen damit auf eine ganze Kette von Ereignissen verwiesen wird, welche die Öffentlichkeit nichts angehen. *Privacy in public* wird im Zeitalter der Überwachung zu einer Schlüsselkompetenz, welche Jugendliche mangels Anleitungen oft autodidaktisch erwerben müssen.

Welche Auswirkungen es hat, dass schon in jungen Jahren viele Inhalte in ein digitales Archiv gestellt werden, in dem es kein Recht auf Vergessen gibt, kann heute nicht abschließend festgestellt werden. Generell werden heutige Jugendliche später damit leben müssen, dass Bilder, Videos und Texte aus ihrer Jugend mit ihnen in Verbindung gebracht werden, ohne Verweis auf den Kontext, in denen sie entstanden sind. Dieses Problem erleben Jugendliche schon heute: Ein 17-jähriger Gymnasiast wurde 2013 nach einer lustigen Youtube-Nacht vom Schulleiter seiner Schule aufgefordert, sich zu rechtfertigen. Mitschülerinnen hätten ihm erzählt, der Gymnasiast habe auf Facebook ein Drogenproblem eingestanden. Es stellte sich heraus, dass der Schüler ein Zitat aus einem Youtube-Film verwendet hatte (»Cocaine's a hell of a drug«), mit dem er lediglich auf den Film verweisen wollte. Es lag ihm fern, je Drogen zu nehmen.

Dass solche Missverständnisse entstehen, ist sicher eine Konsequenz des Kontrollverlusts, den Social Media mit sich bringen. Zu meinen, eine Zurückhaltung im Gebrauch führe zu einer Lösung dieser Probleme, ist so verführerisch wie trügerisch: Der Kontrollverlust betrifft nicht nur Informationen, welche Menschen über sich veröffentlichen, sondern auch die, welche andere preisgeben. Gleichzeitig scheint es keine lösungsorientierte Haltung zu sein, auf die Nutzung einer Technologie zu verzichten, weil sie Risiken mit sich bringt.

Damit ist die Brücke auch zum Thema Datenschutz geschlagen. Es lässt sich pädagogisch lange darüber streiten, ob Jugendliche Vorbilder brauchen, die ihnen eine Rolle vorleben, in die sie schlüpfen können, oder ob sie vielmehr Wegweiser benötigen, die ihnen Hinweise darauf geben, wie sie sich selbst entwickeln können. Geht es um Datenschutz, fehlt beides.

Um diese Behauptung belegen zu können, braucht es einen kurzen Aufriss über das Konzept des Datenschutzes. Im Wesentlichen umfasst es drei Punkte:

1. *Datensicherheit*
   Gespeicherte Daten dürfen nur durch Berechtigte abrufbar sein. Der unbefugte Zugriff muss, wenn nicht unmöglich, so doch enorm schwer sein.
2. *Information*
   Wenn Daten gesammelt werden, dann sollte das direkt bei den Betroffenen geschehen, die dann auch darüber informiert werden.
3. *Zweckgebundenheit*
   Die Funktion der Datensammlung und -speicherung sollte klar sein. Ist diese Funktion erfüllt, müssen Daten gelöscht werden.

Erwachsene verhalten sich heute in Bezug auf Datenschutz häufig entweder paranoid oder unbekümmert (Ausnahmen sind solche, die beruflich damit zu tun haben): Sie verweigern jede Preisgabe von Daten, wenn sie nicht unbedingt erforderlich ist, und fürchten sich davor, einmal zu viel ihre E-Mail-Adresse einzutragen, per Telefonbucheintrag Werbung zu erhalten oder bei Meinungsumfragen ihre Anonymität zu verlieren. Ihre Befürchtungen sind irrational und unrealistisch: Sie handeln, als steckten hinter Systemen Menschen, die ihnen gezielt Schaden zufügen wollten.

Auf der anderen Seite stehen die Menschen, die sich über Datenschutz keine Gedanken machen und beispielsweise ihre Telefonbücher mit sozialen Netzwerken synchronisieren, Fotos ihrer Kinder und Freunde über Facebook teilen und ihr Privatleben mit Geodaten dokumentieren. Sie handeln naiv, weil sie ignorieren, dass Systeme, die vorgeben, Menschen effizientes Arbeiten und direkte Kommunikation ermöglichen, mit dem Verkauf von Daten Geld verdienen und Menschen so indirekt Schaden zufügen.

Natürlich gibt es hier nicht nur Extrempunkte, aber es gibt wenige Menschen, die sich nicht einer der beiden Kategorien zuteilen lassen. Das hängt damit zusammen, dass es gar keine Werkzeuge mehr gibt, die uns Entscheidungen in Bezug auf Datenschutz treffen lassen:

– Wer auf Facebook Freunde finden will, muss dem Netzwerk Informationen über Freunde zur Verfügung stellen, ohne wissen zu können, wozu Facebook diese Informationen verwendet.
– Wer ein Smartphone nutzt, kann gar nicht kontrollieren, welche Daten dieses Smartphone an welche Server schickt und wozu die dort verwendet werden, weil ein Smartphone eine reine Oberfläche als Bedienung anbietet, keine echte Steuerung.

- Wer Google nutzt, muss damit rechnen, dass Suchanfragen getrackt werden und Dritte ein Profil der eigenen Vorlieben und Interessen anlegen, das sie an Vierte verkaufen.

So naiv das Vertrauen in große Unternehmen ist, so lähmend ist generelles Misstrauen. Das Resultat ist fatal, gerade in den Auswirkungen, die dieses Verhalten auf Jugendliche hat: Datenschutz betrifft auch kleinräumige soziale Netze wie eine Schulklasse oder eine Schule. Wie lernen Jugendliche hier grundlegende Kompetenzen, wenn nicht einmal Lehrpersonen und Schulleitungen Datenschutz verstehen und die eingesetzten Systeme sicher konfigurieren können? Wie können sie in Zeiten von cloudbasierten Smartphones verstehen, wie sie Datensicherheit herstellen können? Wer hindert Konzerne daran, die Daten von Jugendlichen (und Erwachsenen) ungefragt zu beziehen, wenn die Geheimdienste aller westlichen Länder mit Regierungsauftrag an diese Daten gelangen wollen oder müssen?

In einer Zeit, in der Geheimdienste mit zweifelhafter rechtlicher Grundlage den globalen Datenverkehr abhören, auf Mikrofone und Kameras in jedem Gerät zugreifen können und sensible Daten von Personen speichern, um sie allenfalls als Druckmittel einsetzen zu können, wird es immer schwieriger, die Bedeutung von Datenschutz glaubwürdig vermitteln zu können. Jugendliche brauchen in diesem Themenfeld nicht nur Anleitung, sondern Visionen. Diese sind in einem überschaubaren, lokalen Rahmen zu entwickeln, in dem eine Abgrenzung von den internationalen Datenströmen möglich und sinnvoll ist und Experimente durchgeführt werden können.

3.9 Oberflächlichkeit und Narzissmus

Manchmal zeigt sie mir ihr Netzwerk, scrollt durch Profilfotos, deutet auf Schülerinnen, die kokett in die Kamera blicken: »Ist die nicht hübsch?« Ich nicke. Sie scrollt weiter. »Und die finde ich auch schön.« Etwas hilflos frage ich dann: »Ist sie denn auch nett? Kann sie etwas?« Meine Tochter zuckt mit den Schultern. Das spielt keine Rolle – wie sollte sie es aufgrund eines solchen Profils auch wissen? Schließlich war es die Rating-Site »Hot or Not«, die Mark Zuckerberg zu Facebook inspirierte.

Auch zu meiner Zeit ging es in der Pubertät um Status, aber so oberflächlich war es damals nicht, bilde ich mir ein. Der Gruppendruck war weniger ausgeprägt, die Sozialkontrolle durchlässiger. (Binswanger, 2013)

Die Betrachtungen von Michèle Binswanger, die als Mutter die Nutzung des Internets durch ihre Tochter beschreibt, nehmen eine verbreitete Vermutung auf: Die Inszenierung auf den verschiedenen digitalen Plattformen führt zu einer Wahrnehmung anderer Menschen, in der wesentliche Eigenschaften und Fähigkeiten von Menschen von geringer, ihr Aussehen und ihr Narzissmus dafür von sehr großer Bedeutung sind. Diese Diagnose muss in doppelter Hinsicht genauer geprüft werden:

1. Gab es nicht schon immer Aspekte des jugendlichen Lebens, die rein oberflächlich waren? So war es in den 80er- und 90er-Jahren in vielen Regionen üblich, Passbilder von sich zu erstellen und an Freundinnen und Freunde zu verteilen, die damit dann Sammlungen anlegten.
2. Liegt der Auslöser für das Unbehagen nicht in der Effizienz der Kommunikationsmittel, die Verwendungsweisen sichtbar machen, die sonst vielen Menschen verborgen blieben?

In Bezug auf Narzissmus sind solche Fragen intensiv untersucht worden. Gemeint ist damit meist kein klinisches Phänomen, sondern das Gefühl, einzigartig und überlegen zu sein und deshalb mehr Beachtung und eine Spezialbehandlung zu verdienen. Narzisstinnen und Narzissten zeigen zwar ein höheres Selbstbewusstsein, dieses bedarf aber der kontinuierlichen Bestätigung von außen, es ist äußerst instabil. Diese Bestätigung oder Aufmerksamkeit durch andere kann nicht erwidert werden, weil es an Narzissmus Leidenden an Empathie mangelt (Davenport et al., 2014, S. 213).

Eine breite Untersuchung von einem Forschungsteam in North Carolina weist nach, dass Social Media für Narzisstinnen und Narzissten ein wichtiges Betätigungsfeld ist, weil es leicht möglich ist, Aufmerksamkeit für das eigene Verhalten zu erhalten. Narzissmus beeinflusst als einer unter verschiedenen Faktoren die Gründe, weshalb Menschen Social Media nutzen, ist aber für sich genommen ein schlechtes Indiz für bestimmte Verhaltensweisen auf Twitter oder Facebook. Das heißt, Narzissmus kann Beweggründe verstärken, Social Media zu nutzen, ist aber nicht Effekt der Verwendung Neuer Medien und führt auch nicht zu messbar anderer Nutzung. Davenport und sein Team gehen von der Feststellung aus, dass bisherige Arbeiten zu Narzissmus und Social Media widersprüchliche und uneinheitliche Ergebnisse erzielt hätten, was sie damit erklären, dass Social Media zu Verhaltensweisen führen, die sich nicht isoliert auf einer Plattform messen ließen, sondern nur in der Gesamtheit aufschlussreich seien. Andere Wissenschaftler vertreten klar andere Haltungen in Bezug auf Narzissmus. So zieht der Psychologe Jean M. Twenge ein düsteres Fazit:

Insgesamt legt die vorhandene Forschung nahe, dass Aktivitäten auf Facebook zu mehr Aufmerksamkeit auf das eigene Selbst führen. Weil das in gewissen Fällen zu einer Steigerung von Narzissmus führt, lässt sich daraus geringere Aufmerksamkeit für andere ableiten. (Twenge, 2013, S. 15, übersetzt von Ph. W.)

Louis Leung hat die Verbindung von Narzissmus und Social Media in einer chinesischen Studie vertieft untersucht. Er geht davon aus, dass es grundsätzlich fünf psychologische Ziele gibt, die Menschen bei der Benutzung von Social Media anstreben:

1. soziale und emotionale Bedürfnisse befriedigen,
2. negative Gefühle ausdrücken,
3. Bestätigung und Aufmerksamkeit erhalten,
4. sich unterhalten,
5. kognitive Bedürfnisse befriedigen. (Leung, 2013, S. 1003)

Narzisstinnen und Narzissten sind dabei am letzten Aspekt kaum interessiert. Alle anderen Ziele sind für sie bedeutsam, weil sie dabei oft Feedback erhalten, das ihnen die nötige Bestätigung gibt und so weitere Aktivitäten verursacht (ebd., S. 1004).

Betrachtet man die verfügbaren Studien, so kann kaum nachgewiesen werden, dass Social Media Narzissmus auslöst oder verstärkt. Vielmehr liegt die Annahme nahe, dass es sich bei sozialen Netzwerken um nahezu ideale Betätigungsfelder für Menschen handelt, die narzisstisch veranlagt sind, weil sie damit in kurzen Intervallen Aufmerksamkeit erhalten können und so ihr instabiles Selbstbewusstsein festigen können.

3.10 Parasoziale Interaktion

Die Medienpsychologie beschreibt mit dem Begriff der parasozialen Interaktion die Möglichkeit, mit einer Person eine Beziehung aufzubauen, die nur medial vermittelt existiert. Genauer:

Parasoziale Interaktion beschreibt etwas, das auf den ersten Blick wie eine soziale Interaktion aussieht: zwei Personen handeln in wechselseitigem Bezug aufeinander. Parasozial ist sie deshalb, weil dieses Handeln einseitig stattfindet. Auf der einen Seite steht eine reale Person, die das Gefühl hat, mit einer zweiten, fiktiven Person – z. B. einem Charakter in einer Fernsehserie oder dem Medienbild einer »celebrity« – sozial zu interagieren. Sie verfolgt das Leben der fiktiven Person, fiebert mit, lernt ihn oder sie kennen, kurz, die reale baut über die Zeit eine emotionale Bindung zur fiktiven Person auf. Die Bindung bleibt allerdings notgedrungen einseitig; der Fernsehbildschirm wirkt als Einwegspiegel im sozialen Handeln. (Westermayer, 2013)

Parasoziale Interaktion ist als Phänomen nicht mit dem Aufkommen sozialer Netzwerke verbunden: Auch Gebete können als parasoziale Interaktion verstanden werden, Fernseh- und Popstars erhalten schon seit Jahrzehnten Briefe von Fans, die mit ihnen parasozial interagieren.

Parasoziale Interaktion funktioniert in vieler Hinsicht ganz ähnlich wie eine *Face-to-face*-Beziehung, bei der ein Partner eher einsam und schüchtern und dadurch stark von der anderen Person abhängig ist (Tsay/Bodine, 2012, S. 186). Deshalb sind Jugendliche, welche mit Figuren aus Fernsehsendungen, Mitgliedern von Boybands oder Models in diese Art von Beziehung treten, sehr anfällig, wenn sich diese Prominenten zurückziehen oder öffentlich verunglimpft werden.

Neuartig sind Vermischungsprozesse, die passieren: Social Media verbinden bekannte und unbekannte Personen ein- oder mehrdirektional. So können auch unter Bekannten parasoziale Interaktionen stattfinden (weil z. B. jemand nicht reagiert) – und parasoziale Interaktionen mit Celebritys oder gar fiktionalen Figuren können auf Facebook oder Twitter Antworten auslösen. Das bekannteste Beispiel sind die Fans von Justin Bieber, die wegen ihres Idols Twitter intensiv zu nutzen begonnen haben und darauf hoffen, in einem Tweet von Bieber selbst erwähnt zu werden.

In Neuen Medien, so Till Westermayer (2013), entstehe »ein Kontinuum von Beziehungen und Interaktionsformen, die von enger sozialer Beziehung/Interaktion über lose soziale Beziehungen bis hin zu gelegentlichen Interaktionen und echter parasozialer Interaktion/Beziehung reichen.« Das erklärt zwei Dinge: Erstens den Kontrast zwischen einer leichten, schwellenlosen Gruppenzugehörigkeit im Netz und echten Begegnungen, bei denen Schüchternheit, das eigene Aussehen und die Unfähigkeit, unterhaltsam mit Fremden plaudern zu können, Nähe in Beziehungen oft erschweren. Zweitens den Umkehrschluss, dass soziale Beziehungen auch außerhalb sozialer Medien weniger fest und klar definiert sind, als es gemeinhin den Anschein haben mag. Parasoziale Interaktion wird in sozialen Netzwerken wie Twitter oder Instagram leicht sichtbar, weil sich Fans oft in Gruppen zusammenschließen, aber Jugendliche treten auch mit

Lehrpersonen, Sportstars, Nachbarn und anderen Jugendlichen in parasoziale Interaktionsverhältnisse, wenn das Interesse für das Leben der anderen Person und die Bedeutung der daraus gewonnenen Informationen nicht gegenseitig, sondern stark einseitig ist.

Soziale Netzwerke zeigen die Asymmetrie sozialer Interaktion und Freundschaft auf: Wer schon einmal Soziogramme von Schulklassen erstellt hat, weiß, dass längst nicht alle, die wir als Freunde wahrnehmen, uns auch als Freunde einschätzen.

Dieser Gedankengang zeigt auch auf, dass Freundschaft auf ein Medium beschränkt sein kann. Gewisse für eine Identität möglicherweise wichtige Aspekte sind unter Umständen an ihre mediale Repräsentation gebunden: Der Blog einer Person, ihre Tumbler-Bilder oder ihre Snapchats lösen möglicherweise eine große Faszination und Sympathie aus, zu der es keine Entsprechung außerhalb dieser Medien gibt. Das gilt umgekehrt auch: Die Stimmlage einer Person, ihre Gesten und ihr Blick lassen sich nicht vollständig in Social Media abbilden.

3.11 Die Angst, etwas zu verpassen – *Fear of Missing Out*

Die Angst, etwas zu verpassen, ist so alt wie die Gesellschaft. So lange sich Menschen in Gruppen organisieren, sind sie nur temporär Teil davon. In ihrer Abwesenheit verpassen sie Erfahrungen, sodass das Gefühl, bei einer Zusammenkunft zu fehlen, unangenehm wird. Eine Angst entsteht.

Der Eindruck, diese Angst habe sich in den letzten Jahren unter dem Einfluss digitaler Medien und mobiler Kommunikationsmittel verstärkt, ist verbreitet. Freunde sind ortsunabhängig in Echtzeit verbunden. Noch nie war es so leicht, abwesend und doch informiert zu sein. Die daraus resultierende Angst hat bereits einen Namen erhalten: »FOMO« oder *Fear Of Missing Out*. Die Technikjournalistin Bianca Bosker definiert FOMO wie folgt:

> Es ist die manchmal anregende, manchmal furchterregende Nervosität, die uns sagt, wir könnten etwas Wunderbares verpassen. Es könnte eine Fernsehserie sein, ein technisches Gerät oder ein feines Essen in der Kantine. FOMO ist nicht nur ein mentaler Zustand, es ist auch eine physische Reaktion. Wenn ich FOMO erlebe, beginne ich zu schwitzen, erlebe Juckreiz, Herzrasen und Zwangsstörungen. (Bosker, zitiert in Vaughn et al., 2012, S. 4, übersetzt von Ph. W.)

Ein Team englischer und amerikanischer Psychologen um Andrew Przybylski hat diese Angst kürzlich intensiv untersucht. In einem ersten Schritt wurde ein Test entwickelt, mit dem sich FOMO messen lässt (eine Übersetzung befindet sich bei den Materialien im digitalen Anhang des Buches). Mit seiner Hilfe haben die Forscher erkannt, dass junge Menschen stärker von FOMO betroffen sind als ältere, unter ihnen wiederum Männer stärker als Frauen. Von den Unter-35-Jährigen, die befragt wurden, geben rund 40 Prozent an, unter FOMO zu leiden (Przybylski et al., 2013, S. 1845 ff.).

Für die Fragestellung, ob Social Media direkt oder indirekt an der Entstehung von FOMO beteiligt seien, gingen die Forschenden von der Annahme aus, dass Menschen drei grundlegende psychologische Bedürfnisse hätten: Kompetent und effektiv in der Welt handeln zu können, sich als autonom handelndes Wesen zu empfinden und sich anderen nahe zu fühlen.

Sie stellten zwei Hypothesen, die sie in Befragungen prüften: Die erste besagt, dass Menschen, welche die drei Bedürfnisse schlecht befriedigen können, deswegen Social Media nutzen. Die zweite geht von der Annahme aus, FOMO entstehe aus den unbefriedigten Bedürfnissen und sei der Grund für eine intensivere Nutzung von Social Media. Die Untersuchungen haben gezeigt, dass die zweite Annahme richtig ist: FOMO ist der Grund, warum Menschen Social Media übermäßig nutzen – FOMO wird wiederum durch psychologische Bedürfnisse ausgelöst. Wer unter schlechter Stimmung leidet, mit seiner Lebenssituation nicht zufrieden ist und sich in seinen Handlungen nicht kompetent, eigenständig oder eingebunden fühlt, empfindet verstärkt FOMO.

Und die Angst, etwas zu verpassen, führt wiederum zu intensiverer Nutzung von Social Media. So ergibt sich eine Spirale: Wer mit seinem Sozialleben unzufrieden ist, verspürt FOMO und nutzt soziale Netzwerke, um sich anderen Menschen näher zu fühlen und wirkungsvoller kommunizieren zu können. Nur reduziert diese Mediennutzung das Gefühl von FOMO nicht, sondern verstärkt es und führt zu weiterem Engagement in sozialen Netzwerken. Das Leben anderer erscheint auf Social Media stets besser als das eigene. Wer die Freunde ständig dabei beobachtet, wie sie mit wunderbaren Menschen am Strand den Sonnenuntergang auf der Gitarre begleiten, kann nur Ungenügen empfinden.

Konkret hat FOMO folgende Auswirkungen: Facebook oder Twitter werden ständig und insbesondere direkt nach dem Aufwachen und vor dem Einschlafen verwendet. Dabei entstehen aber keine positiven Gefühle, sondern vermehrt negative. FOMO verstärkt das Ablenkungspotenzial sozialer Netzwerke: Beim Lernen, beispielsweise, kann dem Impuls, Facebook aufzurufen, kaum widerstanden werden. Das betrifft auch den Straßenverkehr: Wer Auto fährt und unter FOMO leidet, benutzt auch während des Fahrens sein Smartphone, um mit anderen verbunden zu bleiben.

FOMO, so sagt Priya Parker, eine Expertin in digitaler Kommunikation, sei ein Gefühl, unter dem alle leiden, obwohl es niemand zugibt. Deshalb ist es wichtig, solche negativen Auswirkungen digitaler Kommunikation zu benennen und darüber nachzudenken, wie sie abgeschwächt werden könnten (Parker, zitiert nach Vaughn et al., 2012, S. 9).

Eine Einschränkung der Nutzung von Social Media ist Symptombekämpfung, weil die Netzwerke nicht der Grund für die Angst sind, etwas zu verpassen. Gleichwohl dürfte es sinnvoll sein, sich abzugewöhnen, den Tag mit Facebook zu beginnen und zu beenden. Es hilft, Smartphones aus dem Bett zu verbannen. Entscheidend ist aber, die eigenen Bedürfnisse wahrzunehmen und daran zu arbeiten, ihnen gerecht werden zu können. Erwartungen an andere und von anderen müssen besprochen werden. Sherry Turkle beobachtet eine Veränderungen in den Freundschaften: »Es ist für Freundinnen selbstverständlich, von ihrem Freundinnen zu erwarten, dass sie verfügbar bleiben – ein Gesellschaftsvertrag, der ständige Präsenz verlangt. Und das Ich gewöhnt sich daran« (Turkle, 2011, S. 160, übersetzt von Ph. W.).

Die Möglichkeiten sozialer Netzwerke verändern die Erwartungen an Freundschaften. Wer wissen will, was seine Freunde erleben, muss sich bei Facebook, Twitter oder Instagram informieren und kann nicht erwarten, bei Zusammenkünften ein Update zu erhalten. Dieser ständige Konsum von Informationen, mit denen FOMO verbunden ist, hat ein Pendant: Die *Fear of Being Missed* bezeichnet die Angst, zu wenig Informationen für Freunde bereitzustellen, so dass sie nichts vom eigenen Leben mitbekommen und einen vermissen könnten.

Die Abkürzungen FOMO und FOBM mögen leicht absurd klingen, sie geben aber Jugendlichen die Möglichkeit, Phänomene zu bezeichnen, die alle kennen und deren Auswirkungen unterschätzt werden. Wer ein Wort kennt, kann darüber ein Gespräch führen. Und wer ein Gespräch führt, kann damit etwas ändern.

3.12 Die Konsensillusion

Soziale Netzwerke haben einen starken Einfluss auf die digitale Kommunikation gehabt. Diese Einsicht wird häufig – auch in diesem Buch – ausgeblendet, wenn davon ausgegangen wird, digitale Kommunikation sei automatisch Kommunikation in sozialen Netzwerken. »Lange Zeit war es der Normalzustand, dass man sich im Netz mit Fremden unterhielt«, hält Kathrin Passig (2013, S. 1017) am Anfang einer Untersuchung zum Wir-Gefühl in Social Media fest. Wenn also Gemeinschaften im digitalen Kontext entstanden, orientierten sie sich an gemeinsamen Interessen, die dazu führten, dass Kommunikation überhaupt entstehen konnte.

Diese Entwicklung ist für Jugendliche von entscheidender Bedeutung. Gerade solche mit Nischeninteressen, seien es spezielle Hobbys, Fertigkeiten oder Krankheiten, finden Anschluss an Netzgemeinschaften. Das gilt sogar für Hikikomori, also meist japanische, männliche Jugendliche, die sich sozial so stark isoliert haben, dass sie ihr eigenes Zimmer nicht mehr verlassen (Yong, 2008, S. 11 ff.). Die Möglichkeiten zur Bildung von Gemeinschaften, so kann recht klar bilanziert werden, haben sich durch die Möglichkeiten der Web-Kommunikation erweitert und verfeinert.

Die Eigenschaft von sozialen Netzwerken, soziale Beziehungsstrukturen digital abbilden zu können, führt aber zu Schwierigkeiten, die aus der »Kombination aus Zusammenlegung der sozialen Kreise, kollaborativer Selbstdarstellung und wachsender Normalität der aktiven Internetnutzung« resultieren (Passig, 2013a, S. 1019). Die Beispiele sind bekannt: Während im sozialen Austausch gewisse Themen aktiviert und andere zurückgestellt oder tabuisiert werden – die Kinder, die beim Nachtessen präsent sind, werden als Thema aktiviert, politische oder religiöse Fragen allenfalls ignoriert –, sind diese Themen alle nebeneinander in den Netzwerken präsent: »Die Flüsse vieler unterschiedlicher Lebenskontexte münden ins große Facebook-Meer«, schreibt Passig. Kontexte treten in Konflikt miteinander und lassen sich nicht geografisch oder sozial trennen (Ellison/Boyd, 2013, S. 156).

Den Effekt dieses Phänomens kann man Konsensillusion nennen: Menschen denken generell, dass viele andere ihre Meinungen teilen, sie überschätzen den Anteil der Menschen, der so denkt wie sie selbst. Dieser Effekt tritt selbst dann ein, wenn Menschen ihn kennen, er ist innerhalb einer bestimmten Gruppe ausgeprägter als zwischen Mitgliedern der Gruppe und der Außenwelt (Passig, 2013a, 1020 f.). Welche Auswirkungen hat das?

1. Es besteht die Gefahr, Mitmenschen unsympathisch zu finden, weil man ihre Meinungen auf Facebook oder Twitter nachlesen kann. Die Struktur des Web 2.0 ermöglicht oder erzwingt einen Austausch über Themen, der in sozialen Situationen sonst vermieden werden könnte. Sie machen soziologisch gesprochen die Hinterbühne des sozialen Lebens sichtbar, das, was in realen Begegnungen ausgeblendet oder versteckt wird.
2. Schnell entsteht der Eindruck, das Medium sei für das Problem verantwortlich und man zieht sich daraus zurück. Damit ist ein Trugschluss verbunden, wie Passig meint: »Allerdings fußt die Vorstellung von der Authentizität, Ver-

lässlichkeit und Harmonie der Offlinebeziehungen nicht unbedingt auf harten Fakten.« (ebd.)

3. Menschen kommunizieren als Resultat der Konsensillusion oft auch eingeschränkt: Sie fokussieren auf positive und private Themen. Kaum jemand findet sich in einem angeregten Online-Streit, weil er oder sie Fotos vom Strandurlaub reinstellt, niemand wirkt wegen eines lustigen Musikvideos und eines schlauen Zitats unsympathisch. Diesen Positivitätsfilter beschreibt der Philosoph Byung-Chul Han wie folgt: »Das allgemeine Verdikt der Positivgesellschaft heißt ›Gefällt mir‹. Es ist bezeichnend, dass Facebook sich konsequent weigerte, einen Dislike-Button einzuführen. Die Positivgesellschaft meidet jede Spielart der Negativität, denn diese bringt die Kommunikation ins Stocken.« (Han, 2012, S. 13)

4. Soziale Netzwerke, die private Rede öffentlich oder halb öffentlich machen, werden technologisch von anderen abgelöst, die das nicht mehr ermöglichen. Die Ablösung von Facebook, die bei urbanen Jugendlichen in Europa und in den USA bereits im vollen Gang ist, führt hin zu persönlichen Tools wie WhatsApp oder Snapchat – oder zu solchen, die nur bestimmte Inhalte zulassen, namentlich Instagram (Bilder/Videos) oder Vine (Videos). So kann entweder das Publikum klar definiert werden oder der Austausch von Inhalten verhindern, dass es zu Konsens kommen muss.

3.13 Geschlechterrollen und Social Media

In einem Vortrag und einem zugehörigen Essay mit dem Titel *The Demise of Guys* untersucht der Psychologe Philip G. Zimbardo (2011) zusammen mit Nikita Duncan die Fragestellung, warum junge Männer mit immer mehr akademischen, sozialen und romantisch-sexuellen Problemen konfrontiert seien. Die populärwissenschaftliche Argumentation geht von folgender Feststellung aus:

> Diese jungen Männer sind nicht daran interessiert, langfristige Liebesbeziehungen aufrecht zu erhalten, sich zu verheiraten, Väter oder Familienoberhäupter zu werden. Viele ziehen die Gesellschaft von Männern denen von Frauen vor, sie leben, um der so genannt realen Welt zu entkommen und entwischen gerne in alternative Welten, um sich stimulieren zu lassen. Zunehmend lebend sie in Welten, in denen Frauen ebenso wie direkte menschliche Interaktionen ausgeschlossen sind. (Zimbardo/Duncan, 2011, S. 4, übersetzt von Ph. W.)

Zimbardos Perspektive ist geprägt von einer normativen Vorstellung von Geschlechterrollen und von digitaler Kommunikation: Genügen Männer nicht einem heteronormativen Ideal einer traditionellen Familie und der Vorstellung der protestantischen Arbeitsethik, wird das ebenso als Problem wahrgenommen wie die Tatsache, dass sich im Cyberspace Alternativen zur traditionellen Lebenswelt eröffnen.

Die Problemanalyse verdient trotz dieser gewichtigen Einwände einen zweiten Blick. Neben einer sozialen Analyse (Wandel von Rollenbildern, Betreuungsmodellen, ökonomische Umwälzungen) weist sie auf zwei mediale Einflüsse hin, welche das Leben junger Männer erschweren: Pornografie und Videogames machen junge Männer zunehmend schüchtern, wie Zimbardos Untersuchungen belegen. Diese Schüchternheit zieht weitere unerwünschte Folgen nach sich.

Studien zu Schüchternheit, bei denen Zimbardo in führender Rolle beteiligt war, haben ergeben, dass in den letzten 30 Jahren
- soziale Phobien, also klare und andauernde Angst vor Situationen, in denen Interaktionen mit anderen Menschen möglicherweise zu peinlichen Erlebnissen führen könnten, von 2 auf 12 Prozent angestiegen sind,
- Schüchternheit bei Erwachsenen nach eigener Einschätzung von 40 auf 58 Prozent angestiegen ist,
- Schüchternheit bei Kindern zwischen 8 und 10 Jahren nach Angaben ihrer Eltern von 30 auf 61 Prozent angestiegen ist,
- Schüchternheit in Deutschland und den USA mit rund 60 Prozent doppelt so stark vertreten ist wie in Israel (30 Prozent),
- Schüchternheit von rund 65 Prozent der Betroffenen als persönliches Problem bezeichnet wird (Zimbardo/Henderson, 2009).

Obwohl die Zahlen keinen größeren Anstieg bei Männern als bei Frauen nahelegen, bezeichnet Zimbardo Schüchternheit für Männer aufgrund bestehender Normen als größeres Problem. Sie würden zunehmend eine wichtige Fähigkeit verlieren, nämlich ein Gespräch von Angesicht zu Angesicht zu führen:

> Sie kennen die Sprache des Blickkontakts nicht, verfügen über kein Repertoire an nonverbalen und verbalen Ausdrucksmöglichkeiten, die es erlauben, ein komfortables Gespräch mit jemandem zu führen, zuzuhören und dasselbe von anderen einfordern zu können. Das Fehlen von Fähigkeiten in Bezug auf soziale Interaktion wird besonders deutlich, wenn junge Männer Mädchen und Frauen ansprechen möchten, die sie begehren. (Zimbardo/ Duncan, 2011, S. 8, übersetzt von Ph. W.)

Warum liegen die Gründe dafür beim Porno- und Videospielkonsum? Es handelt sich um vertraute, kontrollierbare Umfelder. Die Übung im Umgang mit diesen Medien verschafft jungen Männern eine große Kompetenz und versorgt sie mit regelmäßigen Stimuli, so dass die Eindrücke und Reize von Gesprächen mit Mitmenschen dagegen abfallen. Zudem handelt es sich dabei um unkontrollierbare Situationen mit ungewissem Ausgang, was mit viel Frustration verbunden ist. Es entsteht eine Art Teufelskreis: Je weniger geübt junge Männer in direktem Kontakt und Gesprächsführung sind, desto unbefriedigender verlaufen diese Erfahrungen für sie und desto stärker ziehen sie sich zurück.

Dieser Mechanismus leuchtet ein. Es ist irreführend, an dieser Stelle von Sucht zu sprechen, wie das Zimbardo tut. Es scheint wichtiger darauf hinzuweisen, dass Jugendliche sich alternative Handlungsmöglichkeiten erarbeiten können: Sie sollten möglichst frei wählen können, ob sie Zeit mit Freundinnen und Freunden verbringen oder vor dem Bildschirm. Tun sie aber nur Letzteres, laufen sie Gefahr, Ersteres entweder gar nicht zu lernen oder zu verlernen. Schüchternheit wäre ein Indikator dafür.

Betont Zimbardo in Bezug auf die Schüchternheit die negativen Auswirkungen auf junge Männer (obwohl Frauen gleichermaßen von dieser Entwicklung betroffen sind), so gibt es in der Analyse der Auswirkungen Neuer Medien auf weibliche Jugendliche zwei zentrale Perspektiven, welche in der Forschung vertreten werden (vgl. dazu den Abschnitt zu Essstörungen in Kapitel 2): Einerseits sind Social Media als effizientes Kommunikationsmittel ideal dafür, den durch Normen entstehenden sozialen Druck zu intensivieren. Das Verhalten und das Aussehen junger Frauen können fast permanent kontrolliert und bewertet werden, weil ihnen der Verzicht auf die Abbildung in sozialen Netzwerken meist einen zu hohen sozialen Preis abverlangt.

Andererseits eröffnen Nischen, Foren und spezifische Gemeinschaften gerade normfernen Mädchen im Netz einen Raum, in dem soziale Gesetzmäßigkeiten aufgehoben zu sein scheinen. Marina Weisband beschreibt ihre Erlebnisse als Pubertierende mit Internetzugang im Rückblick wie folgt:

> Menschen, die nicht den Regeln des Spiels folgen und darum Außenseiter bleiben, kennen wir. Besonders gut kennen wir sie aus der Schule, wo alle möglichen Arten von Menschen zusammengezwungen waren und sich ihre Umwelt kaum aussuchen konnten. Teilweise Nonkonformisten, die sich politisch interessieren und bestimmte Kleidung tragen oder kein Fleisch essen, um eine Aussage zu machen. Teilweise sind es einfach sozial unangepasste Jugendliche gewesen. […] In meiner Schulzeit gab es nicht viele davon, und sie alle waren allein. Viele waren ständig das Opfer von Mobbing […]

> Um die Jahrtausendwende geschah in meinem Umfeld allerdings etwas Interessantes, was das betrifft: Das Internet begann, eine Rolle zu spielen. Ich erinnere mich noch gut, wie viele von uns nach der Schule eilig vor den Computer gingen und irgendwelche obskuren Foren und Chats aufsuchten, wo andere schrieben, die so waren wie wir. Einer in Berlin, einer in Basel, einer in Köln. Und obwohl jeder in seinem Gebiet vereinsamt war, kamen im deutschsprachigen Gebiet einige dort zusammen. Sie verabredeten sich, sie hielten online Freundschaften, es entstanden sogar viele Fernbeziehungen. Das besondere war, dass diese Communities andere Regeln entwickelten als die in den Schulen. Ich will hier gar nicht beurteilen müssen, ob sie besser oder schlechter waren. Aber sie waren eben anders. Auch das Internet hat seine sozialen Stolperfallen, seine Gefahren. Aber es ist jedenfalls eine Alternative zur vorgegebenen Gesellschaft. (Weisband, 2011)

Das gilt nicht nur in Bezug auf die Gruppenzugehörigkeit, auch in der Ausbildung eines Körpergefühls, in der Zuneigung zu anderen Menschen und im Ausleben gesellschaftlich wenig akzeptierter Bedürfnisse halten Social Media für Jugendliche Möglichkeiten bereit, die ihnen helfen, mit Erfahrungen der Ausgrenzung, der Intoleranz und der Diskriminierung umzugehen und sich zu vernetzen.

Zu entscheiden, welcher Effekt stärker ist, ist unnötig. Social Media machen Geschlechterrollen ganz deutlich sichtbar, indem Frauen beispielsweise in Diskussionen weniger Respekt entgegengebracht wird, sie in Foren bedroht und beleidigt und auf ihr äußeres Erscheinungsbild reduziert werden. Sie führen so zu starken Normen und engen Geschlechterrollen. Gleichzeitig, in parallelen Kontexten, schaffen sie aber Räume, in denen alternative Verhaltensweisen erprobt werden können, in denen scheinbar abweichendes Verhalten zur Norm werden kann. Plötzlich ist es auch im bayerischen Dorf denkbar, sich so zu kleiden wie modische Japanerinnen, oder im Stil amerikanischer Rapper Musik zu machen, auch wenn das außerhalb des Netzes nicht auf Akzeptanz stoßen mag.

Diese Einsicht passt zu allen Aspekten, die in diesem Kapitel behandelt worden sind: Social Media überschreiten einfache Dichotomien und zeigen oft vielfältige, auch widersprüchliche Effekte. Sie machen einsamer *und* verbinden Menschen, sie stärken Freundschaften *und* verunsichern Liebende, sie halten ihre User auf dem Laufenden *und* geben ihnen das Gefühl, ständig etwas zu verpassen. Oft sind diese Gleichzeitigkeiten Jugendlichen bewusst und stellen sie vor die Entscheidung, auf eine Möglichkeit verzichten zu müssen, oder unter ihren Auswirkungen zu leiden. Erwachsene Begleitpersonen können ihnen dieses Abwägen nicht abnehmen, sondern sie lediglich so informieren, dass die Grundlage dafür gegeben ist.

Intermezzo III

Japan als Beispiel

Japan ist sowohl demografisch wie auch in Bezug auf die digitale Kommunikation ein extremes Beispiel – aber auch ein lehrreiches. Es zeigt eine junge Generation, die unter schwierigen Bedingungen aufwächst, von Medien und älteren Menschen aber gleichzeitig wenig Respekt erfährt, sondern als moralisch verkommen und faul abgewertet wird.

Neben so genannten NEETs (Not in Education, Employment or Training), also Jugendlichen, die sich nicht in die Arbeits- oder Bildungswelt integrieren, geben besonders Hikikomori Anlass zur Sorge. Dabei handelt es sich um Jugendliche, die ihr eigenes Zimmer nicht mehr verlassen und sich dabei oft auch in medialen Welten verlieren oder orientieren (Yong, 2008). Sowohl NEETs als auch Hikikomori werden in Japan medial inszeniert, teilweise, um die japanische Kultur als eigenständig herauszustellen (Dziesinski, 2003, S. 3 f.)

Die Kluft zwischen einer immer größer werdenden Generation von Senioren und einer schrumpfenden Generation Jugendlicher kann in Japan an der erstaunlichen Tatsache festgemacht werden, dass 2012 erstmals mehr Windeln für inkontinente Erwachsene verkauft wurden als für Babys. Die Geburtenrate von 1,4 Kindern pro Frau steigt zwar in Japan leicht an, reicht aber bei Weitem nicht aus, um die Bevölkerung von 120 Millionen zu halten. Prognosen gehen davon aus, dass sie sich bis 2060 um ein Drittel reduzieren wird (Haworth, 2013).

Der große Abstand zwischen den Generationen schlägt sich auch digital nieder: Während in Japan 99,5 Prozent der Jugendlichen als »Digital Natives« bezeichnet werden können, womit das Land weltweit die Spitzenposition einnimmt, ist der Anteil dieser Jugendlichen an der Gesamtbevölkerung mit 9,6 Prozent vergleichsweise klein, was durch die Demografie Japans zu erklären ist (Pfanner, 2013).

Demografie und die starke Präsenz digitaler Medien im Leben Jugendlicher führt nun nach Ansicht von Expertinnen und Experten dazu, dass diese immer stärker darauf verzichten, romantische und sexuelle Beziehungen einzugehen. 50 Prozent der erwachsenen Frauen und 60 Prozent der erwachsenen Männer unter 34 befinden sich in Japan nicht in einer Beziehung, ein Wert, der sich in den letzten fünf Jahren um 10 Prozent erhöht hat (Haworth, 2013). 45 Prozent der jungen Frauen und 25 Prozent der jungen Männer geben an, kein Interesse an Sex zu haben.

Eri Tomita ist eine 32-jährige Japanerin, die in der Personalabteilung einer Bank arbeitet. Sie sagt:

> »Mein Leben ist großartig. Ich gehe mit Freundinnen aus, alles Karrierefrauen wie ich. Wir essen in französischen und italienischen Restaurants. Ich kaufe

stilvolle Kleider und kann mir schöne Ferien leisten. Ich liebe meine Unabhängigkeit. [...] Oft werde ich von verheirateten Männern im Büro angesprochen, die gerne eine Affäre hätten. Sie nehmen an, ich sei verzweifelt, weil ich Single bin. *Mendokusai.*« (Haworth, 2013)

Mendokusai heißt übersetzt, dass etwas zu anstrengend oder mühsam für einen sei. Es ist ein Ausdruck, den die Gesprächspartnerinnen und -partner von Abigail Haworth, welche die sexuelle Enthaltsamkeit der jungen Erwachsenen in Japan untersucht hat, immer wieder bemühen, um zu erklären, weshalb sie weder erotische noch romantische Kontakte suchen. Die Gründe dafür sind in verschiedenen Bereichen zu sehen: Obwohl die japanische Kultur diesbezüglich praktisch keine religiösen oder gesellschaftlichen Normen kennt, ist es für Frauen fast unmöglich, eine anspruchsvolle Arbeit mit dem Leben als Mutter zu verbinden. Viele Berufe sind so zeitraubend, dass sie sich nicht mit einem Privatleben kombinieren lassen. Digitale Welten, die oft in mobilen Computerspielen erkundet werden, enthalten häufig breite Möglichkeiten für soziale Kontakte. Eine 22-jährige Studentin erklärte Haworth, sie habe nun zwei Jahre damit verbracht, ein virtuelles Süßigkeitengeschäft zu betreiben, ohne dass sie das als Verlust empfände.

Auf Jugendlichen lastet ein großer wirtschaftlicher Druck, der von Eltern oft auch digital ausgeübt wird:

Die Angst um die Kinder und vor ihnen erfasst vor allem die Eltern. Dies kann mitunter zu grotesken Reaktionen führen, etwa wenn sich Mütter die Überwachungstechnik zunutze machen, um ihren Kindern auf dem Schulweg virtuell zu folgen. Dafür kann zum Beispiel die elektronische Bahnkarte so aufgerüstet werden, dass sie bei der Entwertung ein Signal auf Mamas Handy sendet und ihr dadurch den Standort ihres Kindes verrät. (Kusar, 2013)

Die Krise der japanischen Jugend, deren Symptome die Hikikomori sind, hat wirtschaftliche und soziale Ursachen. Dass Eskapismus verbreitet ist, wenn es keine klare gesellschaftliche Orientierung an Werten gibt und auch harte Arbeit keinen wirtschaftlichen Erfolg garantiert, erstaunt nicht.

Die japanische Gesellschaft unterscheidet sich in vielen Belangen von denen in Europa. Und doch sind einige Tendenzen vergleichbar: Immer mehr ältere Menschen setzen jüngere unter Druck, ohne ihnen aber eine klare Vision von einem erfüllten Leben anbieten zu können. Gleichzeitig beurteilen und verurteilen sie Jugendliche aber recht schnell, wenn diese versuchen, eigene Wege zu finden, um mit den Schwierigkeiten in ihrem Leben umgehen zu können.

4. Wie aus Neuen Medien ein neues Lernen entsteht

Die Bildungslandschaft steht vor einem Umbruch: Traditionell erprobte Vorgehensweisen in institutioneller Bildung und Didaktik sind kaum in der Lage, mit den Möglichkeiten und Herausforderungen des Web 2.0 umzugehen. Menschen bilden sich unabhängig von Schulen und Universitäten informell und entwickeln eigene Zugänge zur Informationsflut des Internets, die nur gefiltert überhaupt zu Lernprozessen führen kann. Schon vor zehn Jahren, als Facebook den Betrieb aufnahm, hielt Bernhard Koring eine Einsicht fest, die ihre Gültigkeit auch in einer viel stärker digitalisierten Zeit behalten hat:

> So befinden wir uns in der merkwürdigen Lage, dass Lernen im Internet – wenn überhaupt – zumeist ohne jede pädagogische Begleitung stattfindet. (Koring, 2004, S. 24)

Das Kapitel widmet sich der Frage, unter welchen Bedingungen Kinder und Jugendliche in einem digitalen Kontext gehaltvoll lernen können und wie sie dabei zudem pädagogisch begleitet werden können. Es benennt, worauf Eltern, Lehrerinnen und Lehrer achten sollen, umreißt die Kompetenzen, die Menschen heute brauchen, um mit den Möglichkeiten des Lernens mit Social Media umgehen zu können, und zeigt, wie sie vermittelt werden können.

Regeln oder Rezepte stehen dabei nicht im Vordergrund. Der Zyklus von gezieltem Versuch und dialogischem Nachdenken über seine Ergebnisse, aus dem dann Modifikationen für den nächsten Versuch resultieren, kann nicht ersetzt werden. Wer Jugendliche dabei begleitet, wie sie mit Wikis, Blogs oder anderen Werkzeugen im Web 2.0 arbeiten, wird je nach Kontext auf andere Probleme stoßen und andere Ziele erreichen; gerade weil die Bedeutung dieser Plattformen in jedem Kontext eine andere ist.

Ein gutes Beispiel sind die Beobachtungen der amerikanischen Wissenschaftshistorikerin Lorraine Daston zum Leseverhalten von Studierenden:

> Wenn ich lese, suche ich nach Argumenten. Und meine Studenten suchen eher nach Assoziationen. Mir kommt es so vor, als ob sie bei der Lektüre von Büchern bei bestimmten Wörtern Hyperlinks erwarten, um woanders weiterzulesen. Die Idee des »genauen Lesens« – also dass man kontextualisierend liest oder dass die Einheit eines Arguments nicht ein Satz ist, sondern ein ganzes Kapitel oder das ganze Buch – scheint für die Studenten von heute vielfach Schnee von gestern. [...] ich meine das gar nicht wertend. Ich finde das sehr interessant, und jede neue Fähigkeit ist auch ein Gewinn. Es kommt mir so vor, dass diese jüngere Generation heute quasi die Google-Suchfunktion intuitiv verinnerlicht hat und gewissermaßen granularer liest und denkt. Texte werden ein wenig wie Ausstellungen wahrgenommen, wo man zwischen den Exponaten Bezüge herstellt. (Daston, 2014)

Daston deutet an, dass mit der häufigen Verwendung bestimmter Tools Kulturtechniken wie das Lesen Wandlungen durchlaufen können. Entsprechende empirische Studien können bestätigen, dass ein linearer Leseprozess, der von Seite zu Seite fortschreitet, in Konkurrenz zu einem nicht linearen steht. Die Lektüre erfolgt oft sprunghaft, Texte werden überflogen und gescrollt, Schlüsselwörter, Bilder und Links beanspruchen viel Aufmerksamkeit, die beim linearen Lesen ganzen Sätzen und dem Layout von Seiten gewidmet wird.

Lesen ist ein gutes Beispiel dafür, dass sich das Hirn dem medialen Umfeld anpasst. Es braucht ein trainiertes Hirn, um einen Roman intensiv lesen zu können. Das gilt auch für die Nutzung von Twitter. Die Frage ist, ob beide Lesefertigkeiten bewahrt werden sollen, wie sich das die Leseforscherin Maryanne Wolf wünscht (Rosenwald, 2014), oder ob das am Buch orientierte Lesemodell abgelöst wird. Der Kulturwissenschaftler Michael Giesecke mutmaßt, dass die Funktion des gedruckten Buches in der Informationsgesellschaft vom Dialog übernommen werden könnte (Giesecke, 2003, S. 409 ff.), während die Buchkultur durch eine Reihe von Mythen aufgeladen war und ist, zu denen auch die Vorstellung gehört, dass Bildung über standardsprachliche, auf Papier gesetzte Texte zu erfolgen habe (ebd., S. 224 ff.).

Gleichwohl orientieren sich bekannte Lernprozesse an der Lektüre schriftlicher Texte, die vermehrt auch digital erfolgt. Das hat konkrete Auswirkungen, die wissenschaftlich ausführlich beschrieben sind:

1. Digitale Lektüre führt häufig dazu, dass Informationen mit dem Kontext zusammen gespeichert werden. Müssen sie abgerufen werden, werden sie über den Kontext (z. B. ihre Quelle, ihre Illustrationen) erinnert, während auf

Papier gelesene Informationen direkter zu Wissen führen, also zu Speichervorgängen, die das Abrufen der Information ohne Umweg erlauben (Noyes/Garland, 2003, 415 f.).
2. Die Lektüre analoger Texte führt oft zu einer Verbindung anderer Sinneseindrücke mit der Informationsstruktur des Textes. So scheint es vielen Lesenden wichtig zu sein, dass das Gewicht des Buches seiner Länge entspricht, dass der Lesevorgang durch die Anzahl bewältigter Seiten strukturiert wird, dass das Layout und die Typografie fixiert sind und handschriftlich permanent angemerkt werden können. Gedruckte Texte werden oft langsamer gelesen, weil in einem Buch während der Lektüre auch geblättert wird (Jabr, 2013).
3. Ist die Lektüre Basis von schulischem Lernen, so führen gedruckte Texte zu besseren Resultaten. Anne Mangen und ihr Team gehen davon aus, das ergebe sich aus der Tatsache, dass relevante Informationen in digitalen Texten schwerer auffindbar sind (Mangen et al., 2013, S. 65 ff.). Rakefet Ackerman und Tirza Lauterman vermuten hingegen, dass diese auch von ihnen gemessenen Effekte auch mit einer Gewöhnung in der Schule zusammenhängen könnten (Ackerman/Lauterman, 2012, S. 1824 ff.).
4. Bereits 2005 konnte Ziming Liu nachweisen, dass beim Lesen am Bildschirm metakognitive Fähigkeiten reduziert vorhanden sind (Liu, 2005, S. 709 ff.). Gemeint sind damit Kompetenzen wie:
   • Prognosen über den eigenen Fortschritt machen,
   • zeitlichen Aufwand abschätzen,
   • Ziele setzen,
   • schwierige Passagen mehrfach lesen oder
   • Pausen einlegen, um wichtige Aussagen im Text zu repetieren.
   Die Lernforschung weiß um die große Bedeutung von Metakognition, weshalb diese mittlerweile etwa von Ackerman und Morris Goldsmith (2011, S. 25 ff.) bestätigten Einsichten nahelegen, dass effiziente Lernprozesse auf der Basis gedruckter Texte erfolgen sollten.

Diese Auslegeordnung lässt eine Abwertung des digitalen und nicht linearen Lesens als konsequent erscheinen. Dennoch darf nicht vergessen werden, dass die gemessenen Kompetenzen den Werten einer Informationskultur entsprechen, für die gehaltvolles Wissen nur gedruckt Gültigkeit hat. Die Wandlungen dürfen nicht mit den Werten der analogen Welt beurteilt werden: Stellt beispielsweise Daston ihre Suche nach Argumenten dem assoziierenden Lesen der Studierenden gegenüber, dann ist das keine Abwertung, sondern eine Beobachtung oder ein Vergleich. Mit solchen Methoden muss das Lernen unter digitalen Bedingungen untersucht und erfasst werden.

4.1 Veränderte Arbeitsplätze und Lebenswelten

In ihrem Buch *Networked* erklären Lee Rainie und Barry Wellman (2012, Pos. 664 ff.) ausführlich, dass die Revolution durch soziale Netzwerke (»social network revolution«) einen gesellschaftlichen Umbruch darstellt, der schon vor dem Medienwandel durch das Internet und die mobile Kommunikation eingesetzt hat und die Arbeits- und Lebensweise der Menschen in Europa und Nordamerika fundamental verändert hat. Diese Neuorientierung beeinflusst auch Bildungsprozesse, weil Bildung in ihrer allgemeinsten Form einerseits die Vorbereitung auf eine professionelle Karriere, andererseits die Befähigung zum eigenständigen Bestehen in der Welt darstellt. Die Frage, warum sich das Lernen ändern muss, nur weil es digitale Kommunikation gibt, lässt sich also leichter beantworten, als viele Erwachsene denken: Weil Lernen für das Arbeiten und Leben in der heutigen Welt eine ganz andere Bedeutung erhalten hat.

Rainie und Wellman beschreiben die Revolution durch soziale Netzwerke in neun Punkten, mit denen sie ihre Auswirkungen und Ursachen erfassen:

1. Menschen sind mobiler geworden.
2. Telekommunikation ist günstiger und persönlicher geworden.
3. Lange Phasen des Friedens und des Freihandels haben zu starker wirtschaftlicher und sozialer Vernetzung geführt, die internationale Dimensionen hat.
4. Haushalte sind von familiären Gruppen zu Netzwerken geworden, weil es weniger verheiratete Menschen gibt, kleinere Familien und mehr Haushalte mit zwei erwerbstätigen Elternteilen.
5. Strukturierte Organisationen, in deren Rahmen Freiwilligenarbeit geleistet worden ist, werden durch offene, informelle Netzwerke zivilen Engagements und religiöser Praxis ersetzt.
6. Die Konzentration auf wenige Kanäle, über die Massenmedien verbreitet wurden, hat sich hin zu einer fragmentierten Informationsvermittlung aufgelöst.
7. Arbeit ist generell flexibel geworden, insbesondere durch die Verdrängung industrieller Arbeitsplätze von Jobs in Dienstleistungsbetrieben und vor dem Computer.
8. Die Gesellschaft orientiert sich immer weniger an den durch Religion, Ethnie, sexuelle Orientierung oder Geschlecht vorgegebenen Grenzen.
9. Staatliche Fürsorge wird zunehmend durch eine individuelle Altersvorsorge ersetzt.

Zusammengenommen führen diese neun zentralen Veränderungen zu größerer sozialer Flexibilität in nordamerikanischen und europäischen Gesellschaften. Sie legen eine stärkere Personalisierung und die Schwäche traditionellen Grenzen wie Nachbarschaft, Geschlecht oder Religion nahe. Menschen können sich innerhalb einer größeren Bandbreite bewegen, wenn es um Reisen, Kommunikation oder Informationsbeschaffung geht. So ergibt sich eine Tendenz hin zu flexibleren, mobileren, aber auch stärker fragmentierten sozialen Systemen. (Rainie/Wellman, 2012, Pos. 872 f., übersetzt von Ph. W.)

Betrachtet man als Beispiel die Auflösung des herkömmlichen Büroarbeitsplatzes in großen Dienstleistungsunternehmen, deren Mitarbeiterinnen und Mitarbeiter immer wieder an anderen Orten mit anderen Menschen zusammenarbeiten, dann wird deutlich, dass Arbeitsprozesse und Kommunikationsmittel heute kaum zu trennen sind. Veränderungen in der Berufswelt resultieren aus dem Medienwandel, haben ihn aber gleichzeitig auch vorangetrieben. Es erstaunt nicht, dass Kommunikationsbetriebe wie Google oder Yahoo oft Vorreiter im Experimentieren mit neuen Arbeitsformen sind (Vermischung von Privatleben und Büroarbeit bei Google, Homeoffice bei Yahoo).

Medienkompetenz, verstanden als das Zusammenspiel von Wissen über die Wirkungs- und Funktionsweise verschiedener medialer Formen, ihrem konkreten Einsatz in der Praxis und der Reflexion über die persönliche und gesellschaftliche Bedeutung von Medien, ist Voraussetzung für ein gelungenes Leben und eine erfüllende oder erfolgreiche berufliche Tätigkeit. Geht es im Folgenden um konkrete Kompetenzen, welche erforderlich sind, um Social Media professionell anwenden zu können, so ist das nicht Präventionsarbeit, mit der Jugendliche vor Gefahren geschützt werden können, sondern Bildung – verstanden im humanistischen Sinne:

> Bildung ist die Anregung aller Kräfte eines Menschen, damit diese sich über die Aneignung der Welt in wechselseitiger Ver- und Beschränkung harmonisch – proportionierlich entfalten und zu einer sich selbst bestimmenden Individualität oder Persönlichkeit führen, die in ihrer Idealität und Einzigartigkeit die Menschheit bereichere. (Hentig, 1996, S. 40).

Eine »Aneignung der Welt« sowie das Entfalten zu einer »sich selbstbestimmenden Individualität« erfordert heute digitale Fertigkeiten, die kein Selbstzweck sind, sondern für den Menschen und sein Leben von zentraler Bedeutung.

4.2 Social Media als professionelles Hilfsmittel in der Schule

Der mediale und soziale Diskurs über Social Media beschäftigt sich oft mit eigentümlichen Praktiken, für die Menschen neue Medienformen nutzen – Partyfotos, auf denen Betrunkene zu sehen sind, intime Geständnisse, Dokumentation der eigenen Ernährung oder gar *Selfies*. Weil vergessen wird, dass effiziente Kommunikationsmittel oft gesellschaftliche Tendenzen sichtbar machen, die es unabhängig vom verwendeten Medium gibt, greift die Medienkritik gern auf die Oberflächlichkeit, den schnellen Rhythmus und die Abhängigkeit von Unternehmen zurück, wenn sie das Web 2.0 in den Blick nimmt.

Dabei gerät in Vergessenheit, dass die Idee hinter Social Media letztlich eine aufklärerische und emanzipative ist. Zum ersten Mal wird es ohne finanziellen Aufwand oder Zugehörigkeit zu einer Elite möglich, Inhalte so zu publizieren, dass sie von einer Öffentlichkeit wahrgenommen werden können. Die Organisation von Information muss nicht mehr von Verlagen oder Redaktionen verantwortet werden, sondern kann den Usern überlassen werden. Diese produzieren und konsumieren Inhalte ihren eigenen Interessen entsprechend.

Diese ideale Vorstellung, die durch die Realität bei Weitem nicht gedeckt ist, steckt auch hinter modernen Konzeptionen von Unterricht. Lehrpersonen agieren – genau wie Journalistinnen und Journalisten oder Verlage – nicht mehr als *Gatekeeper,* die kontrollieren, welche Informationen für Schülerinnen und Schüler relevant sind, sondern diese setzen sich ihren individuellen Neigungen und Zielen folgend selbst mit Lernumgebungen auseinander. Dabei können sie direkt miteinander agieren und bedürfen weder der Moderation noch der Vermittlung durch eine Lehrperson.

Social Media und Bildung haben viel miteinander zu tun. Die Vorstellung, dass das Internet allen Menschen unabhängig von Institutionen einen Zugang zu Bildung verschafft, gibt es schon seit den ersten Tagen des *World Wide Web*. Aber auch hier vermag die Realität die Versprechen nicht einzulösen, die immer wieder gemacht werden: Die globale Tendenz zu einer Standardisierung von Bildung lässt das Lernen im Netz zur Vorbereitung auf Multiple-Choice-Tests verkommen, führt zu einer Orientierung an externen Vorgaben statt an individuellen Bedürfnissen.

Kann diese Diskrepanz zwischen dem Potenzial von Social Media als zeitgemäßer Kommunikationsform für differenzierte Lernprozesse ohne Hierarchie und institutionelle Abhängigkeit und der Realität einer auch dank Computerprogrammen immer stärker vereinheitlichten Bildungswelt aufgelöst werden?

So lange Social Media primär als eine Bedrohung für Jugendliche angesehen werden, dürfte das schwierig sein. Der pädagogische Diskurs geht mit modernen Kommunikationsmitteln so um, wie er es mit weichen Drogen tut: Unter ganz bestimmten Umständen können Alkohol, Tabak oder sogar Cannabis zu unproblematischem Genuss führen, in den meisten Fällen handelt es sich dabei aber um eine Gefährdung der Konsumierenden und ihres Umfeldes; deshalb sind sie an der Schule und in jedem Bereich ihres Einflusses strikt verboten. Dass diese Analogie absurd ist, zeigt sich schon daran, dass Social Media letztlich Wege sind, wie Menschen anderen etwas mitteilen.

Es gibt professionelle und private Kommunikationsformen, dem Inhalt angemessene und verwirrende oder verstörende. Social Media werden oft auf eine private Praxis reduziert, die selten einem seriösen Inhalt gemäß ist. Dabei wird ausgeblendet, dass sehr viele Menschen diese Kanäle professionell nutzen. Sie verschaffen sich einen Überblick, pflegen Kontakte und greifen systematisch auf Wissen zu, das sie strukturieren und verarbeiten mit Hilfe der Netzwerke, die sie gebildet haben.

Wenn Schülerinnen und Schüler im Sinne eines konstruktivistischen Lernparadigmas eigenständig lernen sollen, dann ist es nicht nur wünschenswert, dass sie Social Media dafür einsetzen, sondern unumgänglich. Dieser Einsatz muss aber ständig reflektiert werden, gerade weil sich die verschiedenen Formen so schnell verändern.

Ein gutes Beispiel dafür ist die Kommunikation zwischen Lehrpersonen und ihren Klassen. An Gymnasien ist es üblich, dass Schülerinnen und Schüler verpflichtet werden, E-Mails zu lesen. Viele Schulen erstellen Konten für die Lernenden, die so Zugang zu Schul-E-Mails und anderen Diensten haben. Obwohl die Möglichkeiten sehr bequem zu bedienen sind, lässt sich in den letzten zwei Jahren die Tendenz beobachten, dass Mails immer weniger gelesen werden. Oft verlassen sich Jugendliche darauf, dass andere sie per WhatsApp oder andere niederschwellige Chatprogramme darüber informieren, was in Mails von Erwachsenen steht. Die Nachrichten von Lehrpersonen kommen oft nur noch vermittelt und verzerrt bei ihren Schülerinnen und Schülern an. So stellt sich die Frage, ob Lehrpersonen ebenfalls für die Interaktion auf Social Media zurückgreifen oder an der E-Mail-Norm festhalten sollen. Entweder begeben sie sich auf ein Spielfeld, auf dem Regeln gelten, die Unternehmen und Jugendliche selbst festgelegt haben und die sie nur sehr eingeschränkt beeinflussen können, oder sie betreiben weitgehend wirkungslose Kommunikation. Lea Feynberg, eine Lehrerin an einer Sekundarschule in Berlin schreibt dazu:

> Ich arbeite mit Schülern, die nicht immer kommunizieren wollen und die denken, dass es schon irgendwie alles wird mit ihrem Abschluss. Es wird aber nicht. Deswegen muss ich hinterher sein. Deswegen muss ich mit ihnen so

kommunizieren, wie sie es gewohnt sind. Wenn Isabel auf Facebook nach Hausaufgaben fragt und Timm mir eine Nachricht schreibt und fragt, ob der Unterricht morgen zur ersten oder zur zweiten Stunde beginnt, dann ist das in Ordnung. Wenn Can um 7 Uhr morgens schreibt, dass er heute nicht zum Praktikum fährt, weil die U-Bahn ausgefallen ist und er nicht weiß, wie er sonst hinkommen soll, dann suche ich mit ihm nach einer anderen Verbindung. Weil das sonst keiner tut. (Feynberg, 2013)

Selbst wenn Schulen WhatsApp oder eben Facebook unter professionellen Rahmenbedingungen einzusetzen lernen, wird das nächste Tool von Jugendlichen adaptiert werden und eine neue Umstellung erfordern. Schulen sind als Institutionen in ihrer Entwicklung langsamer als die Veränderung der Gebrauchspraktiken Jugendlicher. Verstörend daran ist, dass die verantwortlichen Akteure nicht mehr bestimmen können, welchen Kommunikationskanal sie verwenden wollen und von den Bedingungen abhängig sind, die Unternehmen gewähren.

Gleichzeitig besteht darin aber eine große Chance. Die Zusammenarbeit an einer Schule ist ein idealer Weg, um den professionellen Einsatz der sozialen Netzwerke zu erproben und zu erlernen. So lange Schülerinnen und Schüler selbst von ihren Lehrpersonen darin bestätigt werden, dass Facebook nur für Partybilder und Instagram nur für Narzissmus ein tauglicher Kanal sei, kommen sie kaum auf die Idee, das Potenzial so auszuschöpfen, dass sie in ihrem Lernen und ihrem Leben davon profitieren können.

Das ist keine einfache Aufgabe. Jugendliche und Lehrpersonen berichten übereinstimmend von dem Befremden, welche der schulische Zugriff auf Smartphones oft auslöst. Werden Schülerinnen und Schüler beispielsweise aufgefordert, mittels einer geeigneten App Kärtchen statt auf Papier auf dem Mobiltelefon zu erstellen und dort damit zu lernen, weil das effizienter sein kann, so verweigern sie das oft und ziehen es vor, mit Papierkärtchen zu arbeiten. Sie beharren auf einer Trennung zwischen privater und schulischer Kommunikation. Das Handy ist für sie ein persönliches Werkzeug, das mit vielen Gefühlen und Beziehungen verbunden ist. Um einen Vergleich zu bemühen: Die Aufforderung wirkt, als müssten sie in der Schule Notizen auf leeren Seiten in ihrem Tagebuch anlegen.

Solche Schwierigkeiten können in der Reflexion, aber auch im Hinblick auf produktive und akzeptable Lösungen überwunden werden. Gemeinsam mit ihren Schülerinnen und Schülern können sich auch die pädagogisch Verantwortlichen (auch Großeltern können mit ihren Enkeln per WhatsApp in Kontakt bleiben) diesen Fragen annähern. Wie können Bedürfnisse an Kommunikation in Neuen Medien respektiert und umgesetzt werden? Welche *Affordances* der Social Media beeinflussen die berufliche oder private Kommunikation negativ, welche positiv?

Hier gibt es keine einheitlichen Antworten, weil es kaum normierte Kommunikation gibt. Die Netzwerke, in denen sich Menschen zunehmend verbinden, schaffen gemeinsam auch die Regeln für ihre Kommunikation. Schule und Elternhaus können hier vermitteln, dass diese Regeln nicht von wenigen für viele gemacht werden sollen, die dann unter Umständen darunter leiden, sondern verhandelbar und den Zwecken der Kommunikation anzupassen sind. Ein Zitat von Danah Boyd bildet einen sinnvollen Abschluss für diesen Gedankengang:

> Wir leben in einer technologisch vermittelten Welt. Sich wohlzufühlen im Umgang mit Technik wird zunehmend wichtig für alltägliche Aufgaben: einen gut bezahlten Job zu erhalten, medizinische Pflege zu erhalten, sich politisch zu betätigen. Statt anzunehmen, dass Jugendliche über angeborene technische Kompetenzen verfügen, müssen Eltern, Lehrpersonen und Amtsträger gemeinsam daran arbeiten, die zu unterstützen, deren sozialer Hintergrund oder Erfahrungen sie beim Umgang mit Technologie behindern. Lehrpersonen erfüllen eine wichtige Rolle, wenn es darum geht, Jugendlichen zu vermitteln, wie sie sich in Netzwerken bewegen und in informationsgesättigten Umgebungen orientieren können. Mit dem aktuellen Gadget oder der neuesten App vertraut zu sein ist dabei oft weniger wichtig, als ein kritisches Bewusstsein, um produktiv mit Vernetzung umgehen zu können, das heißt Informationsströme steuern und interpretieren zu können. (Boyd, 2014, Pos. 2927 f., übersetzt von Ph. W.)

4.3 Kompetenzen und Herausforderungen

Um zu verstehen, wie Herausforderungen und Kompetenzen in sozialen Netzwerken zusammenhängen, ist die Frage nach der Einordnung von Informationen weiterführend. Ausgangslage sind meistens Bilder, Videos oder erstaunliche Fakten, die viral verbreitet werden: Sie werden von vielen Profilen in Social Media geteilt, deswegen von traditionellen Medien aufgegriffen und erfahren so noch einmal breitere Rezeption. Im März 2014 wurde beispielsweise ein Video verbreitet, in dem sich scheinbar fremde (aber sehr attraktive) Menschen zum ersten Mal küssen. Intimität, Fremdheit und Annäherung schienen in »First Kiss« so verhandelt zu werden, dass viele Menschen darin etwas Bedeutendes sahen. Die Massenmedien griffen den Beitrag weitgehend kritiklos als das auf, wofür er sich ausgab, und übersahen dabei, dass es sich um eine recht offensichtliche Werbekampagne für eine Kleiderfirma handelte. Die Fremden waren Profis und ihre Küsse inszeniert.

Abbildung 5: Screenshot »First Kiss«

Das Beispiel ist typisch für so genannte *Hoaxes,* erfundene Geschichten, die so präsentiert werden, dass man sie glaubt und verbreitet. Weil Journalistinnen und Journalisten sich daran messen lassen müssen, wie oft ihre Texte gelesen werden, sind sie in der Aufmerksamkeitsökonomie des Web 2.0 nicht immer nur daran interessiert, dass sie ihren Leserinnen und Lesern die Wahrheit präsentieren. Deshalb finden Werbeagenturen oder Künstlerinnen und Künstler, die Hoaxes verbreiten möchten, durchaus Unterstützung.

Das stellt jugendliche Nutzerinnen und Nutzer von Social Media vor das Problem, dass Inhalte oft nicht als das erscheinen, was sie sind: gezielte Kampagnen, die ganz bestimmte Gefühle aktivieren sollen. Im Einzelfall mag es irrelevant sein, ob sich scheinbare oder tatsächliche Fremde küssen, ob der Film dokumentarisch oder fiktiv ist. Aber die Verwischung dieser Grenzen im Netz ist eine tiefgreifende Tendenz und die Modalitäten der Verteilung von Inhalten begünstigt die, welche dieser Entwicklung Vorschub leisten.

Informationen zu beurteilen ist grundsätzlich einfach: Wenn sie von zwei unabhängigen, als seriös eingestuften Quellen stammen, ist es vernünftig anzunehmen, sie seien wahr. Im Falle des »First Kiss«-Videos war leicht zu erkennen, dass es von einer Kleiderfirma stammte, die kaum einen Hehl daraus machte, dass es sich um eine Kampagne und nicht um eine Dokumentation handelte. »Crap Detection«, wie Howard Rheingold diese Fähigkeit nach einem Zitat von Ernest Hemingway nennt (Rheingold, 2012, S. 77), ist eine entscheidende Kompetenz, die Eltern und Lehrpersonen in der Begleitung von Jugendlichen vermitteln können. Zum Einsatz kommen dabei zwei unterschiedliche Verfahren:

1. ganz herkömmliche Beurteilung von Quellen, wie sie im Geschichtsunterricht gelehrt werden: Wer ist der Urheber, welche Kanäle und Medien hat er verwendet, wer hat seine Informationen geprüft etc.
2. digitale Werkzeugen wie die Möglichkeit, bei der Google-Suche Bilder hochzuladen, um erkennen zu können, wo ähnliche Bilder früher schon verwendet worden sind. Konrad Weber (2013) hat für Journalistinnen und Journalisten Techniken zusammengetragen, die auch für Jugendliche wichtig sind.

»Crap Detection« bekommt in einer vernetzten Welt der Informationen auch eine solidarische Dimension: Suchbegriffe bei Google, Links, Likes bei Facebook und Tweets beeinflussen die Interneterfahrung anderer Menschen; teils direkt, teils indirekt. Was in einem Informationsfluss wahr und relevant und was falsch, halb wahr oder unwichtig ist, wird im Sinne einer Netzwerkverantwortung auch bei der Verbreitung von Inhalten entscheidend. Gutgläubigkeit oder Naivität sind Ausreden, die davon ablenken, dass alle Profile in Social Media dazu beitragen können, die Grenze zwischen Fakten und Fiktionen zu erhalten oder erodieren zu lassen.

Damit ist das Stichwort für die weitere zentrale Kompetenz schon gefallen: Netzwerke zu erstellen und zu pflegen. Auch dabei geht es um eine Kulturtechnik, die mit der digitalen Welt nicht neu erfunden worden ist, sondern lediglich neue Ausprägungen erfahren hat. Etablierte Hierarchien oder Institutionen verlieren an Bedeutung, *Networking* wird schneller, niederschwelliger und auch einfacher. Der Zweck der Netzwerke ist letztlich ein individueller: Menschen nutzen das Web, um Fachinformationen auszutauschen, sich gegenseitig zu motivieren, im Rahmen von Selbsthilfegruppen zu unterstützen, sich heftige politische Debatten zu liefern – oder auch, um anderen Schaden zuzufügen.

Für Jugendliche ist die Erfahrung zentral, Lernnetzwerke errichten zu können, sich also mit Menschen zu verbinden, die sie in ihren Lernprozessen unterstützen. Dabei wird schnell deutlich, dass Vernetzung nur dann möglich wird, wenn eigene Inhalte auch mit anderen geteilt werden. Howard Rheingold hat aus seiner langen Erfahrung wichtige Punkte dazu notiert, wie erfolgreiche Netzwerke erstellt und gepflegt werden (Rheingold, 2013):

1. Man muss ehrliche und intelligente Menschen in seinem Netzwerk haben, die andere Meinungen vertreten, um von ihnen lernen zu können. Wer sich von niemandem im Netzwerk gestört fühlt, befindet sich in einer Echokammer.

2. Nicht nur konsumieren, kreieren. Nur so sind die Bedingungen gegeben, dass bessere Werkzeuge entstehen können.
3. Wenn man Menschen motivieren will, bei einem Projekt mitzuhelfen, soll man sie wählen lassen, was sie tun wollen.
4. Menschen lernen einander zu vertrauen, wenn sie über Unwichtiges reden können und *small talk* betreiben.
5. Netzwerke brauchen *weak ties* und *strong ties*.
6. Die Position in Netzwerken ist ausschlaggebend, nicht die Zahl der Verbindungen. Die Position ergibt sich daraus, wie viele Menschen über das eigene Profil mit anderen in Verbindung treten.
7. Netzwerke müssen diversifiziert sein, also Experten und Laien enthalten. Wichtig sind zudem Menschen, die Lücken überbrücken.
8. »Pay it forward«: Menschen helfen einem, wenn man ihnen schon geholfen hat.

In seinen Überlegungen verbindet Rheingold die Netzwerkkompetenz regelmäßig mit der Fähigkeit, in einer Welt der schnellen Informationen konzentriert arbeiten zu können, die er *Infotention* nennt. Sie besteht letztlich darin, jeder Information so viel Aufmerksamkeit zukommen zu lassen, wie sie verdient. Im Abschnitt zu Ablenkung (Kapitel 2.3) wurde gezeigt, dass bei Multitasking oft das Problem auftaucht, dass Störungen zu stark beachtet werden und Menschen daran hindern, eine Aufgabe effizient zu erledigen.

Während es für Infotention immer wieder (mehr oder weniger hilfreiche) konkrete Tipps gibt – zum Beispiel ein Post-It mit den aktuell wichtigen Aufgaben an einen Laptop oder auf ein Tablet zu kleben, um sich weniger ablenken zu lassen –, liegt die entscheidende Fähigkeit in der Selbstreflexion oder Metakognition. Konzentration und Aufmerksamkeit sind genau wie Ablenkung äußerst individuelle Wahrnehmungen. Jugendliche müssen aufgefordert werden, sich selbst zu beobachten, wenn sie lernen. Was hilft ihnen dabei, 20 Englischvokabeln schnell und sicher zu beherrschen? Wann ziehen sich ihre Hausaufgaben über den ganzen Abend hin, ohne dass sich der Eindruck einstellt, viel erreicht zu haben?

Lebenslanges Lernen kann nur aus solchen allgemeinen Fähigkeiten resultieren, nie aus vorgeschriebenen Routinen. Diese können Angebote sein, bringen aber als Zwang wenig. Verlangen Eltern, dass die Hausaufgaben ohne Smartphone erledigt werden, verhindern sie dabei unter Umständen einen wichtigen Austausch mit anderen Schülerinnen und Schülern, die entscheidende Tipps liefern können. Stellen sie dagegen eine Box ins Wohnzimmer, in der das Smartphone während des Lernens deponiert werden kann (und beim gemeinsamen Abendessen deponiert werden muss), so erweitern sie die Handlungsmöglichkeiten der Jugendlichen und bieten ihnen einen festen Ablauf an, dessen Wert sie selbst erkennen müssen und können.

Selbstreflexion oder Metakognition kann gut im Austausch mit anderen Lernenden angestoßen werden, weil das Gespräch über das eigene Lernen eine gewisse Klarheit darüber erfordert, welche Techniken sich als fruchtbar erweisen und wie das eigene Denken und die Konzentrationsfähigkeit funktionieren. Diese Herangehensweise lässt sich gut auch auf andere Fragen übertragen: Wie unser Gehirn Inhalte abspeichert und wie das mit der Suche nach Informationen zusammenhängt, wird zunehmend bedeutungsvoller (vgl. Thompson, 2013, Pos. 1816 f.). Die Abhängigkeit von Suchmaschinen verdeckt auf den ersten Blick oft blinde Flecken der Suche, auf die wir immer wieder aufmerksam werden können, wenn wir darauf achten, welche Erwartungen wir hatten und wie diese durch Ergebnisse oder gar durch Suchvorschläge (Googles »Automatische Vervollständigung«) beeinflusst werden.

Hier wird ganz deutlich, was Medienkompetenz im digitalen Raum meint: Verstehen, wie das Netz funktioniert; es zum Lernen benutzen können und darüber nachdenken, was mit einem selbst und anderen passiert, während man das tut. Für Erwachsene, die Jugendliche dabei begleiten, wie sie die Orientierung im Netz erlernen, ergeben sich daraus ganz einfache Maximen:

1. Jugendliche im Netz nicht allein lassen, sondern mit ihnen zusammen Angebote nutzen.
2. Werkzeuge oft kollaborativ einsetzen, ohne dabei der Versuchung der Überwachung zu erliegen (vgl. Intermezzo IV): Mit Jugendlichen Gespräche per WhatsApp führen, ein Klassenprofil auf Instagram betreiben, bloggen und Wikipedia-Artikel verbessern.
3. Das offene Gespräch über diese Aktivitäten suchen und Interesse an den Erlebnissen und Perspektiven von Jugendlichen zeigen.
4. Im Einzelfall intensiv recherchieren, warum im Netz passiert, was passiert, und wie unerwünschte Schwierigkeiten vermieden werden können.
5. Generell Medienwissen und Medienpraxis nicht als statisch, sondern als dynamisch verstehen.

4.4 Das Ende der Didaktik

Der Anfang 2013 verstorbene Internetaktivist Aaron Swartz hat im Alter von 20 Jahren an der Elite-Uni Stanford studiert, sie aber nach einem Jahr verlassen, um an eigenen Projekten zu arbeiten. In einem Eintrag in seinem Blog, in dem er über seinen dritten Tag an der Uni nachdenkt, übt er radikale Kritik an Stanford und formuliert sein Ideal einer Universität:

> Es ist schwierig, das so zu formulieren, dass ich nicht eingebildeter als sonst wirke, aber es scheint nicht so zu sein, als wären die Studierenden (und Professoren) in Stanford besonders schlau. Das sollte vermutlich nicht überraschen, da die Zulassungsbedingungen das nicht verlangen. Anders als z. B. das MIT führt Stanford keine Interviews mit Studierenden durch, die Universität verlangt nicht einmal Beispiele echter Arbeit (das schiene ein guter Weg, um Intelligenz beurteilen zu können). Mir wurde suggeriert, Stanford sei ein magischer Ort, an dem sich nur Genies aufhielten. Das ist etwas enttäuschend.
>
> Wollte ich eine wirkungsvollere Universität starten, wäre das recht einfach: Stelle die schlausten Leute an und nimm die schlausten Studierenden auf, lass sie zusammen an Projekten arbeiten, die sie interessieren, organisiere eine Reihe von Vorstellungsrunden, in denen Projekte präsentiert werden, aber lass sie mehrheitlich selbst herausfinden, wie die Dinge funktionieren. (Dieses System könnte sogar günstiger sein.) (Swartz, 2005, übersetzt von Ph. W.)

Bemerkenswert an dieser Beurteilung scheinen drei Punkte zu sein: Dass erstens schulische Leistungsmessungen durch »echte Arbeiten« zu ersetzen seien, dass zweitens informelle Bildung formelle ersetzen könne, dass effektive Bildung drittens dann erfolge, wenn Menschen an Projekten arbeiten, für die sie sich interessieren.

Die Schule schafft Lernumgebungen, in denen das Interesse zwar normativ vorgeschrieben ist (die Schülerinnen und Schüler sollten sich für den Stoff interessieren), in der Realität aber oft fehlt. So werden Arbeitsformen durchgeführt, die nur durch das Setting der Schule erklärt werden können. Vor dem Web 2.0 hatte die Schule ein Monopol darauf, kompetente Lehrpersonen vermitteln zu können, die Zugang zu lernstufengerechtem Material hatten. Sind Lernnetzwerke und das Internet für Lernende verfügbar, fällt das Alleinstellungsmerkmal weg; die Schule bildet nur noch einen Zugang unter vielen und weist nur auf bestimmte Lernverfahren hin, zu denen es Alternativen gibt.

Martin Lindner formuliert diese Einsicht in einer konzisen Kritik am Begriff der Didaktik:

> Didaktik ist der Name für Ersatzhandlungen und Not-Kunstgriffe, die angewandt werden, wenn eine Lernsituation (u. a. auch aus medialen Gründen) blockiert und von realem Lernen entfremdet ist. Didaktik dient als aber-

gläubische Übersprunghandlung vor allem der Selbstberuhigung der lehrenden Instanzen. »Reales Lernen« (»real« im Sinne von: außerhalb didaktischer Situationen) ist gekennzeichnet durch:

(1) aktive Suche nach und Aneignung von einer klaren, schlüssigen Darstellung eines gegebenen Sachverhalts (Problems usw.) durch die Lernenden. Diejenigen, die solche klare, schlüssige Darstellungen zuerst einmal sich selbst geben, sind Fachleute, Communities bzw. selbst Lernende (was sich nicht widerspricht).

(2) Konversation, direkten Austausch und aktives Fragen zwischen solchen Menschen, die wissen wollen, und solchen Menschen, die antworten, erklären, Material beisteuern.

Was davon nicht abgedeckt ist, ist Design als Herstellen von Umgebungen, die es Lernenden eben erlauben und leichter machen, aktiv zu recherchieren, zu rekonstruieren und sich anzueignen bzw. mit Peers und Fachleuten zu kommunizieren. Solches Design ist dazu da, für konkrete, einzelne Lernende diejenigen Blockaden möglichst aufzuheben, die eine gegebene institutionelle und/oder mediale Situation von »realem Lernen« in kleinen Gruppen vor Ort trennen. (Lindner, 2013)

Didaktik würde also im idealen Fall durch das Design von Lernumgebungen ersetzt. Das ist keine reine Begriffsverschiebung, sondern eine ganz andere Konzeption: Lindner spricht »konkrete, einzelne Lernende« an, für die Lernumgebungen bereitgestellt werden, nicht für ganze Jahrgänge, Klassen oder Generationen, die mit ähnlichen Mitteln konstruierte Probleme lösen, deren Sinn durch die Didaktik selbst festgelegt wird.

Verantwortliche für Lernprozesse sollten alles daran setzen, dass diese einfacher werden. »Einfacher« heißt dabei nicht, dass keine hohen Hürden überwunden werden und Schwierigkeiten aus dem Weg geräumt werden sollen, sondern dass die Konzentration auf dem »echten Lernen« liegt und nicht auf der Organisation oder Verwaltung dieses Lernens. Daraus lässt sich ein einfaches Kriterium ableiten, das dann direkt mit dem Einsatz von Technologie verbunden ist: Werden Hilfsmittel eingesetzt – seien das digitale oder analoge – müssen sie danach beurteilt werden, ob die aktive Suche nach Informationen und der Austausch zwischen Lernenden dadurch mit weniger Umständen verbunden ist. Zumindest im Geiste sollten Projekttagebücher geführt werden, die Auskunft darüber geben, ob das Erlernen von Kompetenzen und das Einarbeiten in Funktionsweisen von Software letztlich zu einer Vereinfachung führt. Ein Beispiel: Analoge Fotos mussten entwickelt werden und wurden (deshalb) viel spärlicher geknipst. Die Abzüge lagen dann aber physisch vor, wurden vielleicht in den

Umschlägen beschriftet oder in Alben eingeklebt. Digitale Verfahren führen zu Dateien auf unzähligen Speichermedien, Geräten oder Harddisks, die nur in wenigen Haushalten sauber geordnet und abrufbar sind. Obwohl Gesichter automatisch erkannt, Geotags hinzugefügt und Archive nach verschiedenen Kriterien geordnet werden können, brauchen Menschen mehr Arbeit im Umgang mit digitalen Bildern und erzielen damit schlechtere Resultate (den Besuch ein knappes Fotoalbum oder ein paar Abzüge durchblättern zu lassen, ist oft kommunikativ wesentlich sinnvoller als eine Präsentation von unzähligen Bildern an einem Projektor).

Die Frage: »Was wird einfacher, wenn wir das so machen?« ist ein Lackmustest für jede technologische Änderung. Er kann nicht umgangen werden durch eine Beschreibung zusätzlicher Funktionalitäten. Sie sind allenfalls ein Bonus, wenn bisherige Verfahren neu mit weniger Aufwand möglich sind.

Allen Jugendlichen sollten drei Fragen stellen können:

1. »Was passiert da?«
2. »Was bedeutet das?«
3. »Wie kann ich damit umgehen?«

Das gilt auch und gerade für die Schule. Dort gibt es Zeit, über Lernen, Lehren und Technologie nachzudenken: Nicht vorgeben, alte Rezepte seien nicht zu verbessern, weil es alte Rezepte sind. Nicht annehmen, neue Hilfsmittel würden eine neue Lern- und Lehrkultur etablieren. Sondern ausprobieren, nachdenken, wieder probieren und wieder nachdenken. Vorgaben hinterfragen, Praktiken hinterfragen, Technik hinterfragen. Was nicht funktioniert, verwerfen; was funktioniert, verbessern. Immer aus der Perspektive derer, die lernen. Ihre Bedürfnisse kommen zuerst. Das wäre der Paradigmenwechsel, der von der Didaktik zum Design von Lernumgebungen führen könnte.

4.5 Bedingungen für kollaboratives und individuelles Lernen

Betrachtet man die Werkzeuge, welche das Web 2.0 spezifisch hervorgebracht hat, dann bedeuten sie für das Lernen zwei wesentliche Umwälzungen: Es ist bis auf die Bezugspersonen individuell konfigurierbar geworden, es funktioniert in vielen Betätigungsfeldern kollaborativ. Diese Entwicklung wirkt paradox: Je individuellere Prozesse möglich sind, desto wichtiger werden kreative und wissenschaftliche Leistungen von Kollektiven. Im 21. Jahrhundert entstehen die großen Kunstwerke und Erfindungen in Teams, die meist nur zu Kommunikationszwecken durch einzelne Personen repräsentiert werden. Sie arbeiten in losen, informellen Netzwerken zusammen und können so komplexe Probleme lösen. Damit Lernen diese offenbar produktiven Dimensionen erreichen kann, müssen einige Bedingungen erfüllt sein, ohne die weder Kollaboration noch Individualität denkbar sind. Die folgende Liste versucht einen Überblick über die wichtigsten zu geben:

1. Lernen muss Schnittstellen ermöglichen, an denen Bezüge zu anderen Themenfeldern oder der Einbezug von Mitlernenden möglich werden. Die Halböffentlichkeit des Lernens öffnet dabei die Schule und ermöglicht es anderen, zuzuschauen und sich einzubringen.
2. Das bedingt aber nicht notwendigerweise die Konstruktion von Modulen, sondern Lernende, die offene Fragen wie Gelerntes immer wieder so beschreiben und dokumentieren, dass andere mitdenken können. Hier ist der Vergleich mit dem Programmieren hilfreich: Eine saubere Dokumentation ermöglicht anderen am Code Arbeitenden nachzuvollziehen, welche Methoden verwendet worden sind, wo Probleme auftauchen könnten und wie sie sprachlich zu beschreiben sind.
3. Diese Dokumentation ist auch für die Selbstreflexion nötig, die erforderlich ist, um nach eigenen Interessen Themenfelder abzustecken, Inhalte zu erkunden und Projekte zu verfolgen. Dazu gehört immer auch die Frage, ob die gewählten (digitalen) Methoden der Aufgabe angemessen waren und den Lerneffekt positiv beeinflusst haben.
4. Lernen erfolgt also nicht nach externen Vorgaben, die dann kommuniziert und überprüft werden können, sondern nach internen: Die Lernenden definieren erstrebenswerte Kompetenzen selbst, nicht ohne sich mit der Welt, in der sie leben, intensiv auseinanderzusetzen.
5. So werden alternative Formen von Leistungsbeurteilungen erforderlich. Solche Methoden gibt es schon seit Längerem, etwa die Arbeit mit Portfolios, die gut erforscht und dokumentiert ist (vgl. AfH, 2006, S. 10f.): »Ziel des Lern-Portfolios ist es, selbstbestimmtes und bewusstes Lernen zu lernen. Motivation und Kompetenz dazu werden durch den Einbezug der Studierenden in die Einschätzung ihrer eigenen Leistung gesteigert.« Konkrete Hinweise für die Beurteilung von Arbeiten mit Social Media finden sich in den Materialien.
6. Der Effekt von Formen der Selbstbewertung ist letztlich auch das Vertrauen in die eigene Einschätzung. Im herkömmlichen Modell der Schule wurde darauf vertraut, dass Lehrpersonen mit bestimmten Methoden die Leistung von Lernenden präzis bewerten können. Da in einer vernetzten, komplexen Welt Leistung nicht mehr mit einem einheitlichen Maßstab messbar ist, wird

es immer wichtiger, dass Lernende selbst beurteilen können, welche Kompetenzen sie erworben haben.

Kurz: Lernen unter den Bedingungen der digitalen Kommunikation bedeutet, sich selbst Aufgaben zu geben, die oft nur unter Einbezug anderer Lernender lösbar sind und deren Bearbeitung durch selbst entwickelte Kriterien beurteilt werden.

Lernen im digitalen Zeitalter kann im Umgang mit MOOCs gut beobachtet werden. MOOCs, *Massive Open Online Courses,* sind Kurse, die im Netz offen verfügbar sind und von einer Vielzahl von Menschen gleichzeitig bestritten werden können, oft mit individuell konfigurierbaren Lerntempi und -wegen. Die Idee von Kursen beschreibt das Modulare, auf einen Zeitraum von wenigen Wochen Beschränkte an diesem Lernen, der Einbezug von vielen Lernenden die Bedeutung der Netzwerke.

MOOCs werden oft angefangen und wieder abgebrochen. Offenbar ist es nicht einfach, die Motivation zu behalten, wenn institutionelle Strukturen fehlen. Es wäre also ein Missverständnis zu meinen, kollaboratives und individuelles Lernen müsse zu einer völligen Beliebigkeit führen. Für Jugendliche sind festgelegte Rhythmen und Strukturen wichtig. Grenzen ermöglichen Orientierung. Aber sie können immer weniger nachhaltiges Lernen ermöglichen, mit dem Kompetenzen erworben werden, die eine langfristige, über den schulischen Kontext herausragende Bedeutung haben.

Der Einbezug der Lernenden scheint Außenstehenden oft nur dann sinnvoll, wenn es sich um motivierte Jugendliche mit einem stark bildungsorientieren Hintergrund handelt, die beispielsweise im Rahmen eines gymnasialen Leistungskurses Inhalte und Methoden mitbestimmen können. Tatsächlich profitieren aber gerade leistungsschwache und jüngere Schülerinnen und Schüler davon, wenn ihre Interessen und ihre Motivation im Zentrum stehen und sie darüber nachdenken dürfen und müssen, was sie können und was sie lernen könnten; wie sie mit anderen zusammenarbeiten und was ein sinnvoller Weg ist, um Gelerntes zu beurteilen. Technik ist kein Ersatz für ein Schulsystem, das allen gleiche Chancen bietet. Sie verschärft das Problem der Bildungskluft und der digitalen Kluft, indem sie beide kombiniert: Wird nur mit Gymnasiastinnen und Gymnasiasten neues Lernen erprobt, so profitieren diejenigen von erweiterten Möglichkeiten, die hinsichtlich Bildungshintergrund und Medienkompetenz ohnehin schon massiv im Vorteil sind. Medienkompetenz genießt in diesem Zusammenhang eine fundamentale Bedeutung: Sie ist Bedingung, unter der Benachteiligungen von Kindern abgebaut werden könnten, weil soziale Netzwerke alternative

Sozialisationsmöglichkeiten bereithalten. Deshalb darf ein bewusster Umgang mit Medien nicht Voraussetzung für ihren Einsatz in der Schule sein, sondern muss in konkreten Projekten dort auch erworben werden können. Das bedingt einen größeren Kontext, in dem eine Reihe von Entwicklungen parallel angestoßen werden, um eine Pädagogik auf der Höhe der Zeit möglich zu machen.

Diese Ausführungen verdeutlichen, dass Lernen mit digitalen Medien nie bei der Technik beginnt. Werden Tablets ausgeteilt, um damit dasselbe zu tun, wie es mit Bleistift und Papier ohne ständiges Laden, Abstürze und Synchronisierung möglich wäre, werden Geld und Energie verschwendet.

Peter Baumgartner und Erich Herber sprechen in dieser Hinsicht vom »didaktischen Mehrwert« sozialer Netzwerke. Sie weisen darauf hin, dass der Einbezug von Technologie Lernen zunächst komplexer macht, was die Gefahr mit sich bringt, dass Energie auf Aspekte der Organisation verschwendet wird, die in Auseinandersetzung mit Inhalten investiert werden sollte. Sie schreiben:

Beispielsweise generiert der Einsatz von Sozialen Netzwerken im Unterricht noch nicht automatisch einen didaktischen Mehrwert. Dieser didaktische Mehrwert kann erst entstehen, wenn etwa die Lernenden sich zu Lernzwecken über dieses Soziale Netzwerk im Rahmen einer lernenden Herausforderung oder Lernaufgabe austauschen und in ihrem Handeln und Denken als Lernende davon profitieren. Der didaktische *Mehr*wert entsteht aber erst dann, wenn sich aus der Interaktion mit dem Medium ein Lerneffekt bei den Lernenden ergibt, der dem gegenüber einer Situation ohne Nutzung dieser Medien *überlegen* ist. Dabei muss u. a. auch berücksichtigt werden, dass der Einsatz neuer Technologien generell das Unterrichtsgeschehen komplexer und damit fehleranfälliger und weniger transparent macht. Es treten zusätzliche Komponenten in den Lernprozess ein, die gelernt, beherrscht und orchestriert bzw. integriert werden müssen. (Baumgartner/Herber, 2013, S. 331)

Gerade bei Social Media ist es jedoch oft schwierig, den »Wert« oder »Mehrwert« des Einsatzes abschätzen zu können. *Lurken*, also das Beobachten anderer User und das Kennenlernen von Gepflogenheiten und Vernetzungsmöglichkeiten, ist wie Small Talk elementarer Bestandteil der Arbeit am Aufbau von Netzwerken. Beide können für zukünftige Lernprozesse eine wichtige Investitionen darstellen. Ob Lerneffekte, die mit Social Media ermöglicht werden, im konkreten Einzelfall »überlegen« sind, ist kaum zu beurteilen, weil sich die Bemühungen oft erst nach Monaten oder Jahren auszahlen. Baumgartner und Herber kann zugestimmt werden, wenn ein differenziertes Verständnis der Funktionsweise der Technologien und ihrer Auswirkungen auf Lerneffekte vorhanden ist.

Der Medienpädagoge Axel Krommer hat unter dem Titel »Schiefe Analogien mit wahrem Kern (Folge XXII)« einen Gedankengang formuliert, der das Verhältnis von Schule und Technologie erhellt:

> Sie haben als Lehrer davon Wind bekommen, dass die Schüler(innen) in ihrer Freizeit ein neues Hobby für sich entdeckt haben: Synchronschwimmen. Fast alle machen das. Freiwillig. Gemeinsam mit anderen. Um selbstgesteckte Ziele zu erreichen und kooperativ Choreografien einzustudieren. Und Sie denken sich: »Das ist doch prima! Ich will auch in der Schule ein Synchronschwimmbecken.«
>
> Ihre Schule ist innovativ und erfüllt Ihnen den Wunsch. Allerdings, so wird Ihnen mitgeteilt, müsse man das Synchronschwimmen im Unterricht u. a. auch an die rechtlichen Rahmenbedingungen des Schulsystems anpassen: So müsse natürlich jeder Schüler zwei Schwimm-Armreifen und einen Rettungsring um die Hüfte tragen. Und auch die Wasserhöhe müsse man aus Sicherheitsgründen auf maximal 20 cm absenken. Vorgesehen sei auch, dass jede Gruppe synchronschwimmender Schüler von mindestens zwei Lehrern beaufsichtigt werde, die selbst zwar nicht schwimmen können müssen, das Regelwerk aber genau kennen und sich mit einer Trillerpfeife bemerkbar machen können.
>
> Und als Sie das erste Mal am Rand des Schwimmbeckens stehen und sehen, wie die Schülerinnen und Schüler im nicht mal knöcheltiefen Wasser auf dem Boden liegen und auf den Schwimmreifen lustlos und ungelenk hin- und herschaukeln, erkennen Sie, dass Schule und Synchronschwimmen in dieser Form nicht zusammenpassen. (Krommer, 2013)

Die Analogie weist auf die Diskrepanz zwischen den digitalen Bedingungen im gesellschaftlichen Leben und denen im schulischen Umfeld hin. Werden Neue Medien im Sozialleben als Bereicherung und Vereinfachung erlebt – was der massive Einsatz nahelegt –, dann ist das ein Resultat aus bestimmten Bedingungen ihrer Verwendung. Die Schule kann den Medienwandel nicht produktiv nutzen, wenn sie die alten Regeln des Lernens beibehält – wie feste Klassen, Lernen vor Ort und Orientierung an einer Lehrperson, die Inhalte vorgibt.

Intermezzo IV

Überwachung als Bedrohung und Versuchung

Überwachung ist ein konstantes Thema in der digitalen Kommunikation. Nicht erst seit Edward Snowden enthüllt hat, wie die NSA systematisch und ohne Rücksicht auf die Gesetze Menschen und Unternehmen abhört, regt sich Widerstand und Empörung gegen staatliche Überwachung in Internet. Aus Privatsphäre ist generell Pseudoprivatsphäre geworden ist, wie Sascha Lobo bemerkt:

> Es beginnt das Zeitalter des Pseudoprivaten. Pseudoprivat ist faktisch das Gegenteil von privat, aber fühlt sich so ähnlich an. Immerhin. Pseudoprivatsphäre: wo egal ist, was der Staat weiß, solange es die Nachbarn nicht wissen. (Lobo, 2013)

Lobo, der als optimistischer Internetaktivist in Deutschland zum Prominenten geworden ist, bringt in seinen Texten eine zunehmende Frustration zum Ausdruck. Herrschte in den Anfängen des Web 2.0 der Glaube, mit der richtigen Einstellung und den richtigen Einstellungen könnten sich kompetente Nutzerinnen und Nutzer schützen, so gibt es heute keine Sicherheit mehr: Jeder Speicher, jede Kamera und jedes Mikrofon können von Unbefugten kontrolliert und manipuliert werden, wenn sie mit dem Internet verbunden sind. Jugendliche stehen diesem Problem ohnmächtig gegenüber: Sie können aufgrund ihrer Sozialisierung nicht auf Neue Medien verzichten, da sie nicht (wie die meisten Erwachsenen) auf analoge Alternativen zurückgreifen können, und müssen damit leben, dass ihre Daten auf unzähligen Servern von Unternehmen und Regierungen gespeichert werden, die heute und in Zukunft daraus unvorhersehbare Schlüsse ziehen.

Problematisch ist diese mit dem Konzept *Big Data,* also dem Sammeln und Verarbeiten großer Datenmengen, direkt verbundene Überwachung nicht wegen terroristischer Akte oder ähnlicher Ausnahmezustände, die immer dazu führen, dass rechtsstaatliche Prinzipien ausgehebelt werden und unschuldige Menschen verdächtigt werden. Vielmehr beeinflussen sie das Verhalten der Überwachten und der Überwachenden: Wer weiß, dass andere mitlesen, mithören oder mitschauen, beginnt sein Verhalten zu ändern. Dieser so genannte *Chilling Effect* besagt, dass überwachte Menschen das zu tun beginnen, was sie unverdächtig erscheinen lässt, unabhängig davon, ob es ihren Bedürfnissen entspricht. Gleichzeitig ergeben sich bei massiver Überwachung automatisch Muster, selbst wenn nur Auszüge aus Klassikern der englischen Literatur verbreitet werden (Sifton, 2013). Die Erzählungen von Anschlägen, Morden und Sexualdelikten, bei denen Überwachung erfolgt ist, lenken von den wahren Problemen ab, weil sie suggerieren,

Überwachung sei der Preis für die Sicherheit, ohne deutlich zu machen, dass beide Konzepte Varianten und Spielarten kennen, deren Unterschiede bedeutsam sind. Gesellschaften müssten verhandeln können, welche Art von Überwachung durch welche Art von Sicherheit legitimiert wird. Heute ist das nicht mehr möglich, weil Geheimdienste unabhängig von Gesetzen diese Frage selbstständig entschieden haben. Die Überwachung schafft neue Möglichkeiten, die letztlich die Bedingungen verändern, unter denen Menschen leben und entscheiden. Überwachung ist als System autopoietisch: Sie legitimiert sich selbst und weitet sich aus. Wenn Daten gesammelt werden, werden sie auch benutzt (und meist nicht mehr dafür, wofür sie gesammelt worden sind).

Tritt man einen Schritt hinter diese große Überwachung zurück, für die es nur politische Grenzen gibt, dann wird deutlich, dass es kein Leben ohne Preisgabe von Daten gibt. Wer Briefe verschicken will, muss der Post aus logistischen Gründen Adressen angeben. Der Staat braucht Informationen über seine Bürgerinnen und Bürger, um sicherstellen zu können, dass alle eine Ausbildung genießen können und ans Abwassersystem angeschlossen sind. Und Google braucht Daten, um tolle Dienstleistungen anbieten zu können. Überwachung ist ein Preis, den Menschen dafür zahlen, dass ihr Leben einfacher wird. Digitale Technologie ermöglicht die verlustfreie, aufwandslose Kopie. Sie befördert die Verbreitung von Wissen, schafft neue Voraussetzungen für Kreativität, erleichtert aber auch Überwachung. Überwachung ist das Prinzip des Internets.

Das gilt auch auf einer zwischenmenschlichen Ebene. Auf Facebook findet »Grassroot Surveillance« statt, also eine niederschwellige Überwachung durch Mitmenschen, die es Usern erschwert, verschiedene Rollen anzunehmen, ohne – im Fall von Jugendlichen – von ihren Eltern, ihren Lehrpersonen oder ihren Freunden dabei indirekt beobachtet zu werden (Tufekci, 2012, S. 8 ff.). Daraus ergeben sich viele Konflikte und Störungen.

Das Web 2.0 führt dazu, dass Mitmenschen einander permanent überwachen. Die Trennung zwischen Opfern und Tätern ist weitgehend hinfällig. Überwacht werden will niemand. Der Versuchung, andere zu überwachen, kann kaum jemand widerstehen. Das ist ein moralisches Problem, aber auch ein pädagogisches.

Benutzen Lehrpersonen digitale Werkzeuge, können sie oft problemlos überprüfen, wer die Hausaufgaben erledigt hat, wer an der Schule arbeitet oder zuhause, wer Aufträge zügig erledigt und wer in letzter Sekunde. So genannte Metadaten erlauben den Zugriff auf Informationen, die nicht nötig wären, um Lernende zu betreuen. Die Illusion, der Mehrwert der Überwachung könnte pädagogisch genutzt werden, ist verführerisch. Warum handelt es sich um eine Illusion? Kontrolle schafft Druck und falsche Anreize. Wer ohne Kontrolle nicht lernt, lernt mit Kontrolle selten besser. Zudem verschaffen Daten oft einen falschen Eindruck: Wer die Hausaufgaben um

23 Uhr 55 abschickt, erweckt den Eindruck, sie in letzter Minute erledigt zu haben, obwohl sie vielleicht längst gemacht waren, aber erst dann verschickt wurden.

Nur wenn Menschen im Alltag lernen, der Versuchung der Überwachung zu widerstehen, kann das auch politischen Systemen gelingen. Hier einige Anregungen für Jugendliche, Eltern und die Schule:

1. Wann immer es geht, online mit Pseudonymen arbeiten und arbeiten lassen.
2. So wenig Daten wie möglich erfassen.
3. Die Möglichkeiten der Überwachung nicht nutzen.
4. Transparent machen, welche Daten man einsehen kann und wie man mit ihnen umgeht. Andere Menschen nicht überraschen und sie nicht versteckt überwachen.
5. Sich darüber informieren, welche technischen Möglichkeiten existieren, um das Versenden von Metadaten (Ort, Zeit, verwendete Geräte, IP-Adressen etc.) zu verhindern.
6. Dienste meiden, die Überwachung erleichtern und ermöglichen.

5. Was tun?

Wenn ein Internetexperte wie Nico Lumma nach der Generation suchen, die Schuld an den Problemen der digitalen Kommunikation trägt, namentlich am mangelhaften Schutz der Privatsphäre, dann richtet er den Blick auf seine Generation und auf die ältere:

> Wir haben in Deutschland viel zu viel Zeit damit verbracht, kollektiv abzuwarten, ob man noch mal aus dieser Digitalisierungsnummer wieder rauskommen könnte. Der Zug ist abgefahren, seit mindestens 15 Jahren bereits. Es kommt jetzt darauf an, dass die beiden Generationen zusammen den Transformationsprozess der Gesellschaft begleiten, damit wir gestärkt aus der Digitalisierung hervorgehen. (Lumma, 2013)

Diese Hoffnung scheint mir trügerisch. Konzentriert sich die Diskussion auf die Generation von Lumma und »die Generation der aktuell über 50-Jährigen«, verschwindet die Generation »Social Media« aus dem Blick, die aber wohl die digitale Welt bewohnen wird, wie sie heute gestaltet und geformt wird. Ihrer Praxis sollten wir deshalb mehr Aufmerksamkeit schenken und sie genauer beschreiben und beurteilen, weil daraus die Fähigkeit erwachsen muss, die Probleme zu lösen, welche die beiden von Lumma beobachteten Generationen hervorgerufen haben.

In der Mitte des zweiten Jahrzehnts des 21. Jahrhunderts sind die Gefahren, die in einer vernetzten Welt durch Geschwindigkeit, Archivierbarkeit und Transparenz der Kommunikation hervorgerufen werden, bekannt. Ein umfassender Kontrollverlust hat stattgefunden, der zusammen mit der drohenden Möglichkeit flächendeckender Überwachung zu einer enormen Verunsicherung geführt hat.

Der Weg zurück ist verbaut. Beginnen Menschen die Möglichkeiten der Technologie zu nutzen, verzichten sie freiwillig nicht mehr darauf. Gefragt ist ein Blick in die Zukunft, die Gestaltung des Lebens mit der Technologie, nicht die Verweigerung. In Bezug auf die Jugendlichen formuliert Danah Boyd die daraus erwachsenden Einsichten wie folgt:

> Vernetzte Öffentlichkeiten werden erhalten bleiben. Statt sich gegen Technologie zu wehren oder sich davor zu fürchten, was passiert, wenn Jugendliche Social Media nutzen, sollten Erwachsene ihnen dabei helfen, die Kompetenzen zu erwerben, die sie benötigen, um die Komplikationen zu meistern, welche das Leben in einer vernetzten Gesellschaft mit sich bringt. In der Zusammenarbeit können Erwachsene und Jugendliche eine vernetzte Welt schaffen, in der wir alle leben wollen. (Boyd, 2014, Pos. 3457, übersetzt von Ph. W.)

Eine lebenswerte Gesellschaft unter den Bedingungen digitaler Kommunikation zu erhalten, ist eine große Herausforderung. Der Dynamik von technologischen Möglichkeiten, die durch mächtige Unternehmen angepriesen werden, defätistisch zu folgen, ist keine Option. Ziel muss sein, eine Balance zu finden. Eine Diskussion, in der Gegensätze gegeneinander ausgespielt werden, ist weder der Problemlage angemessen noch lösungsorientiert. Und doch scheinen Gegensätze eine begriffliche Sicherheit zu bieten, die vielen Menschen Halt gibt.

Kommunikation lässt sich gut mit der Nahrungsaufnahme vergleichen. Ernährung ist auf verschiedene Arten möglich, die sich kulturell unterscheiden. Persönliche Vorlieben sind ebenso prägend wie Tradition. Ernährung ist für die Gesundheit von großer Bedeutung und gleichwohl fällt es vielen Menschen schwer, weder zu viel noch zu wenig zu essen und sich einen ausgewogenen Speiseplan zusammenzustellen. Wer gut und gesund essen will, muss einen hohen Aufwand betreiben, sich informieren und darüber nachdenken, was wichtig ist. Dasselbe gilt für Kommunikation: Abstinenz ist so wenig möglich, wie das bei der Nahrung der Fall ist. Gewisse Verhaltensweisen schaden Menschen, aber das hängt stark von ihrer Persönlichkeit und ihrer sozialen Vernetzung ab. Reflexion und Anstrengungen führen zu Verbesserungen der Gewohnheiten, lösen aber kaum je alle Probleme, die aufkommen. Präventionsarbeit muss Medien wie Ernährung umfassen.

Spricht man über digitale Kommunikation, so fließt meist schnell das Begriffspaar »digital natives« und »digital immigrants« ins Gespräch ein. Seit Marc Prensky 2001 erstmals von dieser Gegenüberstellung sprach, werden dadurch Vorurteile zementiert, die sich wissenschaftlich kaum nachweisen lassen. So erwerben eben nicht alle Jugendlichen autodidaktisch-spielerisch Kompetenzen im Umgang mit Neuen Medien, nur weil sie später geboren sind als ihre Eltern. Und älteren Menschen ist es nicht verwehrt, einen selbstverständlichen Umgang mit digitaler Technik zu pflegen. Entscheidend ist es, eine

Mischung zu finden: zwischen den spielerischen, automatischen Lernprozessen und dem bewussten Gestalten von Lernumgebungen, in denen dank Begleitung erfahrener Coaches Grundfertigkeiten sicher angeeignet werden können.

Eine ähnliche Perspektive ist bei vielen Debatten zu den Auswirkungen des Internets fruchtbar. Sei es die Abgrenzung von Privatsphäre und öffentlich zugänglichen Informationen, das Verhältnis von technischen Möglichkeiten und ihrer sozialen Umsetzung, zwischen dem Lebensraum von Jugendlichen und der Schule, der virtuellen Sphäre und der realen Umwelt oder einem individuellen Experimentieren und verbindlichen Standards: Jede Position, die nur einen dieser Pole als ideales Ziel anstrebt, verhärtet sich zu einer dogmatischen Lehre, die wenig zur Lösung der Probleme beiträgt.

Darüber nachzudenken, dass es enorm schwierig ist, wichtige Informationen vor dem Zugriff anderer zu schützen, oder dass Menschen Technik einsetzen, ohne zu wissen, wie sie das so tun können, dass sie und ihre Mitmenschen davon profitieren, ist oft enorm frustrierend. Und so bedeutet eine Balance zu finden meist, Kompromisse einzugehen, die weit von optimalen Lösungen entfernt sind. Aber sie sind besser, als Unmögliches zu fordern und damit Menschen zu überfordern.

Die Reflexion und das Gespräch über Technologie und ihre Auswirkungen sind unumgänglich. Sie sind aber nur dann ergiebig, wenn Menschen offen für andere, neue Perspektiven und Wahrnehmungen sind. Jugendliche und ihre Lebenswelt bieten Erwachsenen Alternativen zu ihrer Sicht auf die Welt an. Das ist eine Chance, keine Provokation.

6. Materialien

Die folgenden Materialien lassen sich jeweils auch digital abrufen und weiterverarbeiten (unter www.v-r.de beim Titel: Philippe Wampfler, Generation »Social Media«).

6.1 Smartphone-Etikette für Jugendliche

Die Chance, neue Regeln zu erlernen, zu erproben und umzusetzen, bietet sich beim Smartphone sehr oft. Gleichwohl nerven viele Menschen einander täglich, weil ihre Erwartungen ständig enttäuscht werden. Noch gibt es keine akzeptierten Normen, an denen sich alle orientieren sollten. Hier einige Vorschläge für eine Smartphone-Etikette unter Jugendlichen:

1. *Mitdenken*
   Erleben, wie andere Menschen ihr Smartphone nutzen. Die meisten Menschen finden dabei weniges attraktiv und vieles daneben. Diese Einsichten lassen sich recht direkt umsetzen.
2. *Atmen*
   Wenn der Bus grad zwei Minuten Verspätung hat oder sich am Schalter eine lange Schlange aufgebaut hat: drei Mal tief atmen und dann an etwas Schönes denken. Sich etwas Zeit nehmen. Nicht jede freie Minute mit dem Smartphone füllen. Wer das kann, spürt sich mehr und ist offener.
3. *Die Erwartungen anderer bedenken*
   In einer Welt mit vielen Kontexten ist nicht das anständig, was sich am Sonntag in der Kirche und beim Mittagessen mit dem feinen Geschirr gehört, sondern das, was den Erwartungen der Menschen entspricht, die uns umgeben und mit denen wir interagieren. Wer auf ihre Bedürfnisse eingeht und ihre Erwartungen berücksichtigt, macht vieles richtig. Es gibt Raum für individuelle Lösungen. Den sollte man nutzen.

4. *Phubbing vermeiden*
   Andere Personen verdienen unsere Aufmerksamkeit, auch wenn sie uns am Kiosk bedienen, sich auf den freien Sitz im Zug setzen wollen oder etwas Langweiliges erzählen: Wer dabei die Kopfhörer nicht entfernt oder auf ein Display starrt, sagt damit, dass die andere Person die eigene Aufmerksamkeit nicht verdient. Das gehört sich nicht.
5. *Handynutzung ist eine Unterbrechung einer sozialen Interaktion*
   Es ist nicht generell verpönt, beim Treffen mit anderen Menschen das Handy zu nutzen. Aber es ist, als würde man die Toilette aufsuchen: Man kündigt es an (ohne ausführliche Umschreibungen) und tut es zügig und diskret.
6. *Toilettenbesuch und Smartphonenutzung verbinden*
   Daraus ergibt sich eine Kombination, die sich schon verbreitet hat. Menschen ziehen sich auf die Toilette zurück, um zu tun, was sie nicht lassen können. Vor den Kopf stößt man damit niemanden, aber anzunehmen, andere würden nicht auf diese Idee kommen, wäre eher naiv.
7. *Das Smartphone als Kamera und Videorecorder*
   Es soll entsprechend behandelt werden. Geheime Aufnahmen und Mitschnitte von Ereignissen, die Beteiligte privat halten möchten, verstoßen nicht nur gegen Anstandsregeln, sondern auch gegen das Gesetz. Wer Fotos oder Filme von anderen Menschen veröffentlicht, holt sich vorher ihr Einverständnis.
8. *Die Tonfunktion ist für die Alphütte*
   Es gibt Alphütten, da muss eine kleine Anhöhe bestiegen werden, damit die Geräte ein Signal empfangen. Werden sie dort deponiert, darf der Klingelton auf laut und originell geschaltet werden. Sonst braucht es weder Klingel- noch andere Töne. Tastentöne, Signaltöne oder Fototöne haben für kompetente Menschen heute keine Funktion und stören andere.
9. *Smartphones machen niemanden cool*
   Cool sind heute uralte Nokia-Telefone oder Moleskine-Notizbücher ohne Internetanschluss. Natürlich zeigen sich die Männer vom Turnverein beim abendlichen Bier ihre neuen Wundergeräte mit dem großen Display, den hübschen Apps oder der eingebauten Taschenlampe. Die meisten anderen Menschen nutzen Smartphones, weil das vieles einfacher macht. Mehr nicht.
10. *Pause machen*
    Die Geräte mal eine Ferienwoche lang, für ein Wochenende oder einen Ausgangsabend vergessen. In eine Schublade stecken, den Akku leer laufen lassen und durchatmen.
11. *Sich abmelden*
    Was tut man, wenn man mit jemandem beim Kaffee sitzt, plaudert –

und man erwartet eine wichtige Nachricht oder einen wichtigen Anruf? Zunächst einmal macht man die Gesprächspartnerinnen und -partner darauf aufmerksam: »Kann sein, dass ich mal kurz ans Handy muss, erwarte eine wichtige Nachricht.« Trifft sie ein, weist man kurz darauf hin: »Nun ist sie gekommen, die Nachricht – entschuldigt mich bitte schnell«, zieht sich zurück, antwortet oder spricht und kommt wieder zurück. Wenn es möglich ist, gibt man eine Erklärung ab (»Das war ein Arzttermin mit dem Spezialisten, mein Ellenbogen schmerzt beim Tennis immer stärker«) oder entschuldigt sich knapp.

6.2 Leistungsbeurteilung für Arbeiten mit Social Media

Die folgenden Anregungen sind in der Praxis geprüft und führen zu validen Beurteilungen und sinnvollen Bewertungsprozessen.

1. Grundsätzlich entstehen gültige und verständliche Bewertungen ausgehend von Kriterien. Vor Projektstart muss angegeben werden, an welchen Maßstäben Resultate gemessen werden. Dabei entstehen zwei Probleme: Erstens liegt der Wert solcher Arbeiten oft darin, eigenständigen Vorstellungen nachzugehen, die sich nicht an vorgegebenen Kriterien orientieren, sondern an eigenen. Zweitens entscheidet sich die Bewertung oft bei einem Kriterium wie »Differenziertheit, Tiefgang etc.«, dessen Bedeutung zwar klar ist (werden nahe liegende Wege gewählt, einfache Antworten akzeptiert, nur die am leichtesten greifbaren Quellen beigezogen oder nicht); aber dessen Anwendung in einem hohen Grad vom Kontext abhängig ist. (So ist z. B. nicht klar, ob eine Arbeit, die bewusst auf Einbezug von Quellen verzichtet, differenzierter ist als eine, die Quellenmaterial hauptsächlich kuratiert oder remixt.)
2. Aus diesen Überlegungen ergibt sich die zentrale Bedeutung von Reflexion. Vor, während und nach einem solchen Projekt braucht es Phasen, in denen die Planung, die konkrete Arbeit und das Resultat von den Beteiligten – unter Umständen im Gespräch mit der Lehrperson – überdacht, eingeordnet, hinterfragt werden. Hier können einfache Mittel zum Tragen kommen: kurze Präsentationen, Gruppengespräche, das Verfassen von Texten.
3. Aus diesen Reflexionen können auch eigene Kriterien und eine Selbstbewertung entstehen. Wer in Social Media aktiv ist, misst die Resultate seiner Arbeit an eigenen Vorgaben und Erwartungen. Vieles ergibt sich aus Interaktionen, Ideen entstehen in Netzwerken, oft auch kollaborativ, Ziele ver-

schieben sich, Bedingungen auch. Kontext ist entscheidend und den kennen die Beteiligten am besten.
4. Bewertung erfolgt nicht nur nach Abschluss des Projektes: Auch Konzepte, laufende Pflege des Projekts und Zwischenergebnisse können und sollen bewertet und kommentiert werden. Das kann gerade mit den Mitteln von Social Media gut geschehen: Kommentare eignen sich hervorragend dazu.
5. Nicht alles bewerten wollen: Einzelne Aspekte oder Inhalte auswählen und dabei die Lernenden mitreden lassen, was man wie bewerten soll.
6. Dem Positiven mehr Gewicht geben als dem Negativen: Es geht darum, was Schülerinnen und Schüler lernen und können, nicht darum, was sie noch nicht können.

6.3 Aufbau eines Persönlichen Lernnetzwerks

Persönliche Lernnetzwerke sind der Schlüssel, um Social Media produktiv nutzen zu können. Expertinnen und Experten wie Howard Rheingold (2012, S. 212f.) geben folgende Tipps zum Aufbau von PLNs:

1. In interessanten Medien und Netzwerken offen stöbern.
2. Gezielt nach Informationen und Expertinnen und Experten suchen.
3. Ihnen auf ihren Kanälen folgen und sich überlegen, ob sich das lohnt.
4. Sein eigenes Netzwerk immer wieder neu abstimmen und verbessern. Man muss den Menschen, die einem folgen, selbst nicht in jedem Fall folgen.
5. Wichtige Informationen und Inhalte verbreiten: solche mit inhaltlichem, sozialem oder auch Unterhaltungswert.
6. Mit anderen Menschen in Beziehung treten: Nicht zu forsche Forderungen stellen, sondern Aufmerksamkeit zeigen.
7. Fragen stellen, besonders dann, wenn die Antworten auch für andere im eigenen PLN nützlich sein können.
8. Auf Fragen antworten – auch hier nicht auf Gegenseitigkeit spekulieren, sondern mit gutem Beispiel vorangehen.

6.4 Sichere Passwörter wählen

Es ist nicht sonderlich schwierig, sichere Passwörter zu wählen, aber besonders wichtig. Heute werden oft ganze Listen mit Passwörtern gestohlen, die von Hackern dann zuerst entschlüsselt werden müssen, weil sie selten direkt auf Servern gespei-

chert werden, sondern immer verschlüsselt. Dieser Arbeitsschritt gelingt dann leicht, wenn viele Benutzerinnen und Benutzer unsichere Passwörter gewählt haben. Ein sicheres Passwort ist also auch ein Akt der Solidarität, weil unsichere dazu führen können, dass viele weitere durch Kriminelle verwendet werden können.

1. Ein anderes Passwort für jeden Account.
2. Lange Passwörter benutzen, die aber einfach zu merken sind, weil sie zum Beispiel aus einem Satz oder mehreren Wörtern bestehen, deren Kombination einleuchtend ist *(amMorgenZähneputzen)*.
3. Verschiedene Zeichen benutzen, nicht nur Buchstaben.
4. Erinnerungen an Passwörter an einem sicheren Ort lagern.
5. Zusatzoptionen wie Google *2-step-verification*, Facebooks *Anmelde-Benachrichtigungen* und Passwort-Recovery nutzen. Dieser Punkt kann im Notfall entscheidend sein: Man kann so Konten retten, wenn man den Verdacht hat, sie seien kompromittiert worden. Die meisten Dienste verschicken Erinnerungs-E-Mails, sobald ein Passwort geändert wird etc.

6.5 Fake-Profile erkennen auf Social Media

Regelmäßig werden Fälle bekannt, in denen Menschen auf aufwändig gestaltete Fake-Profile reinfallen, hinter denen sich Kriminelle oder Menschen mit psychischen Problemen befinden, die andere gezielt manipulieren. Zu viel Zurückhaltung ist nicht angebracht: Betrügerinnen und Betrüger stecken nicht hinter vielen Profilen. Aber sobald man davor steht, eine außergewöhnliche Beziehung einzugehen oder die Aussagen, die auf einem bestimmten Profil gemacht werden, zum Anlass für bestimmte Handlungen nimmt, ist Vorsicht geboten. Die folgenden Tipps helfen dabei, Fake-Profile zu erkennen.

1. *Aufwand spielt keine Rolle*
   Fake-Profile werden oft über längere Zeiträume intensiv gepflegt. Die Betreiberinnen und Betreiber genießen es, andere Menschen zu täuschen und investieren entsprechend viel Zeit in ihre Profile.
2. *Triangulationsmethode*
   Es ist einfach, zu einem falschen Profil ein weiteres hinzuzufügen, das gegebenenfalls die Echtheit bestätigen kann. Aber sobald *zwei* unabhängige Quellen beigezogen werden, die ebenfalls seit längerer Zeit aktiv sind und echt wirken, wird es schwierig. Es ist nicht leicht, alle drei Profile gefälscht zu haben.

3. *Bilder überprüfen*
Ähnlich wie bei der Verifikation von Nachrichten geben Bilder oft darüber Aufschluss, ob ein Profil echt oder gefälscht ist. Die Google-Bildersuche ermöglicht es, nach ähnlichen Bildern zu einem bestehenden zu suchen. Das kann dabei helfen, herauszufinden, ob Profilbildern von anderen Menschen oder Agenturen stammen.
4. *Bei Ausreden skeptisch sein*
Benutzt jemand ein falsches Bild oder einen falschen Wohnort, dann fallen gewisse Dinge schwer (z. B. Videotelefonie, Beschreibung des Ortes, Treffen etc.). Dabei werden immer wieder Ausreden verwendet, die erklären, warum etwas nicht geht (Kamera kaputt, Unfall, schlechte Erfahrungen gemacht etc.). Sobald diese Ausreden neue Informationen beinhalten, aufpassen.
5. *Realistisch bleiben*
Es gibt gewisse Dinge, die auf Social Media nicht passieren, ohne gefälscht zu sein: Dass ein attraktiver Mensch aus heiterem Himmel Freundschaft schließen möchte oder dass man übermäßig gelobt wird, etwa für seinen Schreibstil oder seine Ausstrahlung.
6. *Googlen*
Menschen hinterlassen an verschiedenen Orten Spuren, die auf Google auffindbar sind. Gemachte Angaben sollten immer wieder überprüft werden.
7. *Beziehungsnetz überprüfen*
Wer auf Social Media aktiv ist, hat ein ähnliches Beziehungsnetz: Verwandte und Schulfreundinnen/-freunde bei Facebook, alte Bekannte und das Arbeitsumfeld auf allen Profilen. Ist das bei jemandem nicht der Fall, ist das ein Indiz für einen Täuschungsversuch.
8. *Auf das Urteil erfahrener Social-Media-User hören*
Man sieht vielen Fake-Profilen nicht an, dass sie gefälscht sind. Aber einige Dinge, die dort geschehen, machen misstrauisch. Bevor man sich einer anderen Person anvertraut oder eine eigene Grenze überschreitet, sollte man mit jemandem darüber sprechen, die oder der viel Zeit mit sozialen Netzwerken verbringt und bestimmte Effekte beurteilen kann.
9. *Dem eigenen Gefühl misstrauen*
Wer Fake-Profile betreibt, ist häufig geschult in Manipulation. Gerade dass ein gutes Gefühl entsteht, Vertrauen möglich ist, kann oft ein Zeichen dafür sein, dass eine Manipulation vorliegt.

6.6 Fear of Missing Out – Diagnose

Um zu testen, ob jemand an Fear of Missing Out leidet (vgl. Kapitel 3.11), kann folgender Test verwendet werden. Als Antworten werden Zahlen gesetzt. 5 bedeutet »trifft in hohem Maße zu«, 3 »trifft selten zu« und 1 »trifft nicht zu«.

1. Ich habe Angst, die Erfahrungen anderer Menschen seien reichhaltiger und intensiver als meine.	
2. Ich habe Angst, die Erfahrungen meiner Freunde seien reichhaltiger und intensiver als meine.	
3. Wenn ich bemerke, dass meine Freunde Spaß haben und ich nicht dabei bin, betrübt mich das.	
4. Ich werde nervös, wenn ich nicht weiß, was meine Freunde gerade tun.	
5. Es ist mir wichtig, die Witze zu verstehen, für die man eingeweiht sein muss.	
6. Manchmal frage ich mich, ob ich zu viel Zeit damit verbringe, mich darum zu kümmern, was gerade läuft.	
7. Wenn ich eine Gelegenheit verpasse, mich mit meinen Freunden zu treffen, stört mich das.	
8. Wenn ich mit Freunden Spaß habe, ist es mir wichtig, das anderen online mitzuteilen.	
9. Wenn ich an einem geplanten Treffen mit Freunden nicht teilnehmen kann, stört mich das.	
10. Wenn ich in die Ferien fahre, verfolge ich, was meine Freunde gleichzeitig tun.	
Summe	

Auswertung: Liegt ihre Gesamtsumme unter 30, kennen Sie FOMO so, wie das alle Menschen tun. Zwischen 30 und 40 ist ihre Angst leicht verstärkt, bei einer Punktzahl über 40 ist sie deutlich stärker ausgeprägt.

Tipps: Legen Sie regelmäßig digitale Pausen ein und verbannen sie elektronische Geräte aus Ihrem Schlafzimmer.

7. Literatur

Positionsangaben ersetzen Seitenzahlen bei Büchern, die nur als E-Book verfügbar sind.

Ackerman, R./Goldsmith, M. (2011): Metacognitive Regulation of Text Learning: On Screen Versus on Paper. In: Journal of Experimental Psychology 17/1, S. 18–32
Ackerman, R./Lauterman, T. (2012): Taking reading comprehension exams on screen or on paper? A metacognitive analysis of learning texts under time pressure. In: Computers in Human Behavior 28/5, S. 1816–1828
Adams, D. (1999): How to Stop Worrying and Learn to Love the Internet. Zugriff 1.3.2014 unter http://www.douglasadams.com/dna/19990901-00-a.html
AfH, Arbeitsstelle für Hochschuldidaktik der Universität Zürich (2006): Lern-Portfolio. Zugriff 3.9.2013 unter http://www.hochschuldidaktik.uzh.ch/instrumente/dossiers/du_lernportfolio-1.pdf
Allison, S./Warin, M./Bastiampillai, T. (2014): Anorexia nervosa and social contagion: Clinical implications. In: Australian and New Zealand Journal of Psychiatry, 48(2), S. 116–120
Anamia (2014). Zugriff am 1.3.2014 unter http://anamia.fr
Anonymus (2008): Leicht wie eine Feder, zart wie ein Schmetterling ... Zugriff 5.2.2014 unter http://lunafaye.myblog.de/lunafaye/art/5930645
Awan, F./Gauntlett, D. (2013). Young People's Uses and Understandings of Online Social Networks in Their Everyday Lives. Young 21 (2), S. 111–123. Zugriff 15.10.2013 unter http://you.sagepub.com/content/21/2/111
Baumgartner, P./Herber, E. (2013): Höhere Lernqualität durch interaktive Medien? – Eine kritische Reflexion. Erziehung & Unterricht, Nr. 3–4. Rahmenbedingungen für einen qualitätsvollen Unterricht: S. 327–335
Berg, C. (2006): Erziehungswissenschaftliche Anmerkungen zum Generationenbegriff. In: Forum für Politik, Gesellschaft und Kultur, 259, S. 31–34
Best, M. (2013): Where in the World are Young People Using the Internet? Zugriff 8.10.2013 unter http://www.news.gatech.edu/2013/10/07/where-world-are-young-people-using-internet
Bernard, A. (2012): Die Königin der Wissenschaften. Zugriff 22.9.2013 unter http://sz-magazin.sueddeutsche.de/texte/anzeigen/38063/1/1
Binswanger, M. (2013): Die neuen Teenager. Tages-Anzeiger, 19. Oktober 2013, S. 11
Blair, A. M. (2010): Too Much to Know: Managing Scholarly Information before the Modern Age. New Haven: Yale University Press
Blumenkranz, C. et al. (2012): Please RT. In: N+1, Juni 2012. Zugriff 13.1.2014 unter http://nplusonemag.com/please-rt
Bowe, G. (2010): Reading Romance: The Impact Facebook Rituals Can Have on a Romantic Relationship. In: Journal of Comparative Research in Anthropology and Sociology, 1(2), S. 61–77
Boyd, D. (2006): Friends, Friendsters and Top 8: Writing Community into Being on Social Network

Sites. In: First Monday, 11(12), Zugriff 30.9.2013 unter http://firstmonday.org/htbin/cgiwrap/bin/ojs/index.php/fm/article/view/1418/1336
- (2008a): Why Youth (Heart) Social Network Sites: The Role of Networked Publics in Teenage Social Life. In: Buckingham, D. (Hg.): Youth, Identity and Digital Media. Cambridge, MA, S. 119–42
- (2008b): Taken Out of Context: American Teen Sociality in Networked Publics. Dissertation University of California, Berkeley. Zugriff 3.10.2013 unter http://www.danah.org/papers/TakenOutOfContext.pdf
- /Marwick, A. (2011): Social Privacy in Networked Publics: Teens' Attitudes, Practices, and Strategies. Zugriff 5.10.2012 unter http://www.Danah.org/papers/2011/SocialPrivacyPLSC-Draft.pdf
- (2014): It's Complicated. The Social Lives of Networked Teens. New Haven, London

Brager, J. (2014): Selfie Control. In: The New Inquiry. Zugriff 17.3.2014 unter http://thenewinquiry.com/essays/selfie-control/

Bubendorff, S. et al. (2014): La Sociabilité Ana-Mia. Zugriff 6.2.2014 unter http://anamia.fr.

Bulck, J. van den (2007): Adolescent Use of Mobile Phones for Calling and for Sending Text Messages After Lights Out: Results from a Prospective Cohort Study with a One-Year Follow-Up. SLEEP 30(9), S. 1220–1223

Canan, F. et al. (2013): Internet addiction and sleep disturbance symptoms among Turkish high school students. In: Sleep and Biological Rhythms 13(11), S. 210–213

Carr, N. (2010): The Shallows: What the Internet is Doing to Our Brains. New York

Chooi, W. T./Thompson, L. A. (2012): Working memory training does not improve intelligence in healthy young adults. Intelligence 40 (6), S. 531–542

Conley, D. (2009): Wired for Distraction: Kids and Social Media. Time Magazine. Zugriff 1.2.2014 unter http://content.time.com/time/magazine/article/0,9171,2048363,00.html

Daston, L. (2014): »Wir sollten immer offen für Zufälle sein«. Interview mit Klaus Taschwer. Der Standard, 4. März 2014. Zugriff 15. März 2014 unter http://derstandard.at/1392687126582/Wir-sollten-immer-offen-fuer-Zufaelle-sein

Davenport, S. L. et al. (2014): Twitter versus Facebook: Exploring the role of narcissism in the motives and usage of different social media platforms. In: Computers in Human Behavior 32, S. 212–220

De Ridder, S. (2013): Are digital media institutions shaping youth's intimate stories? Strategies and tactics in the social networking site Netlog. New Media Society. Zugriff 5.10.2013 unter http://nms.sagepub.com/content/early/2013/09/19/1461444813504273

Deters, F. G./Mehl, M. R. (2013): Does Posting Facebook Status Updates Increase or Decrease Loneliness? An Online Social Networking Experiment. Social Psychological and Personality Science, 4(5), S. 479–586

Dias, K. (2003): The Ana-Sanctuary: Women's Pro-Anorexia Narratives in Cyberspace. Journal of International Women Studies, 4/2, S. 31–45.

Didau, D. (2013): Deliberately difficult – why it's better to make learning harder. Zugriff 15.12.2013 unter http://www.learningspy.co.uk/featured/deliberately-difficult-focussing-on-learning-rather-than-progress/

Dziesinski, M. J. (2003): Hikikomori. Investigations into the phenomenon of acute social withdrawal in contemporary Japan. Zugriff 25.10.2013 unter http://towakudai.blogs.com/Hikikomori.Research.Survey.pdf

Dunbar, R. (1998): Grooming, Gossip, and the Evolution of Language. Cambridge MA

Dyke, S. (2013): Utilising a blended ethnographic approach to explore to online and offline lives of pro-ana community members. Ethnography and Education 2:8, S. 146–161. Online: http://dx.doi.org/10.1080/17457823.2013.792505

Ellison, N. B./Boyd, D. (2013): Sociality through Social Network Sites. In: Dutton, W. H. (Hg.): The Oxford Handbook of Internet Studies. Oxford, S. 151–172

Elphinston, R. A./Noller, P. (2011): Time to Face It! Facebook Intrusion and the Implications for Romantic Jealousy and Relationship Satisfaction. In: Cyberpsychology, Behavior, and Social Networking, 14/11, S. 631–634

Ekmekcioglu, C. (2011): »Körperkontakt hat keine Nebenwirkungen.« Interview mit Marietta Türk.

Zugriff 2.3.2014 unter http://derstandard.at/1319181778368/Haut-Psyche-Verbindung-Koerperkontakt-hat-keine-Nebenwirkungen
- /Ericson, A. (2011): Der unberührte Mensch. Warum wir mehr Körperkontakt brauchen. Wien
Ferguson, C. J. et al. (2014): Concurrent and Prospective Analyses of Peer, Television and Social Media Influences on Body Dissatisfaction, Eating Disorder Symptoms and Life Satisfaction in Adolescent Girls. Journal for Youth and Adolescence 43, S. 1–14. DOI 10.1007/s10964-012-9898-9
Feynberg, L. (2013): Facebook lohnt sich. Die Zeit, 24. Oktober 2013. Zugriff 12.1.2014 unter http://www.zeit.de/gesellschaft/schule/2013-10/lehrer-schueler-facebook
Fichter, A. (2013): Da guckst du! Die Zeit 42/2013, Zugriff 20.10.2013 unter http://www.zeit.de/2013/42/jugendliche-generation-youtube-medien
Fitzgerald, H. (2011): Intimacy as Text, Twitter as Tongue. In: The New Inquiry. Zugriff 1.3.2014 unter http://thenewinquiry.com/essays/intimacy-as-text-twitter-as-toungue/
Gaupp, R. (1912): Der Kinematograph vom medizinischen und psychologischen Standpunkt. In: Ders./Lange, K.: Der Kinematograph als Volksunterhaltungsmittel. Vorträge gehalten am 21. Mai 1912 in Tübingen. München, S. 1–12
Gershon, I. (2010): The Breakup 2.0. Disconnecting Over New Media. Ithaca, London
Giesecke, M. (2003): Von den Mythen der Buchkultur zu den Visionen der Informationsgesellschaft. Trendforschungen zur kulturellen Medienökologie. Frankfurt/M.
Gilliam, M./Allison, S. et al. (2011): New Media and Research: Considering Next Step. Roundtable. Sex Res Soc Policy 8/2011, S. 67–72
Goethe, J.W. (1867): Werke, Band 13. Stuttgart
Gradisar, M./Short, M. (2013): Sleep Hygiene and Environment: Role of Technology. In: Wolfson, A. R. und Montgomery-Downs, H. E. (Hg.): The Oxford Handbook of Infant, Child and Adoscolent Sleep and Behavior. Oxford, S. 113–126
Haeusler J./Haeusler, T. (2012): Netzgemüse. Aufzucht und Pflege der Generation Internet. Berlin
Han, B. (2012): Transparenzgesellschaft. Berlin
Hasinoff, A. A. (2013): Sexting as media production: Rethinking social media and sexuality. In: new media & society, 15(4), S. 449–465
Haworth, A. (2013). Why have young people in Japan stopped having sex? The Observer, 20. Oktober 2013. Zugriff 21. Oktober 2013 unter http://www.theguardian.com/world/2013/oct/20/young-people-japan-stopped-having-sex
Hentig, H. von (1996): Bildung. Ein Essay. München
Hillhouse, A. (2014): SNAPCHAT-IQUETTE, FROM THE EYES OF MILLENNIALS. Zugriff 1.2.2014 unter http://www.mtvinsights.com/post/74305733585/snapchat
Ito, M. (2009): Hanging Out, Messing Around, and Geeking Out: Kids Living and Learning With New Media. Cambridge MA
Jabr, F. (2013): The Reading Brain in the Digital Age: The Science of Paper versus Screens. Zugriff 3.4.2014 unter http://www.scientificamerican.com/article/reading-paper-screens/#
Juarez, L./Soto, E./Pritchard M. E. (2012): Drive for Muscularity and Drive for Thinness: The Impact of Pro-Anorexia Websites, Eating Disorders: The Journal of Treatment & Prevention, 20:2, S. 99–112, DOI: 10.1080/10640266.2012.653944
Kammer, M. (2014): Kinder, Jugendliche und junge Erwachsene in der digitalen Welt. Eine Grundlagenstudie des SINUS-Instituts Heidelberg. Hamburg: Deutsches Institut für Vertrauen und Sicherheit im Internet. Zugriff 17.3.2014 unter https://www.divsi.de/wp-content/uploads/2014/02/DIVSI-U25-Studie.pdf
Kohli, A. (2014): Nachruf auf mein Facebook-Alter-Ego. Zugriff 6.2.2014 unter http://www.nzz.ch/aktuell/digital/nachruf-auf-mein-facebook-alter-ego-1.18236615
König, D. von (1977): Lesesucht und Lesewut. In: Göpfert, H. G. (Hg.): Buch und Leser. Vorträge des ersten Jahrestreffens des Wolfenbütteler Arbeitskreises für Geschichte des Buchwesens, 13. und 14. Mai 1976. Hamburg
Koring, B. (2004): Pädagogik im Internet. Politische, erziehungswissenschaftliche, informationstheore-

tische und praktische Perspektiven, in: Kutscher, N./Otto, H.-U. (Hg.): Informelle Bildung Online. Perspektiven für Bildung, Jugendarbeit und Medienpädagogik. Weinheim/München, S. 23–40

Koschorke, A. (2003): Körperströme und Schriftverkehr: Mediologie des 18. Jahrhunderts. München. Zugriff 30.9.2013 unter http://digi20.digitale-sammlungen.de/de/fs1/object/display/bsb00041966_00001.html

Kranzberg, M. (1986): Technology and History: ›Kranzberg's Laws‹. Technology and Culture. 27 (3), S. 544–560

Krasonva, H./Wenninger, H./Widjaja, T./Busmann, P. (2013): Envy on Facebook: A Hidden Threat to Users' Life Satisfaction? Zugriff 15.10.2013 unter http://warhol.wiwi.hu-berlin.de/~hkrasnova/Ongoing_Research_files/WI%202013%20Final%20Submission%20Krasnova.pdf

Krommer, A. (2013): Post auf Google+ vom 27. Oktober 2013. Zugriff 27.10.2013 unter https://plus.google.com/117900758548282738081/posts/WAVGNcjET8z

Kross, E./Verduyn, P./Demiralp, E./Park, J./Lee, D. S., et al. (2013): Facebook Use Predicts Declines in Subjective Well-Being in Young Adults. PLoS One, 8(8), e69841. Zugriff 1.10.2013 unter http://www.plosone.org/article/info:doi%2F10.1371%2Fjournal.pone.0069841

Küng, M. (2013): Zilla & Max. In: Süddeutsche Zeitung Magazin, 19/2013. Zugriff 1.2.2014 unter http://sz-magazin.sueddeutsche.de/texte/anzeigen/39909/Zilla-Max

Kurianowicz, T. (2013): Die Bilder und die Leere. NZZ, 18. Oktober 2013. Zugriff 20.10.2013 unter http://www.nzz.ch/aktuell/feuilleton/uebersicht/die-bilder-und-die-leere-1.18169218

Kusar, I. (2013): Die Jungen sind an allem schuld. Die Wochenzeitung, 43/2013. Zugriff 23.10.2013 unter http://www.woz.ch/1342/japan/die-jungen-sind-an-allem-schuld

Lee, Y./Lo, C./Sheu, S./Lin, J. L. (2013): What Factors are Associated with Myopia in Young Adults? A Survey Study in Taiwan Military Conscripts. IOVS, Vol. 54, No. 2, S. 1026–1033

Lehmkuhl, G./Frölich, J. (2013): Neue Medien und ihre Folgen für Kinder und Jugendliche. Zeitschrift für Kinder- und Jugendpsychiatrie und Psychotherapie, 41 (2), S. 83–86

Leibniz, G. W. (1680): Préceptes pour avancer les sciences. Zitiert nach Blair (2010), S. 83 f.

Leung, L. (2013): Generational differences in content generation in social media: The roles of the gratifications sought and of narcissism. In: Computers in Human Behavior 29/3, S. 997–1006

Lindner, M. (2013). Didaktik ist … Zugriff 13.10.2013 unter https://plus.google.com/102484891814321353019/posts/ZxDyJCAH2PQ

Liu, Z. (2005): Reading behavior in the digital environment. In: Journal of Documentation, 61/6, S. 700–711

Livingstone, S. (2009): On the mediation of everything: ICA presidential address 2008. Journal of Communication 59(1), S. 1–18

Lobo, S. (2013): Das Zeitalter des Pseudoprivaten beginnt jetzt. Zugriff 13.10.2013 unter http://www.spiegel.de/netzwelt/web/kolumne-sascha-lobo-zeitalter-des-pseudoprivaten-beginnt-a-926633.html

Lord, C. G./Ross, L./Lepper, M. R. (1979): Biased assimilation and attitude polarization: The effects of prior theories on subsequently considered evidence. In: Journal of Personality and Social Psychology 37 (11), S. 2098–2109

Lossau, N. (2013): Digitale Demenz? Von wegen! Zugriff 20.9.2013 unter http://www.welt.de/gesundheit/article112361058/Digitale-Demenz-Von-wegen.html

Luhmann, N. (1996): Die Realität der Massenmedien. 2. Auflage Opladen

Lumma, N. (2013): Digitalisierung der Gesellschaft: Eine Generation hat versagt. Zugriff 31.10.2013 unter http://lumma.de/2013/10/31/digitalisierung-der-gesellschaft-eine-generation-hat-versagt/

Maloney, P. (2013): Online Networks and Emotional Energy. In: Information, Communication & Society 13:1, S. 105–124

Mangen, A./Walgermo, B. R./Bronnick, K. (2013): Reading linear texts on paper versus computer screen: Effects on reading comprehension. In: International Journal of Educational Research 58, S. 61–68

Manovich, L. (2014): Selfiecity. Findings. Zugriff 1.3.2014 unter http://selfiecity.net/#findings

Marcus, G. (2013): What Neuroscience Really Teaches Us And What It Doesn't. Zugriff 30.9.2013 unter http://www.newyorker.com/online/blogs/newsdesk/2012/12/what-neuroscience-really-teaches-us-and-what-it-doesnt.html

Mattebo, M. et al. (2013): Pornography Consumption, Sexual Experiences, Lifestyles, and Self-rated Health Among Male Adolescents in Sweden. In: Journal of Developmental & Behavioral Pediatrics, 34. S. 460–468

McLuhan, M. (1969): The Playboy Interview: Marshall McLuhan. Zugriff am 14.10.2013 unter http://www.cs.ucdavis.edu/~rogaway/classes/188/spring07/mcluhan.pdf

McNab, F. et al. (2009): Changes in Cortical Dopamine D1 Receptor Binding Associated with Cognitive Training. Science 323, S. 800–802

Medienpädagogischer Forschungsverbund Südwest (2005): JIM-Studie 2005. Basisuntersuchung zum Medienumgang 12–19-Jähriger. Zugriff 1.12.2013 unter http://www.mpfs.de/index.php?id=349

- (2013). JIM-Studie 2013: Basisuntersuchung zum Medienumgang 12–19-Jähriger. Zugriff 1.12.2013 unter http://www.mpfs.de/index.php?id=613

Miller, D. (2011/2012): Das wilde Netzwerk. Ein ethnologischer Blick auf Facebook. übersetzt von F. Jakubzik. Frankfurt/M.

Morozov, E. (2013): Wahrheit und Beratung. In: Die Zeit 41/2013. Zugriff 2.10.2013 unter http://www.zeit.de/2013/41/morozov-netz-intellektuelle-chomsky-foucault/komplettansicht

Moss, St. (2012): Natural Childhood. National Trust. Zugriff am 6.6.2014 unter http://www.nationaltrust.org.uk/document-1355766991839/Nin, Anaïs (1971): Die Tagebücher der Anais Nïn. 1944–1947. Übersetzt von Manfred Ohl und Hans Sartorius. München

Noyes, J. M./Garland, K. J. (2003): VDT versus paper-based text: reply to Mayes, Sims and Koonce. In: International Journal of Industrial Ergonomics 31, S. 411–423

Nuutinen, T./Ray, C./Roos, E. (2013): Do computer use, TV viewing, and the presence of the media in the bedroom predict school-aged children's sleep habits in a longitudinal study? BMC Public Health, 13:684. Zugriff 5.10.2013 unter http://www.biomedcentral.com/content/pdf/1471-2458-13-684.pdf

Ohlendorf, A./Schaeffel, F. (2010): Aktuelles aus der Myopieforschung. Die Kontaktlinse 1–2/2010, S. 5–8

Ophir, E./Nass, C./Wagner, A. C. (2009): Cognitive control in media multitaskers. PNAS, 106/37, S. 15583–15587

Passig, K. (2009): Standardsituationen der Technologiekritik. Zugriff 5.1.2014 unter http://www.eurozine.com/articles/2009-12-01-passig-de.html

- (2013a): Die Wir-Verwirrung. Kontextfusion und Konsensillusion. In: Merkur 10/11 (2013), S. 1016–1023. Zugriff 10.10.2013 unter http://volltext.online-merkur.de/?m=d&link=/daten/www.online-merkur.de/mr_2013_10_1016-1023.pdf

- (2013b): Nachrichten an niemand Bestimmten. Die Zeit, 2. April 2013. Zugriff 3.12.2013 unter http://www.zeit.de/digital/internet/2013-04/twitter-kritik-passig

Pauli, D. (2014): »Die Jugend ist heute weniger sexualisiert.« Interview mit Michèle Binswanger, Tages-Anzeiger, 1. März 2014. Zugriff 1.3.2014 unter http://www.tagesanzeiger.ch/wissen/medizin-und-psychologie/Die-Jugend-ist-heute-weniger-sexualisiert/story/20056420

Pfanner, E. (2013): Young People Are Not as Digitally Native as You Think. The New York Times, 7. Oktober 2013. Zugriff 8.10.2013 unter http://bits.blogs.nytimes.com/2013/10/07/young-people-are-not-as-digitally-native-as-you-think/

Pfeiffer, C. et al. (2007): Die PISA-Verlierer – Opfer ihres Medienkonsums. Eine Analyse auf der Basis verschiedener empirischer Untersuchungen. Hannover: Kriminologisches Forschungsinstitut. Zugriff 3.10.2013 unter https://www.bildungsportal-nrw.de/BP/Presse/Pressekonferenzen/Archiv_14LP/2008/Medien/Interpretation_PISA_finale_Version_01-02-08.pdf

Platon (1957): Phaidros. übersetzt von Kurt Hildebrand. Stuttgart

Postman, N. (1985): Amusing Ourselves to Death. New York

Prensky, M. (2001): Digital Natives, Digital Immigrants. In: On The Horizon. MBC University Press, 9/5. Zugriff 1.2.2014 unter http://www.marcprensky.com/writing/Prensky%20-%20Digital%20Natives,%20Digital%20Immigrants%20-%20Part1.pdf

Przybylski, A. K. et al. (2013): Motivational, emotional, and behavioral correlates of fear of missing out. In: Computers in Human Behavior 29 (2013), S. 1841–1848

Riederle, P. (2013): Wer wir sind und was wir wollen. München

Rainie, L./Wellman, B. (2012): Networked. The New Social Operating System. Cambridge MA

Rheingold, H. (2012): Net Smart. How to Thrive Online. Cambridge MA/London
- (2013): »Crap detect yourself« – Howard Rheingold über »digital literacy«. Vortragsmitschrift. Zugriff am 30.10.2013 unter: http://schulesocialmedia.com/2013/04/10/crap-detect-yourself-howard-rheingold-uber-digital-literacy/

Rieke, J. (2014): Offline bin ich nur, wenn ich schlafe. Zugriff am 3.3.2014 unter http://www.stern.de/digital/online/liebeserklaerung-an-das-internet-offline-bin-ich-nur-wenn-ich-schlafe-2092881.html

Risen, J./Gilovich, T. (2007): Informal Logical Fallacies. In: Sternberg, R. J. et al. (Hg.): Critical Thinking In Psychology. Cambridge

Rosenwald, M. (2014): Serious reading takes a hit from online scanning and skimming, researchers say. Zugriff 9.4.2014 unter http://www.washingtonpost.com/local/serious-reading-takes-a-hit-from-online-scanning-and-skimming-researchers-say/2014/04/06/088028d2-b5d2-11e3-b899-20667de76985_story.html

Rumpf, H./Meyer, C./Kreuzer, A./John, U. (2011): Prävalenz der Internetabhängigkeit. Universität Lübeck: Bericht an das Bundesministerium für Gesundheit

Schirrmacher, F. (2009): Payback. Warum wir im Informationszeitalter gezwungen sind zu tun, was wir nicht tun wollen, und wie wir die Kontrolle über unser Denken zurückgewinnen. München

Schopenhauer, A. (1851): Über Lesen von Bücher. In: Parerga und Paralipomen II, Kapitel XXIV. Berlin

Schradie, J. (2013): 7 Myths of the Digitale Divide. Zugriff 5.2.2104 unter http://thesocietypages.org/cyborgology/2013/04/26/7-myths-of-the-digital-divide/

Schulmeister, Rolf (2009): Gibt es eine »Net Generation«? Erweiterte Version 3.0 Zugriff 20.1.2014 unter http://www.zhw.uni-hamburg.de/uploads/schulmeister_net-generation_v3.pdf
- (2011): Generation Upload. In: Jahrbuch eLearning & Wissensmanagement 2011, S. –71, zitiert nach Online-Version: Zugriff 16.1.2014 unter http://www.zhw.uni-hamburg.de/uploads/generation-upload.pdf

Seemann, M. (2011): Vom Kontrollverlust zur Filtersouveränität. In Heinrich-Böll-Stiftung (Hg.): #Public_Life. Digitale Intimität, Privatsphäre und das Netz (S. 74–79). Zugriff 18.12.2012 unter http://www.boell.de/downloads/2011-04-public_life.pdf

Serres, M. (2013): Erfindet euch neu! Eine Liebeserklärung an die vernetzte Generation. übersetzt von Stefan Lorenzer. Frankfurt/M.

Shih, S. (2013): A Null Relationship between Media Multitasking and Well-Being. In: PLoS ONE 8(5): e64508. doi:10.1371/journal.pone.0064508

Sifton, J. (2013): Cryptograms & the NSA. Zugriff 12.12.2013 unter: http://www.warscapes.com/literature/cryptogams-nsa

Sparrow, B./Liu, J./Wegener, D. M. (2011): Google Effects on Memory: Cognitive Consequences of Having Information a tour Fingertips. Science 333, S. 776–778

Spring, V. L./Bulik, C. M. (2014): Implicit and explicit affect toward food and weight stimuli in anorexia nervosa. In: Eating Behaviors 15, S. 91–94. Online: http://dx.doi.org/10.1016/j.eatbeh.2013.10.017

Steiner, M. (2014): Tumblr. Heftige Kritik nach Teenager-Selbstmord. Zugriff 13.3.2014 unter http://pressetext.com/news/20140306015

Süss, D./Waller, G. (2013): Ergebnisbericht zur JAMES-Studie 2012. Zugriff 5.10.2013 unter http://psychologie.zhaw.ch/JAMES

Swain, J. W. (2008): Baby Stimuli and the Parent Brain: Functional Neuroimaging of the Neural Substrates of Parent-Infant Attachment. In: Psychiatry (Edgmont), August 2008 5(8), S. 28–36. Zugriff 23.9.2013 unter http://www.ncbi.nlm.nih.gov/pmc/articles/PMC2695737/

Swartz, A. (2004): Stanford: Day 3. Zugriff 20.3.2014 unter http://www.aaronsw.com/weblog/001421

te Wildt, B. (2012): Medialisation. Von der Medienabhängigkeit des Menschen. Göttingen

Thompson, C. (2008): Brave New World of Digital Intimacy. In: The New York Times. Zugriff 7.9.2013 unter http://individual.utoronto.ca/kreemy/proposal/07.pdf

Topping, A. (2012): ›Parasite‹ porn websites stealing images and videos posted by young people. Zugriff 1.2.2014 unter: http://www.theguardian.com/technology/2012/oct/22/parasite-porn-websites-images-videos?CMP=twt_fd

Tufekci, Z. (2012): We were always human. In: Whitehead, N. L./Wesch, M. (Hg.): Human No More. Digital Subjectivities, Unhuman Subjects and the End of Anthropology. Boulder
- (2013): Go Ahead, Blame the Internet for DC Shutdown (Hint: It's Gerrymandering + Filter Bubble). Zugriff 7.10.2013 unter https://medium.com/technology-and-society/90d3613bed96
- (2014a): The Social Internet: Frustrating, Enriching, but Not Lonely. Public Culture 26:1
- (2014b): Is the Internet good or bad? Yes. Zugriff 10.2.2014 unter https://medium.com/matter/76d9913c6011

Turkle, S. (2011): Alone Together: Why We Expect More from Technology and Less from Each Other. New York

Twenge, J. M. (2013): Does Online Social Media Lead to Social Connection or Social Disconnection? In: Journal of College & Character 14/1, S. 11–20

Utz, P. (1998): Tanz auf den Rändern: Robert Walsers »Jetztzeitstil«. Frankfurt/M.

Vaughn, J. et al. (2012): Fear of Missing Out. March 2012 Update. New York

Wampfler, P. (2013): Facebook, Blogs und Wikis in der Schule. Ein Social-Media-Leitfaden. Göttingen

Weber, K. (2013): Verifikation von Inhalten in Social Media. Zugriff 4.3.2014 unter http://konradweber.ch/angebot/news-verifikation/

Weisband, M. (2011): Die Gemeinschaft der Idioten. Zugriff 10.3.2014 unter http://blogs.faz.net/skurril/2011/11/21/die-gemeinschaft-der-idioten-5/

Wenzel, U. J. (2014): Vielleicht, vielleicht aber auch nicht. NZZ, 29. März 2014. Zugriff 29.3.2014 unter http://www.nzz.ch/aktuell/feuilleton/uebersicht/vielleicht-vielleicht-aber-auch-nicht-1.18272857

Westermeyer, T. (2013): Parasoziale Interaktion in sozialen Medien: Kennst du mich? Zugriff 12.1.2014 unter http://www.carta.info/58825/parasoziale-interaktion-in-sozialen-medien-kennst-du-mich/

Willemse, I./Waller, G./Süss, D. (2011): JAMESfocus. Mediennutzungstypologien bei Schweizer Jugendlichen – zwischen Risikoverhalten und positivem Umgang. Zürich

Wolschner, K. (2012): Lese-Sucht. Über die Gefahren der »Bücherfluth« und die Kritik des Lesens im 18. Jahrhundert. Zugriff 10.1.2013 unter http://www.medien-gesellschaft.de/html/lese-sucht.html

Würtemberger, D. (2013): Always On. Was das Immer-Internet mit uns macht. Zugriff 1.3.2014 unter http://www.br.de/puls/themen/netz/always-on-was-das-immer-online-sein-mit-uns-macht-100.html

Wustmann, C. (2004): Resilienz. Widerstandsfähigkeit von Kindern in Kindertageseinrichtungen fördern. Weinheim/Basel

Ybarra M./Mitchell K. (2005): Exposure to internet pornography among children and adolescents: a national survey. Cyberpsycholgical Behavior 2005/8, S. 473–486

Yong, K. R. (2008): Exploring Hikikomori. Master Thesis University of Hong Kong. Zugriff 5.10.2013 unter http://hub.hku.hk/bitstream/10722/55192/3/FullText.pdf?accept=1

Zimbardo, P. G./Duncan, N. (2011): The Demise of Guys. Why Boys are Struggling and what we can do about it. TED E-Book
- /Henderson L. (2009): Shyness, social anxiety and social phobia. In: Hofmann, S. G./DiBartolo, P. M. (Hg.): Social anxiety: Clinical, developmental, and social perspectives, second edition Taramani, Chennai, India